Guía del Líder

EL CURSO DE LA GRACIA

Una guía de **8 sesiones** para ser libre en Cristo y dar mucho fruto

STEVE GOSS
y Libertad en Cristo

EL CURSO DE LA GRACIA – Guía del líder

Copyright © 2025 Libertad en Cristo Internacional (Freedom in Christ Ministries International). Se ha establecido el derecho de que Libertad en Cristo Internacional sea identificado como el autor.

Publicado por Libertad en Cristo Internacional
4 Beacontree Plaza, Gillette Way, Reading RG2 0BS, Reino Unido.
www.libertadencristo.org / www.freedominchrist.org

Traducción: Nancy Maldonado Araque
Edición: Ana María Rueda Bilbao y Roberto Reed
Maquetación: Jemima Taltavull

Todos los derechos reservados. Se prohíbe la reproducción de cualquier parte de este libro, el almacenamiento en cualquier sistema, o su transmisión en cualquier forma, ya sea electrónica, mecánica, por fotocopia, grabación u otro medio, sin el permiso por escrito de la editorial.

ISBN: 978-1-913082-96-3

A menos que se indique lo contrario, las citas de las Escrituras están tomadas de la Santa Biblia, NUEVA VERSIÓN INTERNACIONAL® NVI® © 1999, 2015, 2022 por Biblica, Inc.®, Inc. ® Usado con permiso de Biblica, Inc. ® Reservados todos los derechos en todo el mundo.

Los textos marcados con (LBLA) son de La Biblia de las Américas (LBLA). Copyright © 1986, 1995, 1997 por The Lockman Foundation. Usado con permiso. Todos los derechos reservados.

Los textos marcados con (NBLA) son de la Nueva Biblia de las Américas™ NBLA™ Copyright © 2005 por The Lockman Foundation. Usado con permiso. Todos los derechos reservados.

Los textos marcados con (NTV) son de La Santa Biblia, Nueva Traducción Viviente, © Tyndale House Foundation, 2010. Usado con permiso. Todos los derechos reservados.

Los textos marcados con (PDT) son de la Palabra de Dios para Todos, Centro Mundial de Traducción de La Biblia © 2005, 2008, 1002, 2015 Bible League International. Usado con permiso. Todos los derechos reservados.

Los textos marcados con (BLPH) son de La Palabra, (Hispanoamérica) © 2010 Texto y Edición, Sociedad Bíblica de España. Usado con permiso. Todos los derechos reservados.

Los textos marcados con (NBV) son de la Nueva Biblia Viva, © 2006, 2008 por Biblica, Inc.® Usado con permiso de Biblica, Inc.® Reservados todos los derechos en todo el mundo. Usado con permiso.

QUÉ DICEN SOBRE EL CURSO DE LA GRACIA

«Como spoiler, sin contar nada, descubrí aspectos de la gracia en los que no había pensado antes. ¡Lo recomiendo!».

Loida Fernández, Oración 24-7 y Lectio 365, España

«El *Curso de la Gracia* ha sido una bendición, una herramienta que ha abierto mis ojos para no vivir más en el legalismo, sino dejar que la gracia de Dios dirija mi vida. Y eso es liberador».

Pastor Daniel Ramírez, Iglesia Piedra Angular, Ciudad de México, México

"*El Curso de la Gracia* llega a las áreas sombrías de nuestra vida y carácter que no cambian a través de la predicación normal. Crea una oportunidad para que el Espíritu de Dios traiga una transformación profunda».

Pastor Helcio da Silva, Iglesia Evangélica, Mondim de Basto, Portugal

«*El Curso de la Gracia* es un tremendo curso con una verdad profunda y liberadora que todo cristiano puede aplicar. Te ayuda a deshacerte de tu viejo bagaje de mentiras y legalismo, a disfrutar de la libertad en Cristo y a experimentar la vida abundante en Cristo».

Pastor Valeriy Kudaev, Iglesia Cara a Cara, San Petersburgo, Rusia

«Como alguien que ha estudiado y enseñado extensamente sobre la gracia de Dios, ¡no esperaba el impacto transformador que *El Curso de la Gracia* tuvo en mí! Tuve un encuentro profundo con la gracia y el amor de Dios que me liberó para obedecer más fielmente. Ahora quiero ayudar a todos en nuestra iglesia a conocer a Dios de esa manera».

Sharon Nash, Directora de discipulado, Capilla Swallowfield, Kingston, Jamaica

«Para aquellos de nosotros que vivimos en las aguas bautismales de la cultura confuciana, la verdadera gracia que aprendemos en este curso nos capacita para vivir en la libertad que Dios nos ha dado».

Jiwook Huh, Pastor principal, Iglesia Mokyang, Seúl, Corea

«*El Curso de la Gracia* es excelente y transformador. Le da a uno el poder de vivir la libertad por la verdad de las Escrituras y el poder del Espíritu Santo».

Bernie McGale, Pastor de discipulado, Iglesia Rice Road, Ontario, Canadá

"*El Curso de la Gracia* nos ayuda a entender y experimentar plenamente la gracia de Dios para que podamos servirle por amor y no por temor, ambición egoísta o cualquier otra razón».

Shirley Ip, CTM Global, Hong Kong

«Recomendamos este curso a toda iglesia. Nos ha dado las herramientas para saber quiénes somos en Cristo y equipar a otros para que se conviertan en discípulos fructíferos de Cristo».

Srdjan y Ruth Vorotovic, Iglesia Evangélica Palabra de Dios, Kotor, Montenegro

«Muchos saben lo que Jesús hizo por ellos, pero sienten que él ama más a otros o que necesitan hacer cosas para llamar su atención y ganarse su amor. *El Curso de la Gracia* te ayuda a conocer el profundo amor de Dios por ti. Es una revelación que él te elige, se deleita en ti y quiere que disfrutes de la vida con él ahora, ¡siendo tú mismo!»

Janice Kirkpatrick, Iglesia Presbiteriana Carnmoney, Co Antrim, Irlanda del Norte

«Recomiendo de corazón *El Curso de la Gracia*. Nos enseña sobre el amor del Padre y nos ayuda a dejar atrás la religión farisaica, el orgullo y el juzgar a los demás.»

Pastor Isaac Opolot, Asambleas Pentecostales de Dios, Kamacha, Uganda

«Tras el orgullo viene la destrucción, tras la altanería, el fracaso. (Proverbios 16:18). La visión d*El Curso de la Gracia* sobre la humildad ha sido un peregrinaje transformador para evitar la destrucción y el fracaso tanto para mí personalmente como para la congregación que el Señor me permite liderar. El efecto en mi iglesia ha sido crecimiento espiritual y aumento de la membresía. Recomiendo este curso porque la libertad que trae la humildad deja mucho espacio para que Dios sea exaltado».

Jamesetta Roach, Pastora principal, El Salón del Trono, St. Louis, Estados Unidos

«Usamos *El Curso de la Gracia* con gente recuperándose de adicciones. Pudieron identificarse con el hijo que se escapó de casa, y eso promovió discusiones profundas sobre la bondad de Dios y su identidad en Cristo».

Dawn Shearsmith, Líder, Iglesia Emmanuel, Durham, Reino Unido

«Había comenzado a distanciarme de los hermanos en Cristo, pero con *El Curso de la Gracia* recobré el entusiasmo por la unidad. Es una maravillosa herramienta para iglesias, familias y personas que nos ayuda a reemplazar las ideas erróneas con la verdad de Dios».

Martin Emeru, Pastor, Misión de la Fraternidad Cristiana, Soroti, Uganda

«*El Curso de la Gracia* es poderoso, especialmente sumado al Curso de Discipulado. Lo que parecen ser simples verdades bíblicas se presentan de una manera que penetra en el corazón y fomenta el comienzo de una sanación profunda».

Mark Eshelman PhD, MDiv, Líder de Oración, Iglesia Sierra Pines, Oakhurst, Estados Unidos

DEDICACIÓN

Esta nueva versión del *Curso de la Gracia* está dedicada a

Paul Travis

7 de marzo, 1933–21 de diciembre de 2023

Contento de recibir entre nosotros el apodo de «nuestro legalista en rehabilitación», el pastor Paul Travis describió su peregrinaje del legalismo a la gracia en el libro *Grace That Breaks The Chains* (Harvest House, 2014).

Paul y su esposa Joyce viajaron a Inglaterra e Irlanda del Norte para dar conferencias que yo organicé en el 2006. Contribuyeron enormemente a que yo comprendiera la gracia a un nivel más profundo y las enseñanzas de Paul fueron la inspiración para *el Curso de la Gracia*.

Las últimas décadas de su vida trabajó para *Libertad en Cristo* en los Estados Unidos, donde él y Joyce guiaron a muchos hacia la libertad. Paul fue, de hecho, es, un siervo de Jesús humilde y educable que tuvo un gran impacto sobre muchas personas, incluyéndome a mí. Doy gracias a Dios por su legado

Steve Goss

¡GRACIAS!

Me da vergüenza de que mi nombre sea el único en la portada de este libro porque tantas personas han contribuido significativamente al contenido del curso y al proceso de convertirlo en una realidad.

El sello distintivo del increíble equipo global de *Libertad en Cristo* es que no buscan reconocimiento o recompensa más allá de saber que están contribuyendo a que este poderoso mensaje siga siendo transformativo.

Pero quiero que sepan quiénes son estas personas increíbles que dedicaron mucho tiempo y se esforzaron muchísimo para crear esta nueva versión del *Curso de la Gracia*. Muchas gracias a todos.

Steve

LOS COAUTORES DEL CURSO DE LA GRACIA ORIGINAL

Jude Graham, un miembro clave del equipo de *Libertad en Cristo* con sede en Irlanda del Norte, fue la inspiración para poner este mensaje de gracia en forma de curso. Jude contribuyó enormemente a la versión original del curso, en particular a *Los Pasos para experimentar la Gracia de Dios*.

Rich Miller, ex presidente de Freedom In Christ USA y coautor de la primera edición del *Curso de la Gracia*, tiene un maravilloso don para comunicar la verdad de Dios. Muchas de sus maravillosas ilustraciones y perspicacia perduran en esta nueva versión.

¡GRACIAS AMIGOS DE IBEROAMÉRICA!

Estamos muy agradecidos a nuestros amigos de Latinoamérica y Latinos USA que con sus ofrendas cubrieron los gastos de viaje de nuestros presentadores.

Fue un placer coordinar y dirigir el proyecto del nuevo *Curso de la Gracia*. ¡Muchas gracias a cada uno de los presentadores que invirtieron horas de trabajo de forma sacrificada durante meses de forma voluntaria! Estos son: Adrián Arreaza, Nancy Maldonado, Lirio Martínez, David Pérez, Pamela Porras, y Ana María Roa. Gracias también a Nancy por su trabajo incansable de coordinar la contextualización y personalización de los guiones. Y gracias a cada persona que grabó un testimonio para incluir en el Curso.

Agradecemos de forma especial a *Casa Sobre la Roca* y en particular al Pastor Franklin y a su equipo por realizar de forma gratuita la producción de los vídeos en español y hacerlo con tanta excelencia y gracia. ¡Muchas gracias, Franklin Peña Gutiérrez, Camila Chaparro, Mónica Peña, Lianna Chaves, Julieth Vázquez, Luz Marina Raigoso, Felipe Chaparro, Julián Varela y Adán Velásquez! Gracias también a la familia Cormane que abrió su hermosa casa para la grabación.

¡Gracias Ana María Rueda Bilbao, Nancy Maldonado y Jemima Taltavull por tanta dedicación y esmero con la edición de la *Guía del Líder*!

Roberto y el equipo de *Libertad en Cristo* Latinoamérica.

Contenido

PRÓLOGO 8

BIENVENIDA 9

Sesión 01 **LIBRE** 25

Sesión 02 **LIBRE DE VERGÜENZA** 41

Sesión 03 **LIBRE DE CULPA** 57

Sesión 04 **VICTORIOSO** 71

Sesión 05 **VALIENTE** 87

Sesión 06 **SERENO** 101

Sesión 07 **FRUCTÍFERO** 119

Sesión 08 **PACIFICADOR** 133

**LOS PASOS PARA EXPERIMENTAR LA
GRACIA DE DIOS** 149

DEMOLEDOR DE BASTIONES 165

RECURSOS 182

Prólogo

Por el Dr. Neil T. Anderson
Fundador y Presidente emérito de Libertad en Cristo

Un niño recién adoptado entró en una gran mansión. Su nuevo padre le susurró al oído: «Todo esto es tuyo y tienes pleno derecho de vivir aquí. Te he hecho coheredero con mi único hijo. Fue él quien pagó el precio para librarte de tu antiguo amo, un amo cruel y severo. He comprado esta mansión para ti, porque te amo». Sorprendido, el niño se preguntaba: «Esto es demasiado bueno para ser cierto, ¿qué he hecho yo para merecerlo? He sido esclavo toda mi vida y ¡no he hecho nada para recibir un regalo semejante!».

Profundamente agradecido, procedió a explorar las estancias de la mansión. Otra gente que también había sido adoptada vivía en la mansión, y empezó a relacionarse con sus hermanas y hermanos adoptivos. Uno de sus lugares favoritos era la mesa del banquete, donde podía comer abundantemente. Fue ahí que sucedió la desgracia. Al levantarse de la mesa, rozó con una jarra de cristal muy valiosa. Ésta cayó al suelo y se rompió en mil pedazos. Temeroso, pensó: «¡qué tonto y torpe soy! ¿Qué derecho tengo de estar aquí? Mejor me escondo antes de que alguien se entere, porque seguro que me echan de la casa».

Al principio había estado anonadado con la mansión, su nueva familia, un padre amoroso, pero ahora estaba confundido. Las mismas voces que había oído de pequeño empezaron a dar vueltas por su mente. «¿Quién te crees que eres? ¿Quieres privilegios? ¡Pero si tu sitio está en el sótano!» Lleno de culpa y vergüenza, pensó: «Mi antiguo amo tenía razón, este no es mi lugar». Y bajó al sótano de la desesperanza.

El sótano era un lugar triste y oscuro. La única luz provenía de la pequeña puerta al fondo de las escaleras. Oyó a su Padre llamándole, pero la vergüenza le impidió responder. Se sorprendió al encontrar a otros en el sótano.

Arriba, todos conversaban y cooperaban en los proyectos diarios con ánimo e ilusión. Abajo, en el sótano, nadie conversaba. Avergonzados, todos sentían que el sótano era el lugar que merecían. Las voces de antaño cuestionaban el amor del nuevo padre, y el niño terminó preguntándose si en verdad había sido adoptado.

Hizo algún que otro intento de regresar a la luz, pero terminó encontrando una esquina oscura donde acostarse. Un día, un haz de luz penetró su mente y regresó en sí. «¿Por qué no salgo y pido misericordia a esta persona que se hace llamar mi padre? ¿Qué puedo perder? Si me deja ser un sirviente que come las sobras de la mesa, será mejor que esto». Entonces decidió arriesgarse a subir las escaleras y enfrentarse a su padre con la verdad de lo que había hecho. «Señor» —le dijo: «tiré una jarra y la rompí». Sin responder, su padre le tomó de la mano y le llevó a la mesa del banquete que tenía preparada para él. «Bienvenido seas, hijo mío» —dijo su padre. «...ya no hay ninguna condenación para los que están unidos a Cristo Jesús» (Romanos 8:1).

¡Oh, la profundidad del amor de Jesús, y la incomparable gracia de Dios! La puerta está siempre abierta para quienes se rinden ante la misericordia de Dios. «Nos predestinó para ser adoptados como hijos suyos por medio de Jesucristo, según el buen propósito de su voluntad, para alabanza de su gloriosa gracia, que nos concedió en su Amado». (Efesios 1:5-6). Él no quiere que vivamos llenos de auto condenación en el sótano de la culpa, la vergüenza, el temor y el legalismo. Él quiere que sepamos que hemos sido adoptados, perdonados; que nos ha dado vida en Cristo para que vivamos cada día como sus hijos amados.

Te exhorto a tomar seriamente este curso. Te ayudará a llevar una vida de libertad bajo la gracia de Dios, para que así des mucho fruto, fruto que permanezca para siempre —y para que prepares a otros para esta misma labor.

Bienvenida

¡Bienvenidos al *Curso de la Gracia*!

El Curso de la Gracia original tuvo un gran impacto en nuestra vida y ministerio y ha dado la vuelta al mundo.

Nos sentimos agradecidos, privilegiados y muy emocionados de compartir esta versión en español totalmente revisada y contextualizada. Celebramos que sea central en el *Proyecto Gracia y Libertad*, una colaboración entre varios ministerios cristianos.

Nuestra intención es poner a tu disposición una herramienta que permitirá que las personas de tu iglesia den más fruto de lo que jamás hubieran imaginado al permitir que la gracia de Dios impregne sus vidas.

Esta *Guía del Líder* se diseñó para brindarte todo lo que necesitas para llevar a cabo un curso sumamente eficaz. Te sugerimos comenzar de la siguiente manera:

- Lee estas páginas introductorias —te ayudarán a comprender el alcance y la intención del curso y cómo llevarlo a cabo correctamente.
- Mira las sesiones de enseñanza en vídeo (disponibles por separado) o lee detenidamente las notas de la sesión en esta *Guía del Líder*.
- Asegúrate de que has lidiado con los conceptos en tu vida y que has pasado por el componente ministerial (*Los Pasos para experimentar la Gracia de Dios*) personalmente antes de guiar a otros.
- Para más información visita nuestra página web www.libertadencristo.org.

Recuerda que en *Libertad en Cristo* siempre estamos listos para responder a las preguntas de los pastores y líderes de las iglesias. No dudes en contactarnos.

¡Que Dios te bendiga al guiar a otros hacia su asombrosa gracia!

Steve Goss y el equipo de Libertad en Cristo

> SOBRE EL CURSO DE LA GRACIA

¿QUÉ ES EL CURSO DE LA GRACIA?

Jesús dijo que la gente reconocería a sus discípulos por su amor (Juan 13:35). Pablo dijo: «El amor de Cristo nos obliga» (2 Corintios 5:14). *El Curso de la Gracia* es una herramienta para que las iglesias ayuden a la congregación a recuperar su primer amor por Dios (ver Apocalipsis 2:4) para que continúen amando a los demás y tengan un gran impacto en el mundo. Para que los cristianos estén motivados exclusivamente por el amor, tenemos que ayudarlos a deshacerse de las motivaciones falsas tales como:

LA VERGÜENZA

La forma en que nos vemos a nosotros mismos determina cómo vivimos. Estamos de acuerdo con la verdad de que somos «una nueva creación» en Cristo (2 Corintios 5:17), pero en la práctica la vergüenza hace que nuestra identidad la determine nuestro pasado en lugar de aquello que Cristo hizo por nosotros en la cruz. Muchos sentimos que decepcionamos a Dios y a los demás, que somos defectuosos en esencia. Esto se agrava cuando estamos atrapados en pecados y parece que no hay salida.

LA CULPA

Sabemos, al menos en teoría, que la salvación es por gracia a través de la fe, y que no podemos ganarla. Pero muchos inconscientemente caemos en la trampa de creer que mantenemos la aceptación de Dios esforzándonos mucho y «portándonos bien». La culpa nos condiciona a creer que Dios nos acepta por nuestro buen desempeño y nos hace comportarnos como si nuestro crecimiento en Cristo dependiera principalmente de nosotros. Terminamos estresados, quemados o hartos.

EL TEMOR

Algunos reconocen que los temores los tienen atrapados, pero han perdido toda esperanza de poder resolverlos. Otros no se consideran temerosos porque han aprendido a vivir con sus miedos, pensando: «Yo soy así». En ambos casos, el temor nos impide adentrarnos en lo que Dios tiene para nosotros y contarles a otros las maravillosas noticias de Jesús y su salvación.

EL ORGULLO

La soberbia nos lleva a tomar el mando de nuestra vida e intentar controlar los acontecimientos y las personas en lugar de confiar en el Dios de toda sabiduría. Nos lleva a un desempeño ansioso y al agotamiento. El orgullo también convierte una relación viva con Jesús en una religión seca en la que ponemos las reglas por encima de la relación y la ley por encima del amor y nos preocupamos más por tener razón que por ser auténticos. La humildad es la puerta de entrada a la unidad entre el pueblo de Dios, y la unidad permitirá que el mundo reconozca que el Padre envió a Jesús (ver Juan 17:21).

Una comprensión real de la gracia de Dios proporciona el antídoto contra estas motivaciones falsas. *El Curso de la Gracia* está diseñado para que los cristianos entendamos los beneficios alucinantes de ser hijos de Dios: que, independientemente de nuestro pasado, Dios nos acepta; que no tenemos que esforzarnos por «comportarnos como cristianos», más bien podemos vivir desde la verdad de quienes somos ahora —libres, libres de vergüenza, libres de culpa, victoriosos, valientes y serenos— para humillarnos ante Dios y dar fruto y humillarnos ante otros cristianos, colaborando en unidad para hacer discípulos y transformar las naciones.

El Curso de la Gracia pone el énfasis en *conocer* la verdad, no solo en la cabeza, sino en nuestro corazón. Está lleno de ejercicios prácticos y tiene un componente ministerial tranquilo y respetuoso llamado *Los Pasos para experimentar la gracia de Dios*, y una poderosa herramienta para renovar tu mente llamada el *Demoledor de Bastiones*.

Si puedes animar a la gente a que trate con Dios durante el *Curso de la Gracia*, puede que los veas tan impactados por la profundidad de la gracia de Dios que querrán vivir para él, no por obligación, sino porque lo aman. Y darán mucho fruto, fruto que perdura (véase Juan 15:16). ¡Imagínate lo diferente que podría ser tu iglesia! ¡Imagínate el impacto que tendría en tu comunidad!

¿CUÁL ES LA ESTRUCTURA DEL CURSO?

Hay ocho sesiones principales de enseñanza seguidas por un componente práctico ministerial, *Los Pasos para experimentar la gracia de Dios*, y una sesión práctica adicional para aprender cómo reemplazar las creencias erradas con la verdad de las Escrituras.

SESIÓN 1: LIBRE

Lucas 15:11-31

La gracia de Dios significa que no solo has sido perdonado, no solo has sido salvado. Has sido restaurado completamente. En el núcleo de tu ser, eres una persona totalmente nueva. Y Dios te ama, pero además se deleita en ti, incluso cuando te equivocas.

El amor, la aceptación y el favor de Dios no dependen de nuestro comportamiento, bueno o malo. Dependen de su gracia.

Muchos cristianos no saben lo que tienen o quiénes son. Saben que son salvos por gracia, pero terminan pensando que ser un discípulo de Jesús implica mantener ese favor portándose bien.

En Cristo somos amados y aceptados completamente por lo que somos, no por lo que hacemos. Desde esa posición segura, podemos libremente elegir servir a Dios porque lo amamos, y deshacernos de toda motivación falsa.

Sin embargo, lo que hacemos sí importa. El pecado tiene consecuencias horrendas. Dios tiene planes preparados para cada uno de nosotros y al final de los tiempos pondrá a prueba nuestros hechos. Todo aquello que no fue motivado por amor no tendrá valor eterno.

SESIÓN 2: LIBRE DE VERGÜENZA

2 Corintios 5:21, Hebreos 10:19-22

Dios es amor. Todo lo que Dios ha hecho o hará está motivado solamente por amor. Y el discipulado tiene que ver con llegar a parecernos cada vez más a Jesús. Así que nuestro punto de partida en toda situación es el amor, ¡siempre! —y sigue siendo crucial a la mitad y al final también.

Por amor, Dios creó a los seres humanos y nos dio la tarea de trabajar con él cuidando de la Tierra para seguir poniendo orden en el caos. Él no nos hizo

robots, incapaces de desobedecer. Nos dio la capacidad de tomar decisiones que tienen consecuencias reales para bien o para mal.

Dios advirtió a Adán de las consecuencias de comer de cierto árbol: «Ciertamente morirás». Pero, engañados por Satanás, Adán y Eva decidieron desobedecer. Consecuentemente, Adán y Eva murieron espiritualmente: perdieron su conexión espiritual con Dios y todo lo que ésta les proveía: significado, una relación íntima con Dios, seguridad. La comunión con Dios que habían disfrutado se cortó. Ya no lo conocían.

También hubo consecuencias para todos sus descendientes. Todos nosotros nacimos «pecadores», sin la vida espiritual y la conexión con Dios para la que fuimos diseñados. Instintivamente sentimos vergüenza, porque no éramos las personas que debíamos ser.

Nuestro sentido de vergüenza puede intensificarse por nuestra educación o por experiencias negativas.

Jesús *se hizo* pecado y nosotros *fuimos hechos* santos. Conocer nuestra nueva identidad resuelve la vergüenza para que el amor sea nuestra única motivación.

SESIÓN 3: LIBRE DE CULPA

Filipenses 3:4-6, *Colosenses* 2:13-14, *Lucas* 7:48-50

Muchos cristianos han llegado a ver a Dios como alguien que se preocupa principalmente por nuestro comportamiento, Por tanto, experimentamos culpabilidad constantemente al sentir que no cumplimos sus expectativas.

Pensamos que Jesús vino principalmente para perdonar nuestros pecados en lugar de devolvernos la vida que Adán perdió. Perdemos de vista los otros énfasis en la Biblia que nos dicen que Jesús vino para liberarnos de la esclavitud de la muerte, de la carne, del pecado y de Satanás.

Dios no quiere que la culpa sea nuestra motivación, sino que sepamos que todos nuestros pecados, pasados, presentes y futuros, han sido completa y absolutamente borrados con la muerte de Cristo en la cruz, y así podamos presentarnos confiadamente ante Dios.

Si nos equivocamos, Dios no quiere que nos hundamos en la culpa, sino que experimentemos la tristeza que proviene de Dios, que nos motiva a caminar en la luz con él, de manera abierta y transparente.

La gracia, no la culpa, es la motivación más poderosa para dejar de pecar.

SESIÓN 4: VICTORIOSO

Romanos 6:3-14, 7:14-24

Lo que *hacemos* proviene de lo que *somos*.

Cuando elegimos seguir a Jesús, nos convertimos en personas totalmente diferentes a lo que éramos antes. Ya no somos *pecadores*. Somos *santos*. Pero la verdad no te hace libre a menos que la *conozcas*.

Entendemos que la muerte y resurrección de Jesús no tuvo que ver solamente con la *pena* del pecado, sino también con el *poder* del pecado. Ahora podemos elegir cómo comportarnos en todo momento y hay una salida de toda tentación que enfrentamos. Pero si elegimos ofrecer nuestro cuerpo al pecado, permitimos que el mal reine en nuestro cuerpo. Podemos resolver esto al someternos a Dios y resistir al diablo. No vas creciendo en libertad; te apropias de ella.

Dios desea que su pueblo le obedezca, no por *obligación*, sino porque *elige* hacerlo. La libertad te permite elegir.

SESIÓN 5: VALIENTE

Josué 1:5-6, Hebreos 13:5-8, 2 Timoteo 1:7

Dios tiene planes para ti que darán a tu vida un valor eterno. Dios encuentra maneras de desafiarte, de hacerte crecer para que lleves a cabo esos planes en sus fuerzas y no en las tuyas.

A menudo experimentaremos temor en nuestra vida. Y el temor puede impedir que hagamos lo que Dios pide de nosotros. El valor no es la ausencia de temor. Es tomar la decisión correcta frente al temor. Pero si permitimos que el temor dicte nuestras acciones, nos dominará.

Los temores malsanos no tienen que controlarnos ni marcar la agenda en nuestra vida porque Dios es todopoderoso y está presente en todas partes: En su gracia nos ha dado los dones de poder, amor y dominio propio.

SESIÓN 6: SERENO

1 Pedro 5:6-8, Isaías 30:15, Salmo 46:10

Las incertidumbres a las que nos enfrentamos pueden generar ansiedad, pero vivir con ansiedad nos hace indecisos e inconstantes y le da a Satanás la oportunidad de aprovecharse de nosotros.

Si te sientes ansioso con frecuencia, eso es un indicador de que aún intentas llevar las riendas de tu vida. Y eso es, básicamente, orgullo.

El objetivo de Dios para tu vida es que te parezcas cada vez más a Jesús en tu ser interior. No se trata tanto de lo que *haces*, sino de cómo *eres*. Humillarte bajo la poderosa mano de Dios significa cooperar con él y ajustar tus metas a las suyas.

A pesar de que vivimos en la era de la ansiedad, podemos vivir sin ansiedad malsana. Se trata de conocer quién es nuestro Padre Dios, confiar en su integridad y en sus caminos, y elegir cooperar con él.

Cuando verdaderamente conocemos a Dios tal y como es y comprendemos que él *es* amor, podemos depositar nuestras ansiedades en él, dejarlas en sus manos y vivir libres de ellas.

SESIÓN 7: FRUCTÍFERO

Filipenses 2:2-8, Juan 15:1-5, Hebreos 12:5-11, Mateo 11:28-30, Salmo 131

Si queremos dar mucho fruto, no hace falta enfocarnos en dar fruto, sino en permanecer conectados a Jesús. Separados de él no podemos hacer nada de valor eterno.

Damos mucho fruto cuando nos sometemos a Dios y a lo que él dice en las Escrituras, cuando abandonamos nuestro orgullo y elegimos humillarnos ante él.

Dios nos ofrece descanso para nuestra alma, una carga liviana y un yugo suave. Ya no hace falta controlar los eventos o a las personas. Podemos elegir humillarnos ante Dios y los demás y confiar que Dios Padre se encargará de aquello que se escapa de nuestro control.

Para dar mucho fruto, hay que pasar por la puerta del quebranto. En su amor, Dios usa las situaciones difíciles que enfrentamos para eliminar nuestro egocentrismo, autosuficiencia y orgullo.

La respuesta apropiada a la gracia que Dios nos extiende es ofrecer todo nuestro ser a él como sacrificio vivo.

SESIÓN 8: PACIFICADOR

Mateo 28:18–20, Juan 13:35, 17:21, 1 Corintios 5:9–11,

Apocalipsis 19:6–8

Cuando te entregaste a Cristo, pasaste a formar parte del grupo más significativo de personas que jamás haya existido. La Iglesia es el cuerpo de Cristo —literalmente somos la carne y la sangre mediante la cual Dios obra en el mundo. No hay plan B.

Nuestro llamado no es condenar a las personas por sus problemas, sino mostrarles el camino de salida. Discipular no es enseñarle a la gente lo *mal* que está. Más bien les ayudamos a entender lo *bien* que están ahora en Cristo.

Al orar por nosotros, los que vendríamos después de sus discípulos originales, Jesús abordó un solo tema: que fuéramos uno «para que el mundo sepa que tú me has enviado». Mantener la unidad del Espíritu a través del vínculo de la paz es un prerrequisito para que la Iglesia tenga un impacto notable en este mundo.

Históricamente los cristianos han creído que la unidad es el resultado de una doctrina en común. Y, paradójicamente, el resultado ha sido la desunión. Los pacificadores se unen en torno al amor por Jesús, se someten unos a otros y les apasiona ser parte de la Novia de Cristo.

Y podemos ser optimistas porque Apocalipsis 19:7 nos dice que la Novia estará preparada el día de las bodas del Cordero.

LOS PASOS PARA EXPERIMENTAR LA GRACIA DE DIOS

Los Pasos para experimentar la gracia de Dios es una sesión práctica para asegurarte de que los principios bíblicos que hemos visto en *El Curso de la Gracia* se hagan realidad en tu vida.

Le pedirás al Espíritu Santo que te ayude a ver las áreas de pecado que le han dado al enemigo influencia en tu vida. A medida que te sometes a Dios al reconocer el problema y darle la espalda, cerrarás las «puertas» que abriste. Al final del proceso resistirás al diablo y él no tendrá más remedio que huir de ti.

Todo esto se hace de manera tranquila y respetuosa, y se da entre tú y Dios.

Durante el proceso, podrás identificar las áreas en las que tus creencias no coinciden con la verdad según la Biblia. La sesión del *Demoledor de Bastiones* te enseñará un método sencillo para demoler esas fortalezas, uno que puedes usar por el resto de tu vida cada vez que percibas que tu sistema de creencias está desfasado con respecto a la Biblia.

SESIÓN DE DEMOLEDOR DE BASTIONES

Romanos 12:1–2, 2 Corintios 10:3–5, Efesios 2:1–3,

Colosenses 2:8

Somos transformados mediante la renovación de nuestra mente, un proceso para toda la vida. Consiste en identificar la creencia falsa que hemos desarrollado al compararla con la verdad en las Escrituras, y luego elegir alinear nuestras creencias con lo que Dios dice que es verdad.

Pablo llama «fortalezas» a las creencias falsas que se han arraigado profundamente. Nosotros usamos el sinónimo «bastiones» porque «fortalezas» suele tener una connotación positiva. Son importantes porque nuestras acciones siempre nacen de nuestras creencias, y los bastiones nos hacen tomar malas decisiones y, en última instancia, nos impiden experimentar la vida abundante que Dios ofrece.

El *Demoledor de Bastiones* es un método sencillo para demoler tus bastiones mentales. Es sencillo, pero requiere un esfuerzo constante durante seis semanas más o menos. Para muchos participantes del *Curso de la Gracia*, es el elemento que produce mayor cambio duradero y les ayuda a convertirse en discípulos de Jesús que dan mucho fruto.

> ¿QUÉ HA CAMBIADO EN ESTA VERSIÓN REVISADA?

El Curso de la Gracia original gustó mucho y se tradujo a muchos idiomas. Estamos muy agradecidos a los pastores y líderes alrededor del mundo que nos dieron sus comentarios y sugerencias sobre el contenido.

Al realizar esta versión revisada, nos hemos esforzado por tomar en cuenta los comentarios y sugerencias, preservando los elementos esenciales del curso original. Cada parte del curso ha sido revisada, pero los principales cambios se describen a continuación.

A pesar de los numerosos ensayos, al grabar las seis sesiones del *Curso de la Gracia* original, lo disfrutamos tanto que alargamos las sesiones más de lo previsto. Consecuentemente a los grupos pequeños les costaba cubrir una sesión por noche y terminaban dividiendo cada sesión en dos semanas, haciéndolo pesado. En lugar de reducir el contenido, decidimos desarmar el curso y reconstruirlo a partir de los principios básicos. ¡Y fuimos rigurosos al grabar las sesiones para cumplir con los tiempos!

Los principios esenciales de la enseñanza son los mismos, con la parábola del hijo pródigo en el centro. Sin embargo, la hemos revisado exhaustivamente, hemos cambiado un poco su orden y la hemos ampliado, especialmente en las áreas de ansiedad y la importancia de tomar nuestro lugar en la Iglesia junto a nuestros hermanos y hermanas. En un área —la Ley del Antiguo Testamento— hemos reducido la enseñanza (pero la incluimos en su totalidad en *Conéctate con la Gracia*, el libro complementario).

Para asegurarnos de que no haya sesiones demasiado largas, hemos aumentado de seis a ocho sesiones. Además, hemos creado una sesión para el *Demoledor de Bastiones*, diseñada para acompañar el componente ministerial, *Los Pasos para experimentar la gracia de Dios*, que también se han revisado y adaptado para reflejar los temas del curso. El contenido de esta sesión suele ser la clave para continuar la transformación de la mente y dar mucho fruto. Esperamos que esta sesión sirva de guía fiel a cada discípulo hasta que la renovación de la mente se convierta en un hábito.

Las preguntas de las pausas para la reflexión se han revisado a fondo, y se incluye una sección al final de cada sesión para dar espacio a la respuesta personal a la enseñanza.

Nos emocionan los elementos que pudimos añadir al «paquete» total, con el fin de aumentar las opciones para enganchar con la enseñanza. Ha sido un privilegio trabajar con RightNowMedia para producir *La Maravilla de la Gracia*, una nueva serie de vídeos que sirven como una excelente introducción al *Curso de la Gracia*, y producir para YouVersion un nuevo devocional diario, —*Perlas diarias de gracia*— para acompañar a los participantes en su peregrinaje por el *Curso de la Gracia*.

También hemos publicado dos libros que profundizan en los principios del curso. Rich Miller ha escrito una edición revisada de su excelente devocional, *40 días de gracia*, diseñada para que los participantes sigan enfocados en los principios después de haber terminado el curso. También Steve Goss ha escrito un nuevo libro, *Conéctate con la Gracia*, que amplía la enseñanza del curso y la presenta desde otro ángulo.

¿CÓMO FUNCIONA *EL CURSO DE LA GRACIA* CON *EL CURSO DE DISCIPULADO*?

El *Curso de Discipulado* es un curso best-seller que consta de diez sesiones más el componente ministerial de *Los Pasos hacia la libertad en Cristo* —hay más detalles en la página 183 o en www.libertadencristo.org. Ya que el formato del *Curso de la Gracia* está inspirado en *El Curso de Discipulado*, le resultará familiar a quien lo haya tomado.

El *Curso de la Gracia* se puede tomar solo, pero funciona bien con el *Curso de Discipulado*. Se complementan mucho.

El tema clave de ambos cursos puede resumirse en: «Conoce la verdad y la verdad te hará libre». Ambos cursos tienen énfasis similares: conocer quién eres en Cristo y la importancia de renovar la mente.

Con diez sesiones, El *Curso de Discipulado* es más completo. En particular, trata las áreas críticas de la necesidad del perdón, la batalla por nuestra mente, reconocer nuestra predisposición a una cosmovisión particular y comprender cómo alinear nuestras metas con las metas de Dios para nuestra vida. Tiende a basarse en las epístolas un poco más que en los Evangelios. Por otro lado, *El Curso de la Gracia* cubre unos temas críticos con mayor profundidad que El *Curso de Discipulado*: la vergüenza, la culpa, el temor, la ansiedad, el orgullo y trabajar desde el descanso.

Tiende a basarse en los Evangelios un poco más que en las epístolas.

Las iglesias nos dicen que los dos cursos se complementan extremadamente bien. Los pastores y líderes nos dicen que, después de haber experimentado un curso, la gente suele expresar el deseo de tomar el otro.

Casi todas las iglesias nos cuentan que utilizan ambos cursos. Por ejemplo, ofrecen un curso durante un trimestre y el siguiente trimestre ofrecen el otro curso, para dar a los participantes la oportunidad de tomar los dos.

Por lo tanto, si decides utilizar ambos cursos, te recomendamos que no te preocupes demasiado en qué orden los ofreces. Sin embargo, te aconsejamos que, si haces el *Curso de la Gracia* primero, consideres guiar a los participantes por *Los Pasos hacia la Libertad en Cristo* (el componente ministerial de El *Curso de Discipulado*) antes de que pasen por *Los Pasos para experimentar la gracia de Dios* (el componente ministerial del *Curso de la Gracia*). También sería de mucha ayuda, de ser posible, mostrar el vídeo de la Sesión 7 —«Perdonar de Corazón»— del *Curso de Discipulado* durante el retiro del *Curso de la Gracia*, porque el perdón es una parte integral del componente ministerial de ambos cursos y se cubre más exhaustivamente en *el Curso de Discipulado*. Hay más información al respecto en la página 183.

En resumen:

- Cada uno de los cursos es independiente, por lo que funcionan perfectamente el uno sin el otro.
- Hay beneficios reales para los participantes que toman ambos cursos.
- Si los participantes toman *El Curso de la Gracia* por su cuenta o antes del *Curso de Discipulado*, busca el modo de guiarlos por *Los Pasos hacia la Libertad en Cristo* y la Sesión 7 —«Perdonar de Corazón»— del *Curso de Discipulado*.

> ¿CÓMO SE PUEDE USAR EL CURSO DE LA GRACIA?

El Curso de la Gracia funciona bien tanto para los recién convertidos como para los que llevan tiempo en la fe. Su diseño le permite ser flexible y funcionar en una variedad de formatos o espacios en una iglesia:

EN GRUPOS PEQUEÑOS

Así es como la mayoría de las iglesias utilizan nuestros recursos de discipulado. Si alguien se pierde una sesión, asegúrate de que tenga acceso a los vídeos para ponerse al día.

Recomendamos que, en la medida de lo posible, los grupos pequeños vean las sesiones didácticas en vídeo y que utilicen las preguntas de cada *Pausa para la reflexión*. Cada sesión en formato de grupo pequeño dura dos horas. Encontrarás una programación detallada para cada sesión en esta *Guía del Líder*.

Se adapta bien tanto a grupos pequeños virtuales como presenciales.

PREDICACIÓN SISTEMÁTICA CON SEGUIMIENTO EN GRUPOS PEQUEÑOS

Cada sección de enseñanza se puede presentar como una charla en vivo o en línea. Por lo tanto, el *Curso de la Gracia* puede usarse como un programa de enseñanza de la iglesia (por ejemplo, una serie de sermones dominicales, una clase dominical para adultos o un estudio bíblico). El seguimiento se puede hacer en grupos pequeños entre semana si no hay oportunidad para el diálogo grupal inmediatamente después de la charla.

REUNIÓN ENTRE SEMANA

Si no hay grupos pequeños establecidos, puedes convocar a todos a una reunión entre semana y presentar la charla (en persona o con los vídeos) y al final dividir a las personas en grupos pequeños para la discusión grupal. Otra alternativa es pausar la charla después de cada sección (A, B y C), permitiendo que los grupos se dividan y respondan a las preguntas de la *Pausa para la reflexión* a medida que avanzan.

A LA PAR DE UN CURSO EVANGELÍSTICO

Se puede combinar este curso con un curso evangelístico como Alpha. Puedes reunir a ambos grupos para una comida y posteriormente redirigir a los no creyentes al curso evangelístico y a los creyentes al *Curso de la Gracia*. Incluso si la persona no se convierte en el curso evangelístico, no se le debe impedir que tome el *Curso de la Gracia*. En las primeras semanas aprenderá la diferencia que marca estar en Cristo.

DISCIPULADO PERSONAL

Consume bastante tiempo y energía dar el curso a una sola persona, pero aún en esos casos da resultado. Es un excelente recurso para empezar a discipular a un nuevo convertido y también una herramienta útil en para mentorear a cristianos con más tiempo en la fe.

> ¿QUÉ FORMATO SE RECOMIENDA?

Libertad en Cristo ha producido recursos para la iglesia alrededor del mundo desde 1988, con el objetivo de ayudar a los cristianos a convertirse en discípulos fructíferos. Hemos descubierto que el formato más efectivo para el aprendizaje en la iglesia es el grupo pequeño donde se anima a dialogar sobre lo que se ha escuchado. Al elaborar el *Curso de la Gracia*, nos enfocamos en crear un recurso para grupos pequeños, pero encontrarás que funciona bien en los otros formatos que mencionamos.

> ¿QUÉ MATERIALES SE REQUIEREN PARA REALIZAR EL CURSO?

El *Curso de la Gracia* tiene tres materiales troncales y cuatro opcionales. Los describimos a continuación y encontrarás más información (que incluye cómo realizar un pedido) en libertadencristo.org.

Desde nuestra página web (www.libertadencristo.org) podrás conseguir estos materiales. Para más información consulta libertadencristo.org.

> MATERIALES TRONCALES

GUÍA DEL LÍDER

Recomendamos que cada persona que lidere un grupo pequeño tenga su copia de esta *Guía del líder*. Contiene una guía para el desarrollo de cada sesión, el contenido didáctico de la sesión, preguntas para el diálogo, etc. Lo publica Bethany House en EEUU y *Libertad en Cristo Internacional* en el resto del mundo. Está disponible en diferentes idiomas.

GUÍA DEL PARTICIPANTE

Cada participante necesitará una copia de la *Guía del Participante* que contiene notas para cada sesión, las preguntas de las pausas para la reflexión y el componente ministerial, *Los Pasos para experimentar la Gracia de Dios*.

PRESENTACIONES EN VÍDEO

La mayoría de las iglesias usan las enseñanzas en vídeo para dar el *Curso de la Gracia*. Incluso si tienes pensado presentar el curso en vivo, utilizando las notas de la *Guía del Líder*, te recomendamos que veas los vídeos. Aunque en general los vídeos didácticos se verán en grupo, los participantes pueden volver a verlos por su cuenta.

Los presentadores en los vídeos son: Adrián Arreaza, Nancy Maldonado, Lirio Martínez, David Pérez, Pamela Porras, Ana María Roa y Roberto Reed. Hay una breve reseña de cada uno en la *Guía del Participante*.

También incluimos testimonios de Iberoamérica que ilustran los puntos de las enseñanzas. Las versiones transmitidas por streaming contienen subtítulos en español que se pueden activar si se desea.

Para obtener información sobre los diferentes elementos y dónde obtenerlos, visita www.libertadencristo.org (más información en la siguiente página).

> EL PROYECTO GRACIA Y LIBERTAD

El *Curso de la Gracia* está en el centro del *Proyecto gracia y libertad*, una colaboración entre varios productores importantes de recursos devocionales y de discipulado.

Eso significa que hay recursos adicionales estupendos que puedes aprovechar a medida que avanzas por El *Curso de la Gracia*. Para más información visita:

www.libertadencristo.org

SERIE EN VÍDEO *LA MARAVILLA DE LA GRACIA*

Una serie de 8 sesiones de vídeos cortos y contundentes presentados por Sidhara Udalagama que cubren los temas clave del *Curso de la Gracia*. Los temas de la serie van de la mano con los temas del curso. Recomendamos que los veas los días previos a cada sesión, como un calentamiento para el tema que veremos cada semana en el curso.

Está disponible en STREAMLIBERTAD, en www.libertadencristo.org y desde RightNow Media Español.

DEVOCIONAL *PERLAS DIARIAS DE GRACIA* DE YOUVERSION

Un devocional diario de 56 días para acompañarte en tu peregrinaje por el *Curso de la Gracia*. Comienza el día que asistes a la primera sesión del *Curso de la Gracia* y recibirás mensajes concisos, relevantes y que invitan a la reflexión cada día durante ocho semanas.

Disponible en nuestra página web (www.libertadencristo.org/curso-de-la-gracia) y en la app de la Biblia de YouVersion: busca «Perlas diarias de gracia».

LA CONEXIÓN DE LA GRACIA DE STEVE GOSS

Steve Goss, autor del *Curso de la Gracia*, ha escrito este libro específicamente para los participantes del curso. Desarrolla los principios que se enseñan en el curso para que puedas conectar más profundamente con la gracia. Publicado por *Libertad en Cristo International*.

40 DÍAS DE GRACIA DE RICH MILLER

Una versión revisada y actualizada de este libro devocional de 40 días de Rich Miller, muy popular entre los participantes del *Curso de la Gracia* original. Está diseñado para usarlo inmediatamente después de haber terminado el *Curso de la Gracia*. Durante seis semanas los participantes pueden seguir procesando los principios que aprendieron y ponerlos en práctica. Publicado por *Libertad en Cristo Internacional*.

> ¿CÓMO DIRIJO UNA SESIÓN DE ENSEÑANZA?

Recomendamos que empieces con un café para que la gente converse y se mezcle un rato. Cada sesión didáctica sigue el mismo formato y contiene los siguientes elementos:

NOTAS DEL LÍDER

Una introducción para el líder, para ayudarlo en la preparación.

CONECTA

El objetivo de este tiempo de bienvenida es conectar el uno con el otro y con Dios. Por lo general, consiste en una pregunta abierta diseñada para que la gente se conozca un poco y una pregunta que redirige sus mentes hacia Dios.

Durante este tiempo, es mucho más importante fomentar la participación e interacción del grupo que cualquier tipo de enseñanza. Si deseas, aquí puedes incluir un canto de adoración.

Si los participantes de tu grupo están viendo *La Maravilla de la Gracia* en preparación para cada sesión, puedes pedirles sus comentarios sobre lo que han visto.

O bien, puedes preguntarles sobre la sesión anterior. ¿Qué te llamó la atención de la semana pasada? Lo que aprendiste ¿tuvo algún beneficio práctico durante la semana? ¿Has usado el devocional *Perlas diarias de gracia* o has leído el libro *Conéctate con la Gracia*? ¿Qué has descubierto?

¡Pero seguro que no tendrás tiempo para hacer todas estas cosas!

ORACIÓN Y DECLARACIÓN

Anima a las personas a orar juntas en voz alta y luego a hacer la declaración. La oración se dirige a Dios, mientras que la declaración se dirige al mundo espiritual en general.

Un tema recurrente en el curso es que, como nueva creación en Cristo, los participantes pueden y deben tomar la responsabilidad de su vida cristiana, lo que incluye posicionarse frente a sus enemigos espirituales. La declaración al inicio de cada sesión les ayuda a aprender a ejercer el poder y la autoridad que tienen en Cristo. Puede que sea algo nuevo para muchos, sin embargo, anímales a declararlo con valentía como hijos de Dios, que lo son.

VERDAD Y VERSÍCULO CLAVE

Presenta el versículo clave y la verdad clave para la sesión. No hay necesidad de decir más de lo que está escrito en *la Guía del Líder*. Avanza directamente a la sección de la Palabra.

PALABRA

Esta es la parte principal de cada sesión. Cada charla dura entre 33 y 35 minutos en total (excluyendo las pausas para el diálogo) pero se divide en tres secciones de entre 10 y 15 minutos, separadas por un tiempo para el diálogo llamado *Pausa para la reflexión*. La enseñanza incluye testimonios filmados que ayudan a ilustrar los puntos principales.

Prevemos que la enseñanza será parte de tu sesión y ese es el método que asumimos en esta *Guía del Líder*. Sin embargo, algunos optan por pedir a los participantes que vean el vídeo antes de la sesión y luego dedican el tiempo presencial para compartir y discutir las preguntas de cada *Pausa para la reflexión*. Dependiendo de tu contexto, puedes considerar esta opción.

Si decides presentar la enseñanza tú mismo, encontrarás el guion completo en esta *Guía del Líder*, junto con material adicional. Recomendamos que te ciñas lo más posible a las notas (sin recitarlas como loro), añadiendo ilustraciones de tu propia vida que sustituyan las de los presentadores del vídeo.

Reproduce el vídeo o presenta la charla y luego haz una pausa para el diálogo usando las preguntas correspondientes de cada *Pausa para la reflexión*. Si das la charla tú mismo ¡vigila el tiempo! Resiste la tentación de desviarte del guion para que no se acabe el tiempo sin haber cubierto los puntos principales. El cuadro con el plan de tiempo para cada sesión te ayudará a mantenerte dentro del horario establecido.

PAUSA PARA LA REFLEXIÓN

Al final de las tres secciones de la enseñanza (Palabra) hay una *Pausa para la reflexión* con tres sets de preguntas. A menudo el verdadero aprendizaje toma lugar durante estas pausas, por lo que son importantísimas. No te las saltes.

En el plan de tiempo al inicio de cada sesión, hemos sugerido intervalos concretos (por ejemplo 15 min). No te aconsejamos recortarlos. En el caso de que el curso se ofrezca en un formato donde la enseñanza se da en otro lugar (por ejemplo, en un servicio dominical) y solo haces el seguimiento en grupo pequeño, haz tu planificación basándote exclusivamente en los tiempos de las Pausas para la reflexión. No hace falta cubrir todas las preguntas dadas. Lo importante es que procesen lo aprendido, y si solo se responde una pregunta con profundidad, está bien.

Si tu grupo supera las ocho personas, divídelo en subgrupos de máximo siete u ocho para el diálogo. Puedes mantener los grupos durante todo el curso o mezclarlos cada semana, como se adapte mejor en tu entorno. Dependiendo de la cultura, a veces conviene hacer grupos de hombres y mujeres. Para variar, considera dividirlos ocasionalmente en grupos de tres a cuatro personas para animar a los más callados o introvertidos a hablar. Como líder de un grupo de diálogo, **tu función principal es lograr que los demás hablen**. No temas los silencios y resiste el impulso a llenarlos.

Además de las preguntas dadas, en la *Pausa para la reflexión* puedes plantear las siguientes preguntas abiertas:

- ¿Qué opinas de lo que acabas de escuchar?
- ¿Hubo algo que no entendiste o que no te quedó claro?
- ¿Cómo crees que lo dicho se aplica a ti?

No tienes que cubrir todas las preguntas de la *Pausa para la reflexión*. Es más valioso profundizar en una pregunta que cubrir tres preguntas de manera superficial. Intenta que la conversación no se desvíe demasiado de los puntos principales y mantente atento al reloj (al comienzo de cada sesión se da un tiempo sugerido para cada *Pausa para la reflexión*). Concluye en el momento apropiado haciendo un breve resumen del diálogo.

LA ÚLTIMA PAUSA PARA LA REFLEXIÓN

Mientras que las primeras dos Pausas para la reflexión fueron diseñadas para el diálogo en grupo, el objetivo de la última pausa es una reflexión más profunda —que puede ser tanto individual como en grupo pequeño— para responder a la voz del Espíritu Santo. Idealmente, este tiempo es de tranquilidad y silencio en la presencia de Dios, para permitir que las verdades clave penetren y las personas respondan a él. En algunas ocasiones hay un elemento de interacción con otros. En otras, la idea es pasar tiempo a solas con Dios.

Puede que algunas personas no estén familiarizadas con este ejercicio y deberás animarlos a practicarlo. Es conveniente reproducir música instrumental suave durante esta pausa. Sin embargo, la música con palabras o muy animada puede distraer.

> ¿CUÁL ES EL COMPONENTE PRÁCTICO?

Los Pasos hacia la Libertad en Cristo es un proceso estructurado de oración y arrepentimiento desarrollado por el Dr. Neil T. Anderson (fundador de *Libertad en Cristo*). Lo han utilizado millones de personas alrededor del mundo. Se ha publicado en muchos idiomas y formatos y es el componente práctico del *Curso de Discipulado*.

El componente práctico del *Curso de la Gracia* es un proceso similar llamado *Los Pasos para experimentar la Gracia de Dios*. Se basa en los mismos principios: el cristiano toma la responsabilidad por su vida y elige someterse a Dios y resistir al diablo (Santiago 4:7).

Ambos procesos funcionan de manera similar. La persona que busca libertad asume la responsabilidad de su vida y crecimiento al pedirle al Espíritu Santo que le muestre toda área de su vida en la que tiene un problema sin resolver. Entonces decide arrepentirse de todo lo que él le muestra, eliminando así toda influencia que el enemigo haya tenido en su vida. Su acercamiento es directo, sencillo, tranquilo y respetuoso, pero increíblemente eficaz. Ambos procesos tienen siete pasos que cubren diferentes áreas específicas de la vida. En cada paso la persona comienza con una oración bíblica de arrepentimiento, que sirve de preámbulo, pidiéndole al Espíritu Santo que le traiga a la mente qué en concreto se aplica a ella. Luego hay una lista de asuntos específicos y una breve oración de renuncia escrita que la persona recita para tratar con los asuntos a los que desea renunciar. Algunas secciones incluyen afirmaciones doctrinales. Con ellas la persona expresa su acuerdo con las verdades fundamentales de las Escrituras, expuestas de una manera clara y concisa.

Recomendamos, en la medida de lo posible, que los participantes del *Curso de la Gracia* pasen por *Los Pasos hacia la Libertad en Cristo* antes de *Los Pasos para experimentar la Gracia de Dios*. Muchos ya habrán pasado por ellos como parte del *Curso de Discipulado*, pero si tienes un grupo que no lo ha hecho, puedes optar por llevarlos por *Los Pasos hacia la Libertad en Cristo* en lugar de *Los Pasos para experimentar la gracia de Dios* después de la Sesión 8 y luego volver a *Los Pasos para experimentar la gracia de Dios* en una fecha posterior. Para ello, tendrías que comprar el libro de *Los Pasos a la Libertad en Cristo* para los participantes y usar el vídeo de *Los Pasos a la Libertad en Cristo* que guía el proceso. Reconocemos que esto implica cierto costo adicional, pero si deseas que estos principios se conviertan en un estilo de vida en tu iglesia, vale la pena. Sin embargo, no es esencial y puedes ofrecer El *Curso de la Gracia* tal cual y esperar excelentes resultados.

Puedes guiar a la gente por este proceso en el contexto de un retiro grupal o en una cita individual dentro de tu iglesia local. Hay más información en la sección de *Los Pasos para experimentar la Gracia de Dios*.

> RENOVAR LA MENTE: «DEMOLEDOR DE BASTIONES»

En Romanos 12:2 (NVI), Pablo nos dice qué es lo que transforma a un cristiano: «sean transformados mediante la renovación de su mente». «Transformar» es una palabra contundente. Su significado literal es «metamorfosis», el cambio que sufre una oruga para convertirse en mariposa.

La mayoría de las personas vendrán al *Curso de la Gracia* esperando «recibir» y, por supuesto, esperamos que reciban una enseñanza valiosa. Pero es poco probable que sean transformados si lo único que hacen es «recibir». Para ser transformados tienen que trabajar en la renovación de su mente, que implica desechar las viejas formas de pensar basadas en mentiras que han llegado a creer y reemplazarlas con la verdad que Dios nos revela en la Biblia.

Por nuestras experiencias de vida, todos estamos condicionados a creer cosas que no coinciden con las Escrituras. Dado que las Escrituras revelan la verdad, podemos llamar «mentiras» a estas creencias falsas. Cuando una mentira se arraiga profundamente, se convierte en una «fortaleza» (como «fortaleza» suele tener una connotación positiva, hemos optado usar su sinónimo: «bastión»), una forma habitual de pensar que es contraria a lo que Dios dice en su palabra. Otra manera de expresarlo es toda creencia o acción que te ha atrapado, que sientes que no puedes superar. Es como tener una muralla impenetrable en tu mente que te impide ir por el camino que Dios te indica.

Justo después de la sesión de *Los Pasos para experimentar la gracia de Dios*, presentamos una estrategia llamada *Demoledor de Bastiones*. Es un proceso de cuarenta días para reemplazar las mentiras con la verdad. ¿Por qué cuarenta días? Los psicólogos nos dicen que se necesitan alrededor de seis semanas para formar o romper un hábito. Una vez que has eliminado todo punto de influencia del enemigo, un bastión mental es simplemente una forma habitual de pensar.

Queremos enfatizar lo importante que es el *Demoledor de bastiones* para las personas que lo ponen en práctica. Éstas experimentan una transformación real y profunda de su ser. El desafío es animarles a creer que la transformación es posible para que perseveren en el proceso.

Asegúrate de planificar cómo vas a llevar a cabo la sesión del *Demoledor de bastiones* y, hagas lo que hagas, resiste la tentación de pasarla por alto. Es una parte fundamental y esencial del curso. La hemos puesto en una sesión separada para darle flexibilidad. Se puede dar durante el retiro, inmediatamente después de terminar *Los Pasos*. O se puede llevar a cabo en una novena sesión la semana después del retiro.

> CONSEJOS Y SUGERENCIAS

Pastores y líderes —les pedimos encarecidamente que comuniquen el mensaje de que «esto es para todos» con su ejemplo, al tomar el curso, procesar *Los Pasos* y elaborar un *Demoledor de bastiones* ustedes mismos antes de difundirlo en la congregación.

Cubre tu curso con oración. Es una parte vital de la preparación y no debe detenerse una vez que el curso comienza. Si logras reunir a un grupo de personas para orar por tu curso, verás cómo marca una diferencia. Considera reunirte antes de cada sesión para orar al menos con otro líder.

Haz hincapié en que cada participante necesita esforzarse continuamente para mantener la libertad obtenida y seguir creciendo como discípulo.

Tómalo con calma: las iglesias no suelen ofrecer nuestros cursos una sola vez, más bien suelen convertirse en parte de la vida de la iglesia. Como tal, vale la pena tomarse el tiempo y el esfuerzo desde el principio para asegurarse de que los cursos funcionen óptimamente.

Mantente alerta al ataque del enemigo —a menudo a través de las personas menos esperadas.

Decide con antelación cómo vas a abordar *Los Pasos para experimentar la gracia de Dios* (hay más detalles en la sesión de *Los Pasos para experimentar la gracia de Dios*). Si te decides por un retiro, asegúrate de reservar un lugar adecuado con tiempo y comunica la fecha a los participantes lo antes posible. ¡Asegúrate de que los participantes entiendan que es una parte integral del curso y que no se la deben perder!

Sigue enfatizando que este es un discipulado para todos, no solo para los «casos perdidos», «gente problemática» u otro grupo en particular de la iglesia.

«Las vidas transformadas, transforman vidas» —prepárate, porque el curso marcará una diferencia positiva en tu iglesia y más allá, a medida que la gente logre asimilar la maravilla de la gracia de Dios. Imagínate cómo podría impactar la comunidad que los cristianos redescubriesen que Jesús es la respuesta a los problemas de la sociedad.

Recuerda que *Libertad en Cristo* existe para capacitar a los líderes. No dudes en ponerte en contacto con nosotros si tienes alguna pregunta o necesitas alguna orientación.

ORACIÓN DE PREPARACIÓN

Dios, eres la roca bajo mis pies y dependo completamente de ti. Tú me proteges y allanas el terreno para que mi pisada sea firme. Tú eres el único Dios vivo y verdadero. Eres mi torre de salvación, un escudo para todos los que confían en ti, mi refugio y mi libertador.

Acepto humildemente tu llamado a liderar este *Curso de la Gracia*. Por mi cuenta, no puedo hacer nada que marque una diferencia, pero afirmo la verdad de que toda autoridad en el cielo y en la tierra ha sido dada a Cristo resucitado, y al estar en Cristo, comparto esa autoridad para hacer discípulos y liberar a los cautivos.

Gracias por lavarme y limpiarme de mi pecado. Al declarar tu palabra en tu fuerza y poder, lléname de nuevo con tu Espíritu Santo.

Fortaléceme con tu Espíritu, para que yo pueda asimilar cada vez más la enormidad extravagante de tu amor y de tu gracia y transmitirlo en el curso. Declaro que tengo un espíritu de poder y amor y dominio propio, y que la palabra de Cristo mora abundantemente en mí. He sido santificado por tu palabra de verdad. La unción que me has dado permanece en mí.

Tu palabra es mi arma indispensable, y de la misma manera, la oración es esencial en la batalla. Por eso declaro que, porque te he hecho mi refugio, ningún mal me sobrevendrá. Tu prometes que ordenarás a tus ángeles que me protejan en todos mis caminos.

Hoy invoco el reino del Señor Jesucristo nuevamente sobre mi vida, mi hogar, mi familia, mi trabajo y todo lo que hago para hacer discípulos en mi iglesia.

En el nombre del Señor Jesucristo. Amén.

Basado en: 1 Juan 4:4; 2 Samuel 22; Salmo 51; Salmos 19:14; Efesios 3:16; 2 Timoteo 1:7; Colosenses 3:16; Juan 17:17; 1 Juan 2:27; Efesios 3:8; Salmos 91:9-11; 2 Corintios 4:1-7.

DECLARACIÓN DEL EQUIPO

Declaramos que Jesús es nuestro Señor. Él es mayor que el que está en el mundo y vino a destruir todas las obras del diablo, habiendo triunfado sobre él en la cruz.

Declaramos que Dios nos ha dado el Curso de la Gracia en este momento para extender su palabra, y las puertas del infierno no prevalecerán contra ella. Toda palabra que sale de la boca de Dios no volverá vacía. Cumplirá sus propósitos y sus deseos.

Al estar sentados en los lugares celestiales, declaramos que Satanás y todo enemigo del Señor Jesús no deben interferir de manera alguna en el desarrollo de este curso. Encomendamos el lugar de las sesiones a Jesús. En el nombre de Jesús lo limpiamos de toda impureza.

Declaramos que la verdad de la poderosa palabra de Dios se plantará y se establecerá en _____ [nombre de tu iglesia u organización] y que quienes vengan conocerán la verdad y serán liberados. Usaremos las poderosas herramientas divinas para destruir argumentos contra el conocimiento de Dios y para edificar vidas de obediencia hasta la madurez.

Proclamamos que lo que Dios promete Jesús afirma con un "amén". Declaramos que nuestro Dios todo lo puede, mucho más de lo que podríamos imaginar, adivinar o pedir. ¡Gloria a Dios en la Iglesia! ¡Gloria a Dios por todas las generaciones, para siempre!

El Señor marcha al frente nuestro. Él está con nosotros. No nos defraudará. No nos dejará ni abandonará. No nos dejaremos intimidar y no nos preocupemos. ¡La batalla le pertenece!

Basado en: Colosenses 2:15; Juan 10:10; Juan 8:32; Mateo 16:18; Isaías 55:11; 2 Corintios 10:4; 2 Corintios 1:20; Efesios 3; Deuteronomio 31:8, 1 Samuel 17:47.

> INTRODUCCIÓN A LA SECCIÓN DE «PALABRA»

A continuación, encontrarás los guiones completos de la enseñanza de cada sesión. Esto es para que puedas consultarlos, pero también por si eliges enseñar las sesiones tú mismo.

Hemos basado los guiones en gran medida en lo que dicen los presentadores del vídeo. En gran medida el impacto proviene de las historias personales que ilustran los puntos clave. Hemos incluido muchas de ellas, poniéndolas en cursiva. La idea es que, en la medida de lo posible, las reemplaces con tus propias historias.

Ocasionalmente hemos reemplazado la historia de un presentador con una ilustración más genérica que nos pareció más propicia para quienes eligiesen dar la enseñanza en vivo.

sesión 01

LIBRE

OBJETIVO

Entender que lo que le importa a Dios no es solamente lo que hacemos, sino por qué lo hacemos.

NOTAS PARA EL LÍDER

EL TEMA DE ESTA PRIMERA SESIÓN PUEDE RESUMIRSE EN «¿HIJOS O ESCLAVOS?».

Nos centraremos en la historia que Jesús contó y que se conoce como la parábola del hijo pródigo. Preferimos llamarla la parábola de los dos hijos porque el contexto deja claro que el foco de la historia no es tanto el hijo menor que se extravió, sino más bien el hermano mayor que exteriormente parecía hacerlo todo bien, pero que interiormente estaba lejos de su padre.

La historia aparece en una serie de parábolas en Lucas 15 sobre objetos perdidos: la parábola de la oveja perdida, la parábola de la moneda perdida, y luego esta, que se titula la parábola del hijo perdido. La pregunta es, ¿cuál de los hijos se perdió: el menor, el mayor o ambos? Al final de la historia, está claro que el hijo menor, aunque se había perdido, ahora ha sido encontrado, pero el hijo mayor sigue perdido.

Aunque el hijo mayor es libre de disfrutar aquí y ahora de todo lo que posee su padre, se engaña pensando que tiene que trabajar sin descanso como un esclavo para ganárselo en un futuro. Esta actitud le impide tener intimidad con el padre y lo lleva a actuar más bien como un sirviente que como un hijo.

El punto clave que queremos que los participantes comprendan es que no están en la posición del hijo menor apenas de vuelta a casa —la de un «pecador perdonado»— perdonado, pero básicamente el mismo desastre de siempre. Queremos que sepan que, aunque no lo merezcan, se han convertido en «hijos» con toda la autoridad, responsabilidad y privilegio que eso implica. Desde su posición como hijos, son libres de elegir si vivir para el padre o no. Pero al comprender cómo es este padre y lo que ha hecho por nosotros, ¡no habrá motivo para no querer servirle!

Terminamos la sesión con una especie de paradoja. Habiendo dicho que no hace falta trabajar sin descanso como esclavos para Dios, notamos que el Nuevo Testamento de hecho da un sesgo positivo a la palabra esclavo (*doulos* en el griego). Pablo, por ejemplo, se considera un «esclavo de Cristo» (Romanos 1:1 NTV). Aunque tenemos la libertad de no servirle, al comprender su amor y bondad, podemos decidir convertirnos en sus esclavos.

> EL PELIGRO DEL ANTINOMIANISMO

El antinomianismo es una vieja herejía que ha afligido a la Iglesia a través de los siglos. El término significa «anti-ley» y fue acuñado por Martín Lutero para referirse a la corriente que lleva la doctrina de la justificación solo por la fe a su límite y plantea que, dado que los cristianos se salvan solo por la fe, no importa en absoluto cómo se comporten.

Para algunas personas, la enseñanza de esta sesión puede parecer inclinarse en esa dirección, pero puedes tranquilizarlos porque ese no es el caso. Anima a quienes expresan preocupación al respecto. Diles que perseveren y asegúrales que al avanzar el curso verán el panorama completo.

D. Martyn Lloyd-Jones, el gran defensor de la teología evangélica y ministro de Westminster Chapel en Londres, prominente a mediados del siglo XX, dijo:

«No hay mejor prueba para saber si un hombre realmente está predicando el Evangelio del Nuevo Testamento que esta —que algunas personas no lo comprendan y lo malinterpreten como si dijese: que porque eres salvo solo por gracia, no importa en absoluto lo que hagas, puedes seguir pecando todo lo que quieras...».

Toma nota —él dice que, si interpretas que el Evangelio enseña que tu comportamiento es irrelevante, es porque lo has malinterpretado. Su punto es que, si nadie malinterpreta tu enseñanza de esta manera, entonces no estás predicando el verdadero Evangelio de la gracia. Continúa diciendo con mayor énfasis (¡y en mayúsculas!):

«Yo le diría a todo predicador: SI TU MENSAJE DE SALVACIÓN NO HA SIDO MALINTERPRETADO DE ESA MANERA, ENTONCES MÁS VALE QUE REVISES TUS SERMONES, y asegúrate de que ESTÁS predicando la salvación que se proclama en el Nuevo Testamento[1]».

Nuestro objetivo en este curso es que las personas reciban una revelación de la gracia de Dios. A muchos esa revelación les causa un impacto profundo. De primeras, puede sonar a que podemos comportarnos como sea, pero quien persiste en esa forma de pensar no ha tenido una verdadera revelación de la gracia. Los que lo entienden de verdad van en la dirección contraria: se enamoran más de Dios y quieren servirle con todo lo que son.

---

[1] D. Martyn Lloyd-Jones, Romanos, Una Exposición del Capítulo 6, El Hombre Nuevo, (Grand Rapids: Zondervan, 1973), páginas 9-10.

HORARIO PARA GRUPOS PEQUEÑOS

> Nuestro objetivo en este curso es que las personas reciban una revelación de la gracia de Dios. A muchos esa revelación les causa un impacto profundo. De primeras, puede sonar a que podemos comportarnos como sea, pero quien persiste en esa forma de pensar no ha tenido una verdadera revelación de la gracia. Los que lo entienden de verdad van en la dirección contraria: se enamoran más de Dios y quieren servirle con todo lo que son.

Diseñamos este plan para quienes lideran un curso con grupos pequeños. A partir de una reunión de noventa minutos de duración, sugiere el tiempo que debe durar cada parte de la sesión, e indica el tiempo acumulado transcurrido. Encontrarás un horario en cada sesión. La segunda columna muestra el tiempo asignado a cada elemento individual en minutos. La tercera columna muestra el tiempo total transcurrido en horas y minutos.

SESIÓN 1	Minutos	Horas
Bienvenida, Clave, Conecta	10:00	00:10
Palabra Parte A	15:00	00:25
Pausa para la reflexión 1	15:00	00:40
Palabra Parte B	12:00	00:52
Pausa para la reflexión 2	10:00	01:02
Palabra Parte C	15:00	01:17
Pausa para la reflexión 3	13:00	01:30

El tiempo asignado para las secciones de la Palabra se basa en la duración aproximada de la sección correspondiente de los vídeos.

VERSÍCULO CLAVE

Nosotros amamos porque él nos amó primero.

1 Juan 4:19

VERDAD CLAVE

Cristo nos ama y nos acepta completamente por quienes somos, no por lo que hacemos. Desde esa posición segura, tenemos la libertad de decidir servir a Dios porque lo amamos y deshacernos de otras motivaciones falsas.

CONECTA

Una definición de *gracia* es «obtener el bien que no mereces». Comparte con el grupo una ocasión en la que obtuviste algo bueno que no merecías. ¿Qué te merecías? ¿Qué obtuviste?

Si viste el vídeo de *La Maravilla de la Gracia* para esta sesión, ¿qué te llamó la atención?

En cada sesión, queremos animar a la gente a repetir juntos y en voz alta la oración y la declaración. La oración se dirige a Dios mientras que la declaración se dirige al mundo espiritual en general.

Anímales a que lean la declaración con denuedo.

ORACIÓN Y DECLARACIÓN

Querido Dios Padre, gracias por adoptarnos como tus hijos e hijas a través de Jesucristo, y por darnos el privilegio de llamarte ¡«Abba, Padre»! Al iniciar este viaje para conocerte más y comprender tu gracia maravillosa, me someto a ti para que tu verdad se haga realidad no solo en mi mente, sino en mi corazón. Amén.

SOY LIBRE POR LA SANGRE DE JESÚS. ELIJO SOMETERME A DIOS, Y RECHAZO TODO LO QUE INTENTE OBSTACULIZAR MI LIBERTAD EN ÉL.

PALABRA

PARTE A

> INTRODUCCIÓN

¡Bienvenidos al *Curso de la Gracia!*

¿Cuál es tu versículo favorito? Cada uno tiene el suyo. Si eres boxeador, seguramente será «Hay más dicha en dar que en recibir». Si te apellidas Pérez, recordarás lo que Dios dijo a Adán y Eva «si comes del fruto, perecerás». Si vives en el desierto, «de cierto de cierto te digo». Si eres soltera, «muchos son los llamados pero pocos los escogidos».

En el «Top 10» de los versículos favoritos está Efesios 2:8, que dice «"Porque por gracia ustedes han sido salvados mediante la fe. Esto no procede de ustedes, sino que es el regalo de Dios…"».

La gracia es el tema central de este curso. Pablo nos dice en Romanos 5:2 que por fe «… tenemos acceso a esta gracia en la cual nos mantenemos firmes». Nada más convertirme, yo pensaba que la gracia tenía que ver principalmente con el amor de Dios al enviar a Jesús a morir por mí. Pero Pedro nos llama a crecer «… en la gracia y en el conocimiento de nuestro Señor y Salvador Jesucristo» (2 Pedro 3:18). La gracia que Dios quiere que experimentemos es para cada momento de cada día, y de eso trata este curso.

Aunque el himno centenario de John Newton —Sublime gracia— comienza hablando de la gracia que nos salvó cuando estábamos perdidos, continúa diciendo:

Peligros, luchas y aflicción
yo he tenido aquí;
su gracia siempre me libró
y me guiará hasta el fin.

El objetivo de este curso es ayudarte a experimentar la gracia de Dios a diario para que puedas dar mucho fruto. Esperamos que este objetivo te motive y emocione.

[*¿Tienes una historia sobre la gracia de Dios y cuánto ha impactado tu vida que podrías compartir aquí?*]

La gracia es un elemento que brilla por su ausencia en la iglesia. Al prepararnos para escribir un libro sobre la gracia y el legalismo con el Dr. Neil T. Anderson y Paul Travis, contratamos al grupo de investigación George Barna para llevar a cabo una encuesta científica sobre el cristianismo en EEUU. Pedimos a los cristianos que respondieran a seis afirmaciones. Una de ellas era «La vida cristiana se resume en esforzarse por obedecer los mandatos de Dios». Para nuestra gran sorpresa, descubrimos que el 82% de los encuestados coincidía con esa afirmación; ¡y el 57% coincidía enfáticamente! No hay nada malo con esa afirmación, excepto que ¡es totalmente falsa! No hay mención alguna de la gracia… nada sobre la fe… sobre el amor… sobre una relación. ¡No hay mención alguna de Jesús! Nuestra conclusión fue —y sigue siendo— que el vivir por ley en vez de vivir por gracia es algo endémico en la Iglesia.

> COMPRENDAMOS LA GRACIA

Para comenzar, quiero pedirte que consideres una pregunta: Jesús dijo: «Si ustedes me aman, obedecerán mis mandamientos» (Juan 14:15). Imagínate que Jesús te lo dice solo a ti. ¿Cómo te lo dice? ¿Cuál es la expresión en su rostro? ¿Está fruncido? ¿Sonriente? ¿Cuál es su tono de voz? Antes de finalizar esta sesión, intentaremos resolver estas preguntas.

> LA HISTORIA DE LOS DOS HERMANOS: LUCAS 15:11-32

Jesús contó una historia intrigante —un excelente punto de partida para iniciar nuestro viaje hacia la gracia. Está en Lucas 15:11-31:

EL HERMANO MENOR

«Un hombre tenía dos hijos... El menor de ellos dijo a su padre: "Papá, dame lo que me toca de la herencia"».

Bien podría haber dicho: «¡Ojalá estuvieras muerto!» No podía esperar por su herencia.

«Así que el padre repartió sus bienes entre los dos. Poco después el hijo menor juntó todo lo que tenía y se fue a un país lejano; allí vivió desenfrenadamente y derrochó su herencia».

Me pregunto cuánto tardó en gastarlo todo...

«Cuando ya lo había gastado todo, sobrevino una gran escasez en la región y él comenzó a pasar necesidad. Así que fue y consiguió empleo con un ciudadano de aquel país, quien lo mandó a sus campos a cuidar cerdos. Tanta hambre tenía que hubiera querido llenarse el estómago con la comida que daban a los cerdos, pero aun así nadie le daba nada».

«Por fin recapacitó y se dijo: "¡Cuántos jornaleros de mi padre tienen comida de sobra y yo aquí me muero de hambre! Me levantaré e iré con mi padre y le diré: Papá, he pecado contra el cielo y contra ti. Ya no merezco que se me llame tu hijo; trátame como si fuera uno de tus jornaleros". Así que emprendió el viaje y se fue a su padre».

En el hijo menor, Jesús nos presenta al hijo más atrevido y desconsiderado que uno podría imaginar. Más aún en la cultura de ese tiempo. El sinvergüenza no mostró respeto alguno por su padre. Malgastó el dinero de la familia. Anduvo por ahí con prostitutas. Y terminó cuidando cerdos, los animales más cochinos e impuros para los judíos.

¡Tocó fondo! Y de pura desesperación, va de vuelta a casa. Cree que es improbable que lo reciban como hijo, pero tiene la esperanza de que quizá lo contraten como empleado.

«Todavía estaba lejos cuando su padre lo vio y se compadeció de él; salió corriendo a su encuentro, lo abrazó y lo besó».

¡Qué hermoso! El padre ¡corrió! —en esa cultura, los hombres ricos no corrían. Para eso estaban los empleados. Pero el amor por su hijo lo llevó a romper las normas sociales.

«El joven le dijo: "Papá, he pecado contra el cielo y contra ti. Ya no merezco que se me llame tu hijo"».

¿Era cierto? Absolutamente cierto.

«Pero el padre ordenó a sus siervos: "¡Pronto! Traigan la mejor ropa para vestirlo. Pónganle también un anillo en el dedo y sandalias en los pies. Traigan el ternero más gordo y mátenlo para celebrar un banquete. Porque este hijo mío estaba muerto, pero ahora ha vuelto a la vida; se había perdido, pero ha sido hallado". Así que empezaron a hacer fiesta».

¿Te lo imaginas? El hijo estaba sucio y maloliente. Él esperaba —y merecía— rechazo absoluto o un castigo severo. Pero contrario a toda expectativa, su padre organizó un magnífico banquete. ¿Quién hace esto?

Además, le da tres cosas muy significativas:

Una túnica, que habrá sido la mejor túnica de la casa, quizá la túnica del padre. La túnica comunica que la relación del hijo con el padre ha sido restablecida.

Un anillo. Con este anillo el hijo podía colocar el sello oficial del padre en los documentos y autorizar los gastos del negocio familiar. ¿Cómo? Después de haber despilfarrado la mitad de la herencia a lo loco, el padre le da acceso libre a la cuenta bancaria.

¡Y las sandalias! Bueno, en esa cultura sólo el padre y los hijos varones podían llevar calzado en el hogar. Con ese gesto el padre ratifica que, a pesar de todo, este joven sigue siendo su hijo y que ha sido completamente restaurado a la familia.

Este es el *Curso de la Gracia*, pero ¿qué es la gracia? Pensemos un momento en esta escena: un hijo que lo ha echado todo a perder vuelve a casa. Sin embargo, su padre lo recibe y lo restaura, simplemente porque lo ama y quiere tener una relación con él. Eso es la gracia.

Este hijo, que no tiene derecho a nada, que no merece ningún favor, ahora lleva una túnica preciosa, un anillo de autoridad en su dedo y sandalias que lo identifican como parte de la familia. Eso es la gracia. Gracia sublime.

Generalmente identificamos esta historia con nuestro pasado, cuando por primera vez nos acercamos a Dios y aceptamos su salvación. Pero ¿será que esta historia tiene alguna relevancia para nosotros ahora? Visualiza dos escenas de la historia.

La primera, cuando el hijo menor se arroja a los brazos del padre y se rinde a su misericordia. Está sucio y maloliente. Es consciente de su fracaso. Siente una profunda vergüenza. Apenas puede creer que su padre aún lo ama, que lo perdona y que no lo va a castigar.

Muchos nos quedamos atascados en esta primera escena: Sabemos que Dios nos perdona y que él nos ama. Pero seguimos sintiendo que por dentro somos los mismos de siempre —fracasados e inútiles.

[Pamela cuenta]

Con 19 años yo nunca había tenido novio. Tenía el ideal de que mi primer beso sería con mi futuro esposo. Comencé una relación con un chico cristiano y en cierto momento sobrepasamos algunos límites. Eso me hizo sentir muy avergonzada. Sabía que Dios me perdonaba, pero seguía sintiéndome sucia. Me sentía como una farsante total.

A menudo nuestra comprensión del Evangelio solo llega hasta el Viernes Santo: «Jesús murió por mis pecados e iré al cielo cuando muera». Pero ¿aquí y ahora? «Sí, he recibido perdón. Pero sigo siendo la de siempre y una decepción para Dios».

La segunda escena, apenas unos minutos más tarde. Ahí vemos al hijo; lleva una túnica elegante, el anillo del padre y sandalias. Está disfrutando un banquete espectacular. Sí, es consciente de su fracaso. Sabe que no se lo merece. Pero... empieza a comprender que, además de recibir perdón, ha sido completamente restaurado a su antigua posición, con libre acceso a todo lo que su padre posee.

¿Cuál de estas dos escenas representa con mayor exactitud cómo te ves a ti mismo en relación con Dios en este momento?

[Pamela cuenta]

Después de haber terminado ese noviazgo, me costó salir de la primera escena. Me seguía sintiendo sucia e indigna. Dudaba que Dios quisiera volver a ser cercano conmigo o usarme. Pero un día Dios me habló. Lleno de gracia y compasión me dijo: "Tu pecado lo clavé en la cruz, eres completamente limpia y santa." Rompí en llanto. Jamás en mi vida había sentido tanta calidez envolver mi corazón ¡Además de perdonarme, Dios me aceptaba completamente!

[Nancy cuenta]

Hace unos 15 años, en un grupo de discipulado, pedí a todas que compartieran su testimonio. Cuando terminé de contar el mío, me di cuenta de lo triste que era. Justamente sonaba a: "Estaba perdida y Jesús me salvó, pero mi vida sigue siendo gris". Me veía en los brazos del Padre, pero igual de quebrantada y necesitada que antes. Unos años más tarde empecé a descubrir quién era de verdad. Que en Cristo yo no era un pollo triste, paticojo y asustado sino un águila destinada a las alturas. En Cristo yo tenía vida —una vida abundante y multicolor junto al Padre.

Queremos asegurarnos de que tú también llegues a la segunda escena de la historia. Que comprendas el propósito del Domingo de Pascua. No solo celebramos que Jesús resucitó de entre los muertos. También celebramos el hecho de que tú resucitaste con él. Te convertiste en una persona completamente nueva en el núcleo de tu ser.

Si conoces a Jesús, ya has sido restaurado. En lo más profundo, eres una persona totalmente nueva. No solo te ama, Dios se deleita en ti.

Y si aún no conoces a Jesús, el Padre te está esperando con los brazos abiertos. Independientemente de lo que hayas hecho o lo que te hayan hecho. Respóndele en tu corazón. Y cuéntaselo a alguien para que puedan acompañarte y animarte en tu caminar de fe.

> EL CONTEXTO DE LA HISTORIA

Cobremos perspectiva y veamos por qué Jesús contó esta historia. El contexto es que él se perfilaba como maestro religioso, pero no se comportaba como tal. Continuamente se asociaba con la gente «indebida», los cobradores de impuestos y los «pecadores»; así que la gente religiosa murmuraba diciendo: «este hombre recibe a los pecadores y come con ellos». A modo de respuesta, Jesús les contó varias historias, de las cuales esta es la tercera. Por lo tanto, Jesús contó esta historia como respuesta a la acusación de que su comportamiento estaba mal —que no agradaba a Dios. El mensaje de la historia es que no es nuestro comportamiento lo que restaura nuestra relación con Dios —es su gracia.

> PERO EL COMPORTAMIENTO SÍ IMPORTA

Como veremos, no es que el comportamiento del hijo no importara. Sí que importaba. El pecado tiene consecuencias. Pero la ruptura de la relación con su Padre NO es una de esas consecuencias. Eso es lo que significa ser un hijo de Dios. Siempre serás un hijo, una hija de Dios. Incluso si tocas fondo y lo echas todo a perder, Dios te da la libertad de fallar. Él está a tu favor y te ha dado todo lo que necesitas para que no falles. Pero si lo haces, sus brazos de amor te vuelven a recibir y te levantan, sin importar lo bajo que hayas caído. Esto es realmente escandaloso, ¿no te parece? Pero es exactamente lo que dice la Biblia en 1 Juan 2:1:

«Mis queridos hijos, les escribo estas cosas para que no pequen. Pero si alguno peca, tenemos ante el Padre a un intercesor, a Jesucristo, el Justo».

Hay una antigua herejía —casi tan antigua como el Evangelio— llamada antinomianismo, la cual lleva la verdad bíblica a un extremo y dice que, dado que somos salvos por la gracia de Dios mediante la fe, no hay necesidad de una ley moral, y nuestro comportamiento no tiene importancia. Por si parece que nos dirigimos en esa dirección, te aseguro que no es así. Persevera en este curso y obtendrás la visión completa.

> **Puedes ir a la sección sobre el antinomianismo en las notas del líder en la página 27 para más información al respecto.**

PAUSA PARA LA REFLEXIÓN 1

OBJETIVO

Ayudar a las personas a comprender el concepto escandaloso de la gracia de Dios y en especial su nueva posición como hijas e hijos de Dios.

¿Qué significa la gracia para ti?

El padre le da al hijo menor tres regalos simbólicos que Dios te ha dado a ti. ¿Qué regalo tiene mayor significado para ti? ¿Por qué?

PARTE B

> EL HERMANO MAYOR

Piensa un momento, ¿Qué es lo peor que jamás hayas hecho? ¿Lo tienes? Ahora, supongamos que haces eso mismo una y otra vez, o algo mucho peor... y luego acudes arrepentido a Dios. ¿Cómo crees que te recibiría? La lógica de esta historia indica que Dios te recibiría exactamente como el padre recibió a su hijo menor.

Como una corbata mal ajustada, ¿no te incomoda un poco la idea de que podrías hacer algo terrible y luego volver a Dios con la relación aún intacta y segura?

[Lirio cuenta]

Pues a mí me incomodaba, muchísimo. Me parecía ilógico e injusto. Luché por años con este asunto. Me preguntaba: Si así son las cosas, ¿acaso vale la pena que yo me esfuerce tanto por hacer las cosas bien, cuando a otros ni les va, ni les viene? Viven como les da la gana, dan mal ejemplo y hacen quedar mal a los cristianos y a Dios. ¡Eso no es justo!

Ahora Jesús nos presenta a un nuevo personaje, al que no se suele dar mucha importancia. Está claro que representa a los jefes religiosos y eso lo convierte en el personaje principal de la historia.

> «Mientras tanto, el hijo mayor estaba en el campo. Al volver, cuando se acercó a la casa, oyó que había música y danza. Entonces llamó a uno de los siervos y le preguntó qué pasaba. "Tu hermano ha llegado —le respondió—, y tu papá ha matado el ternero más gordo porque lo ha recobrado sano y salvo"».

> «Indignado, el hermano mayor se negó a entrar a la casa. Así que su padre salió a suplicarle que lo hiciera. Pero él contestó: "¡Fíjate cuántos años te he servido sin desobedecer jamás tus órdenes, y ni un cabrito me has dado para celebrar una fiesta con mis amigos! ¡Pero ahora llega ese hijo tuyo, que ha despilfarrado tu fortuna con prostitutas, y tú mandas matar en su honor el ternero más gordo!"».

> «Hijo mío —le dijo su padre—, tú siempre estás conmigo y todo lo que tengo es tuyo. Pero teníamos que hacer fiesta y alegrarnos, porque este hermano tuyo estaba muerto, pero ahora ha vuelto a la vida; se había perdido, pero lo hemos encontrado"».

Lucas 15:25-31

El hermano mayor siempre había sido un buen chico. Él no había insultado al padre, largándose con su dinero para luego perderlo todo. ¡No! Se quedó en casa echándole ganas a su trabajo, cumpliendo con lo que se esperaba de él.

No hay nada de malo en eso, pero, ¿cuál era su motivación? Era ganarse el favor de su padre a cambio de «trabajar como un burro» día tras día, como él mismo dijo. Para él, era una transacción: «gano el favor de mi padre con el sudor de mi frente».

Por eso el hermano mayor se indigna cuando el padre no rechaza a su hermano. Ni siquiera lo disciplina, sino que le organiza una gran rumba. Entonces, le reclama exasperado: «... ¡Fíjate cuántos años te he servido sin desobedecer jamás tus órdenes y ni un cabrito me has dado para celebrar una fiesta con mis amigos!». Me lo imagino zapateando como un niño malcriado «¡Eres tan injusto conmigo!»

Pues este muchacho amargado no logra comprender que el amor y la aceptación de su padre son independientes, tanto de su buen comportamiento como del mal comportamiento de su hermano menor. Y eso es exactamente lo que señala Jesús: que el amor, la aceptación y el favor de Dios no dependen de nuestro comportamiento, bueno o malo. Dependen de su gracia.

El hijo se queja de que no le han dado ni un cabrito para comer con sus amigos, pero el padre le responde: «Hijo mío... todo lo que tengo es tuyo». «Mis campos, mi casa, mis cabras son tuyos. Mi amor y mi favor son tuyos, ahora. ¡Todo ya es tuyo!»

Y quizá se da cuenta de que, en lugar de trabajar en el campo durante años, podía haber disfrutado de todo lo que el padre tenía... ¡Qué tragedia es ir por la vida trabajando como un burro por ganar algo que de hecho ya es tuyo!

[Adrián cuenta]

Por años fui como este hermano mayor. Aun siendo líder y pastor, desconocía lo que ya tenía. Peor aún, no sabía quién era en Cristo. Aunque creía que era salvo por gracia, basaba mi relación con Dios en mis buenas obras y mi servicio a él, tal como hice con mi papá terrenal, esforzándome por obtener su aprobación. Asistía a todos los servicios de lunes a viernes y dos veces los domingos. Creía que si faltaba un solo día Dios ya no me miraría con agrado.

El mensaje alucinante de la historia de Jesús es que la aceptación de Dios hacia mí, hacia ti, hoy, mañana y siempre, no depende de lo que hagas o dejes de hacer. Depende únicamente de su gracia.

Eso es lo que significa ser un hijo de Dios. Dios te ama tanto que te da la libertad de fallar.

PAUSA PARA LA REFLEXIÓN 2

OBJETIVO

Ayudar a las personas a reconocer cómo suelen ver a Dios, cómo creen que reacciona ante su buen o mal comportamiento y cómo eso afecta su vida.

1. El hermano menor ha sido acogido de nuevo como hijo, pero el hermano mayor se niega a entrar a casa con el padre. Prefiere permanecer afuera, en el campo, como un esclavo. ¿Por qué crees que lo hace? ¿Con cuál hijo te identificas más?

2. Si tuvieras la certeza de que la aceptación y el amor de Dios hacia ti no dependen de lo bien que te comportas, ¿cómo cambiaría tu forma de vivir?

PARTE C

> ¿TRABAJAR COMO UN BURRO O SERVIR?

Volviendo a la historia... El hijo menor se fue a una «tierra lejana», mientras que el hermano mayor se quedó en casa. Pero Jesús no lo sitúa donde uno esperaría encontrarlo, dentro de la casa con el padre, como buen hijo de terrateniente. Él estaba afuera en el campo, trabajando. Según él, esforzándose «como un burro» (NTV).

El hijo menor pensó que, en el mejor de los casos, su padre lo recibiría como un sirviente asalariado. Pensó «no merezco nada, voy a ganarme la vida como empleado de mi padre». Pero su hermano mayor se le había adelantado. Él había asumido precisamente esa identidad.

Ambos hermanos renunciaron a su verdadera identidad de hijos. Cada uno a su manera, pero ambos se distanciaron del padre. Ambos terminaron pensando que tenían que ganarse el favor del padre.

Al comenzar nuestra vida cristiana generalmente nos identificamos muy de cerca con el hijo menor. Somos conscientes de que necesitamos perdón y salvación y estamos muy agradecidos de haberlos recibido.

Cuando llegamos a los pies de Cristo iniciamos una nueva relación con nuestro Padre celestial. Comenzamos un peregrinaje para conocerlo y llegar a ser cada vez más como él.

Pero algunos nos dejamos desviar por el mundo y sus falsas promesas y nos convertimos en el hermano menor.

Otros nos dejamos desviar por la religiosidad y las normas y nos volvemos como el hermano mayor. Terminamos creyendo que somos cristianos porque nos «portamos bien». Y las iglesias con gusto nos ofrecen una lista de quehaceres: lee tu Biblia a diario; ven al culto cada domingo, y más. Todo eso está bien. Pero cuando termino creyendo que ser discípulo se trata de hacer, hacer y hacer, o de obedecer un montón de reglas, el andar se vuelve pesado y triste.

[David cuenta]

Yo pensaba que, si me portaba bien, si hacía todo lo que me pedían, entonces era buen cristiano. Por tanto, leía mi Biblia a diario, asistía a todas las reuniones, llegaba primero y salía de último. Desde pequeñito me involucré en muchas cosas. Pero poco a poco, el miedo a no alcanzar lo que esperaban de mí me fue secando.

No se trata de hacer y hacer. Primero es quién somos y como resultado viene cómo vivimos. Imagínate al hijo menor después de la fiesta. Cuando regrese a las tareas que había abandonado ¿Con qué actitud las llevará a cabo? Sobre todo, ahora que sabe que, incluso si no hace nada, el padre lo seguirá amando y él seguirá siendo su hijo.

Ahora que conoce mejor al padre y tiene una nueva relación con él, ¿no elegirá hacer las tareas y hacerlas bien? Claro que sí.

LO QUE HACEMOS IMPORTA

Pablo nos dice en 1 Corintios 3:12-15 que llegará un día al final de los tiempos cuando Dios pondrá a prueba nuestros hechos para ver si tienen algún valor. Lo que hacemos importa, sin duda. La prueba será con fuego: el fuego consumirá los hechos sin valor —«madera, heno, y paja»— mientras que los hechos que tienen valor —«oro, plata y piedras preciosas»— se mantendrán intactos.

Jesús nos dice que algunos vendrán a él al final de los tiempos y dirán que hicieron cosas asombrosas como expulsar demonios y hacer milagros en su nombre. ¿Son madera, heno y paja? ¿O son oro, plata y piedras preciosas? Pues, Jesús les dirá claramente: «...Jamás los conocí. ¡Aléjense de mí, hacedores de maldad!"». (Mateo 7:22-23).

NO SOLO IMPORTA LO QUE HACEMOS, SINO POR QUÉ LO HACEMOS

Dos personas pueden hacer lo mismo —ya sea dar de comer a los pobres o pasar horas leyendo la Biblia. Una deleitará a Dios y otra no «Entonces les diré claramente: "Jamás los conocí. ¡Aléjense de mí, hacedores de maldad!"».

Mateo 7:23

¿Qué marca la diferencia?

Pablo dice que «Puedo entregar todo lo que tengo para ayudar a los demás, hasta ofrecer mi cuerpo para que lo quemen. Pero si no tengo amor, eso no me sirve de nada». (1 Corintios 13:3 PDT)

Si nuestra motivación no es el amor, entonces da igual lo impresionantes que sean nuestras acciones. No valen absolutamente nada. Son madera, heno y paja. Lo que le importa a Dios no es solo lo que hacemos, sino por qué lo hacemos. Hacer cosas buenas, de provecho, incluso espirituales, es maravilloso… pero si no es por amor, pierdes el tiempo.

Dios escogió a David —el rey de Israel— entre sus hermanos. ¿Quién iba a fijarse en el más joven y el más pequeño de su familia? Sin embargo, Dios le dijo a Samuel: «La gente se fija en las apariencias, pero yo me fijo en el corazón». (1 Samuel 16:7b).

Jesús dijo: «Si ustedes me aman, obedecerán mis mandamientos.» (Juan 14:15). ¿Cómo te muestran tus hijos cuánto te aman? Con obediencia. Por eso cuando Jesús dice estas palabras no lo dice como un padre severo. Él lo dice sonriendo con ojos llenos de amor. Simplemente explica un hecho. ¿Por qué la relación con Dios tiene que ser diferente? Obedeceré lo que él me diga. Lo haré, sin más. Tan seguro como la noche sigue al día. Porque lo amo.

Lo que le importa a Dios no es solo **lo que hacemos**, sino **por qué lo hacemos.**

En 1 Juan 4:19 leemos: «Nosotros amamos porque él nos amó primero.» Cuando comprendamos cuánto nos ama, responderemos con amor. Lo amaremos por encima de todo. Por tanto, le obedeceremos y haremos lo que le agrada. No por obligación. Y por eso, la tarea más importante que tenemos como cristianos es comprender la gracia de Dios.

Captamos la gracia cuando nuestra comprensión y experiencia de ella recorre la larga distancia de la cabeza al corazón. Entonces diremos como Pablo que «el amor de Cristo se ha apoderado de nosotros…» (2 Corintios 5:14 DHH).

Dios quiere que nuestra motivación sea el amor y nada más que el amor. Es muy fácil desviarnos y permitir que nuestra motivación sea la vergüenza, la culpa, el temor, el orgullo, o la necesidad de tener alto rendimiento e impresionar o complacer a los demás.

A medida que avanza el *Curso de la gracia*, tendremos la oportunidad de descubrir qué nos ha estado motivando. Podremos eliminar las motivaciones falsas para asegurarnos de que aquello que nos impulsa es solo el amor por Jesús —y nada más.

> EL PADRE

El Padre está esperando por ti. Ya sea que estés en rebeldía o trabajando como un burro en los campos. Cuando él te vea, saldrá corriendo y te abrazará–y mandará a traer la túnica, el anillo y las sandalias. ¿Estás listo? ¿Te los pondrás?

Cuando él te dice que todo lo que tiene es tuyo —todo lo que hay en su extensa y próspera finca— ¡es porque ya te lo dio, ya es tuyo! ¿Entrarás a casa y lo disfrutarás con él?

Desde esa posición de amor y seguridad, ¿le darás lo mejor de tu vida? ¿Aceptarás lo que él ha preparado para ti? Aunque no sea una obligación, ¿lo harás porque lo amas? Además de ser tu Salvador, ¿reconocerás a Jesús como tu Rey?

PAUSA PARA LA REFLEXIÓN 3

Introducción

Es muy probable que a nuestros ojos parezca que hacemos lo correcto, pero a los ojos de Dios, quizás lo hacemos por las razones equivocadas. A Dios le interesa no solo lo que hacemos, sino por qué lo hacemos. En esta primera reflexión, pídele a Dios que te revele qué te motiva a hacer lo que haces como cristiano. Y recuerda, ¡él es el Dios de gracia que te ama tal y como eres!

Reflexión

1. Piensa en lo que haces para servir a Dios en los diferentes aspectos de tu vida. ¿Lo haces por amor a Dios o hay otras motivaciones?

2. Pídele a Dios que te ayude a descubrir lo que necesitas cambiar para que tu motivación sea el amor y nada más que el amor.

3. ¿Por qué crees que para Dios es tan importante que tu motivación sea el amor?

> CIERRE

Invita a los participantes a entrar a la aplicación bíblica YouVersion en este momento y que busquen «Perlas diarias de gracia», el devocional que acompaña este curso. Si lo comienzan hoy, podrán seguir los siete devocionales diarios de la semana para seguir reflexionando sobre los temas de esta sesión.

Recuerda a los participantes sobre las «Perlas diarias de gracia», el devocional que acompaña a este curso y los vídeos cortos de *La Maravilla de la Gracia*. Ambos se encuentran en la web (www.libertadencristo.org/curso-de-la-gracia). También recuérdales del libro que acompaña este curso, *Conéctate con la Gracia*, también disponible en la web (www.libertadencristo.org/tienda).

Cuéntales de los vídeos cortos titulados *La Maravilla de la Gracia* y sugiéreles que vean el segundo para prepararlos para la próxima sesión.

Puedes mostrarles un ejemplar de *Conéctate con la Gracia*, el libro que acompaña este curso.

Si ya has fijado una fecha para el retiro de *Los Pasos para experimentar la gracia de Dios*, asegúrate de que los participantes la apunten en sus agendas.

Cierra con una oración.

sesión 02

LIBRE DE VERGÜENZA

OBJETIVO

Entender que nuestra identidad, en lo más profundo de nuestro ser, fue completamente transformada cuando nos entregamos a Cristo.

NOTAS PARA EL LÍDER

Hemos encontrado que muchos cristianos saben que su pecado ha sido perdonado y que irán al cielo al morir, pero aún se consideran la misma persona fallida o herida o desastre de antes, solo que «cubierta» por la sangre de Jesús. Se han atascado en el Viernes Santo y no avanzan.

El propósito de esta sesión es ayudarlos a avanzar al Domingo de Pascua. Que comprendan que cuando Jesús resucitó a una nueva vida, ellos resucitaron con él. Ahora son una nueva creación. Como pone nuestro versículo clave, se han convertido en la justicia de Dios. ¡Se ha dado un intercambio asombroso! Cristo se hizo pecado por mí para que yo pudiera ser la justicia de Dios.

Saber que agradamos a Dios gracias a nuestra nueva identidad es clave para vivir de manera santa. Como dice Neil Anderson, nadie puede vivir de una manera inconsecuente con su autoimagen.

La vergüenza ataca nuestra identidad y nos hace sentir que somos inaceptables. Nos lleva a escondernos y cubrirnos. Pero cuando las personas dejan atrás la vergüenza, pueden ser ellas mismas sin necesidad de proyectar una imagen o esconderse. Es maravilloso cuando ves que las personas se aferran a la verdad de su nueva identidad en Cristo.

Una parte importante de esta sesión es la lista llamada «Mi nombre nuevo». Esta lista puede ser muy útil para que los participantes comprendan quiénes son en Cristo. Anímales a leerla en voz alta todos los días durante la próxima semana.

Si hay algún participante que aún no ha decidido seguir a Jesús, es importante recordarle que estas increíbles verdades solo se aplican a aquellos que están en Cristo, y animarles a que le entreguen su corazón.

Quizás te sorprenda que mucha gente no haya entendido que el pecado de Adán nos convirtió a todos en pecadores. Quizá será la primera vez que escuchan que eran culpables ante Dios incluso antes de pecar por primera vez.

Quizá esta sesión levante la pregunta de qué pasa con los bebés que mueren antes de nacer. Te recomendamos no levantar el tema, ya que puede generar discusiones largas y complicadas. Pero si surge, diles que la Biblia no ofrece una respuesta clara sobre ello y los cristianos tienen diferentes puntos de vista. La mayoría, pero no todos, llegan a la conclusión de que Dios, de alguna manera que no entendemos, puede salvar a los que no han nacido a través del sacrificio de Jesús. Sin embargo, no conocemos todos los detalles. Sí sabemos que Dios es amor y también es perfectamente justo. Él no hará nada injusto ni falto de amor. Para aquellos a quienes este tema les preocupa, enfóquense en el amor de Dios y en su justicia perfecta y confíen en que él hará lo correcto.

> "GROOMING" DE ADULTOS Y DE ADOLESCENTES

En el vídeo de esta sesión, Nancy comparte que, de joven, en su iglesia, fue víctima de grooming sexual por parte de un líder de alabanza casado que astutamente se ganó su confianza y luego abusó de ella.

El grooming ocurre dentro de las iglesias por dos razones principales: en primer lugar, porque las personas asumen que es un lugar «seguro» donde pueden bajar la guardia; y, en segundo lugar, porque hay un desequilibrio de poder entre los asistentes y los líderes.

Los líderes espirituales ocupan un lugar de autoridad (poder) y son admirados e incluso reverenciados (confianza). Esta mezcla de poder y confianza se puede abusar fácilmente.

Está más allá del alcance de este curso entrar en más detalle, pero te animamos a estar atento a las señales de grooming y a mantener los ojos y oídos abiertos.

Este artículo online puede ayudarte a reconocer las señales del grooming:

https://rainn.org/noticias/grooming-conoce-las-señales-de-advertencia

HORARIO PARA GRUPOS PEQUEÑOS

Diseñamos este plan para quienes lideran un curso con grupos pequeños. A partir de una reunión de noventa minutos de duración, sugiere el tiempo que debe durar cada parte de la sesión, e indica el tiempo acumulado transcurrido. Encontrarás un horario en cada sesión. La segunda columna muestra el tiempo asignado a cada elemento individual en minutos. La tercera columna muestra el tiempo total transcurrido en horas y minutos.

SESIÓN 2	Minutos	Horas
Bienvenida, Clave, Conecta	10:00	00:10
Palabra Parte A	10:00	00:20
Pausa para la reflexión 1	15:00	00:35
Palabra Parte B	14:00	00:49
Pausa para la reflexión 2	15:00	01:04
Palabra Parte C	11:00	01:15
Pausa para la reflexión 3	15:00	01:30

El tiempo asignado para las secciones de Palabra se basa en la duración aproximada de la sección correspondiente de los vídeos.

VERSÍCULO CLAVE

Al que no cometió ningún pecado, por nosotros Dios lo hizo pecado, para que en él nosotros fuéramos hechos justicia de Dios.

2 Corintios 5:21 RVC

VERDAD CLAVE

Además de estar cubiertos con la justicia de Cristo, nos hemos convertido en la justicia de Dios.

CONECTA

Comparte con el grupo alguna experiencia en la que hayas pasado vergüenza.

En grupos de dos personas, tomen turnos leyendo Hebreos 10:19-22 en voz alta el uno al otro, insertando los nombres:

«Así que, _____ (nombre), mediante la sangre de Jesús, tenemos confianza para entrar en el Lugar Santísimo», etcétera.

Si viste el vídeo de *La Maravilla de la Gracia* para esta sesión, ¿qué te llamó la atención?

¿Hubo algo en *Perlas diarias de gracia* de YouVersion que te hiciera pensar?

ORACIÓN Y DECLARACIÓN

En cada sesión, queremos animar a la gente a repetir juntos y en voz alta la oración y la declaración. La oración se dirige a Dios mientras que la declaración se dirige al mundo espiritual en general.

Anímalos a hacer la declaración con confianza y denuedo.

Padre celestial, te damos la bienvenida entre nosotros hoy. Por favor, continúa erradicando toda motivación falsa en nosotros para que el amor por Jesús sea lo único que nos impulse. Enséñanos hoy cómo es que tu gracia nos rescata de la desgracia y nos da libertad. Amén.

DECLARO LA VERDAD DE QUE AHORA SOY UNA NUEVA CREACIÓN EN CRISTO; ¡LO VIEJO HA PASADO Y LO NUEVO HA LLEGADO! SOY LIMPIO DEL PECADO Y YA NO NECESITO ESCONDERME DETRÁS DE MÁSCARAS. ORDENO A TODO ENEMIGO DEL SEÑOR JESÚS QUE ABANDONE MI PRESENCIA.

PALABRA

PARTE A

LA VERGÜENZA FRENTE A LA CULPA

Bienvenidos a la Sesión 2 del *Curso de la Gracia* titulada, «Libre de vergüenza».

Mencionamos en la primera sesión que a lo largo de este curso vamos a descubrir qué es lo que nos motiva. La idea es poder eliminar toda «motivación falsa» y asegurarnos de que lo que nos impulsa en nuestra vida cristiana es exclusivamente el amor por Jesús.

Seguimos con la historia que Jesús contó sobre un hijo menor que se mete en un lío terrible. Avergonzado, regresa con la cola entre las piernas y con la leve esperanza de que el padre lo contrate como al menor de los trabajadores.

En la historia, la manera en la que el padre trata al hermano menor parece una locura. Incluso algo ilógico. No solo lo perdona, sino que lo restaura por completo. Y eso deja al hijo menor con la boca abierta de asombro.

La vergüenza es la primera motivación falsa que trataremos. No es lo mismo que la culpa —esa es otra fuerte motivación falsa que veremos en la próxima sesión.

La culpa tiene que ver con lo que **hacemos**. Pero la vergüenza tiene que ver con quienes **somos**.

La culpa dice: «He hecho algo mal. Cometí un error». La vergüenza, por otro lado, dice: «Hay algo malo en mí». «Yo soy el error». En otras palabras, la vergüenza ataca nuestra identidad.

[Adrián cuenta]

Y créeme que sé cómo se siente la vergüenza. Yo crecí en un hogar lleno de críticas, pleitos y desaprobación. En casa escuchaba a diario «eres un bueno para nada», «eres un bruto», «¿por qué no haces algo bien?» y terminé creyéndolo. A tal punto que reprobé un año de secundaria porque me creía demasiado bruto para aprender. Con mi autoestima carcomida y quebrantada, me hundí en la depresión. Al creerme tan poca cosa, me volví desagradable y repelente. Así entraron a mi vida mis tres íntimas amigas: la inseguridad, la soledad y la vergüenza.

CONSECUENCIAS DEL PECADO DE ADÁN Y EVA

¿De dónde vienen la vergüenza y la culpa? Retrocedamos en el tiempo, al inicio, cuando Dios en su amor creó un maravilloso universo. Entre galaxias y planetas colocó el hermoso lugar donde habitamos, «la Tierra».

Dios Padre, el Hijo y el Espíritu Santo eran una familia que disfrutaba de una hermosa relación de amor, y el deseo de Dios era incluir a otros en ella. Así que creó a los seres humanos. Y nos dio la tarea de colaborar con él. De cuidar de este mundo para seguir poniendo orden en el caos.

Dios no nos hizo robots para que cumpliéramos un programa predeterminado. Nos hizo personas con capacidad de decidir.

Eso quiere decir que Adán podía elegir cómo cumplir la misión que Dios le había dado. Dios no lo agobió con una lista interminable de reglas. Le dio una sola orden: Que no comiera del fruto de cierto árbol. Y le explicó por qué: «El día que de él comas, sin duda morirás». (Génesis 2:17b).

No era una prueba para ver cuán obediente sería Adán. La verdadera libertad incluye consecuencias reales de las decisiones que tomamos. Y, por amor, Dios quería que Adán evitara las consecuencias desagradables de una mala decisión.

Pero el enemigo de Dios, Satanás, engañó a Eva. Ella y Adán eligieron desobedecer a Dios. Al igual que el hijo menor, le dieron la espalda a su padre y se alejaron de él.

Y tal como Dios les había dicho, hubo consecuencias devastadoras. No solo para ellos, sino para sus hijos, sus nietos y todos sus descendientes, incluso para nosotros.

Adán y Eva ciertamente murieron espiritualmente. Es decir que perdieron su conexión espiritual con Dios y todo lo que ello implicaba. Perdieron su sentido de propósito, su intimidad con Dios, su seguridad. En definitiva, se cortó la conexión con su fuente de vida.

Su identidad fundamental cambió. Pablo dice esto a los Romanos: «...por la desobediencia de uno solo [y se refiere a Adán] muchos fueron hechos pecadores...» (Romanos 5:19). En el Nuevo Testamento la palabra «pecador» describe a aquellos que están espiritualmente muertos, que están desconectados de Dios.

¿QUÉ ES UN «PECADOR»?

Ser pecador es una condición, un estado del ser. No nos convertimos en pecadores la primera vez que pecamos. Es al revés. Nacimos espiritualmente muertos, desconectados, separados de la vida de Dios, y, por lo tanto, lo más normal era llevar la vida a nuestro modo y rebelarnos contra Dios. Estábamos condenados a hacernos daño a nosotros mismos, a los que nos rodean y a todo lo que tocamos.

LA VERGÜENZA NOS LLEVA A ESCONDERNOS

Antes de que Adán pecara, Génesis nos dice que: «En ese tiempo el hombre y la mujer estaban desnudos, y no se avergonzaban». (Génesis 2:25). Pero después del pecado ¿qué pasó? «En ese momento los ojos de ambos fueron abiertos y tomaron conciencia de su desnudez. Por eso, para cubrir sus cuerpos entretejieron hojas de higuera». (Génesis 3:7). Ese es el origen de la vergüenza.

Y ese horrible sentimiento de vergüenza —que nunca antes habían experimentado— les impulsa a taparse, a cubrirse. Pero incluso con taparrabos de hojas de higuera, Adán y Eva se sienten expuestos y desprotegidos e intentan esconderse de Dios. ¡Como si eso fuera posible!

La vergüenza nos hace sentir tan vulnerables que intentamos encubrirnos y escondernos de Dios y de los demás.

[Lirio cuenta]

Cuando Dios puso al descubierto el terrible legalismo con el que yo había vivido por muchos años, me dio muchísima vergüenza. ¡Tantas personas a quienes había afectado! Las había juzgado, menospreciado por sus debilidades y fallos. Como si yo tuviese el derecho de decidir quién agrada o desagrada a Dios. Me sentía como Saulo —¡una perseguidora de la iglesia! Y, ¿cómo podía darles la cara? Lo único que quería era desaparecer del planeta...

[Adrián cuenta]

Yo por mucho tiempo me sentí avergonzado por mi afición a la pornografía. Me sentía más sucio que un puerco. Y como Adán, intentaba esconderme de Dios. Mi «taparrabo» eran las buenas obras. Ocupado haciendo mil cosas evitaba un acercamiento con mi Padre celestial para no ser confrontado. Por vergüenza oculté por mucho tiempo este problema a mi pastor y a mis amigos más cercanos. Pensaba que, si se descubría mi secreto, se darían cuenta de que era un fraude como cristiano.

La vergüenza ataca nuestra identidad. Por eso nos afecta tan profundamente. Intentamos sobrellevar la situación escondiéndonos, tapándonos, poniéndonos disfraces o máscaras. Pero, al igual que las hojas de higuera, nuestros mecanismos de defensa no funcionan. La solución que Dios ofrece es muchísimo mejor. Él nos da una identidad completamente nueva.

PAUSA PARA LA REFLEXIÓN 1

OBJETIVO

Ayudar a que las personas entiendan cómo la vergüenza nos lleva a taparnos y escondernos y que empiecen a pensar sobre la importancia de nuestra identidad.

1. ¿Qué ha hecho Dios por ti, por amor? ¿Cómo afecta eso a la forma en que te ves a ti mismo?

2. Cuando sentimos vergüenza, intentamos encubrirnos y escondernos, como lo hicieron Adán y Eva. ¿De qué formas has visto que la gente se encubre y se esconde por vergüenza?

PARTE B

> LA VERGÜENZA SE INTENSIFICA EN UNA CULTURA DE LA VERGÜENZA

¿Alguna vez has pasado vergüenza? ¡Nos ha pasado a todos!

[Pamela cuenta]

A los 17 años, participé en un evento escolar frente a miles de personas. Mi grupo inauguró el evento con una coreografía estelar. Durante la actuación, de pronto ¡se me cayó la falda! Por varios segundos (interminables) sentí todas las miradas del lugar sobre mí. Y las risas no faltaron. Por suerte llevaba pantalones cortos por debajo, pero aun así fue súper vergonzoso. Pensé ¡trágame tierra!

Este tipo de situaciones se graban en nuestra mente. Les damos vueltas en cama a las dos de la madrugada, ¡rogando que las personas que lo presenciaron no lo recuerden!

¿Cómo te hacen sentir los momentos como ese? ¡Quieres desaparecer!

Aun cuando ese nivel de vergüenza es leve...

Nuestras experiencias de vida tienden a determinar cuánto nos afecta la vergüenza.

La vergüenza nos afecta más si nos criamos en una cultura de la vergüenza.

Todas las sociedades tienen maneras de hacer que nos conformemos a sus expectativas. Los antropólogos te dirán que las sociedades occidentales individualistas —como Europa y EEUU tienden a usar la culpa para esto, y lo veremos en la próxima sesión.

Otras sociedades, particularmente las orientales y africanas, usan la **vergüenza**. En estas culturas más colectivistas, si no te ajustas a las normas sociales, traes deshonra y vergüenza sobre ti y sobre tu familia.

Como buenos mestizos, en Latinoamérica tenemos una mezcla de culpa y vergüenza.

En una cultura de la vergüenza, lo que más importa es guardar el honor y evitar la vergüenza; ser aceptado y evitar el rechazo por parte de la comunidad. Más importante que si lo que haces está bien o mal, importa si cumple o no con las expectativas del grupo.

Que quede constancia de que no calificamos a ninguna de estas culturas como «la buena» o «la mala».

Simplemente indicamos que el haberte criado en una cultura de la vergüenza te hace más susceptible a que la vergüenza sea tu motivación principal.

Algunas instituciones —incluso las cristianas, o tal vez particularmente las cristianas— pueden crear subculturas de vergüenza, incluso en una sociedad que no está basada en la vergüenza.

Por ejemplo, los líderes de una iglesia pueden insinuar que debes comportarte de cierta manera para ser aceptado en la iglesia, o para ser un «buen cristiano». Si no damos la talla, terminamos sintiendo que estamos mal. Que nosotros somos el problema. Eso es la vergüenza.

Sin darse cuenta, los padres pueden crear una cultura de expectativas rígidas. Tal vez esto te suene conocido:

- Por supuesto que vas a estudiar para ser médico o misionero...
- ¡No nos hagas quedar mal!
- ¡Ningún hijo mío haría algo así!

Si los hijos sienten que no dan la talla, puede ser devastador.

Y el mundo también establece estándares inalcanzables. Tomemos la apariencia, por ejemplo. Mira a tu alrededor en las redes sociales, la publicidad y las películas. Lamentablemente, el estándar dominante para las mujeres es la belleza blanca europea: piel clara, nariz delgada, cabello lacio, alta y ridículamente delgada.

Como mujeres, si nos creemos las mentiras del mundo sobre la belleza, terminamos sintiéndonos feas y avergonzadas por nuestro aspecto. Como si las que estamos mal o defectuosas somos nosotras. Entonces intentamos arreglar nuestra apariencia para encajar y ser aceptadas.

Si eres mujer lo sabes, desde pequeñas estos mensajes nos bombardean 24/7.

Estadísticamente, menos del 2% de la población cumple con los estándares físicos de los actores, modelos e *influencers*. Vamos a ver, ¿el 98% de nosotros estamos intentando amoldarnos al 2% marginal? ¡Dejémonos de tonterías!

LA VERGÜENZA SE INTENSIFICA POR LAS EXPERIENCIAS DEL PASADO

También podemos tener una predisposición a sentir vergüenza por las cosas que hemos hecho. O por cosas que otras personas nos han hecho, sobre todo en la infancia.

Tal vez sufrimos algún tipo de abuso. Y tal vez sentimos que fue nuestra culpa o que nos lo merecíamos. Pero los niños nunca tienen la culpa de los actos violentos o vergonzosos de los agresores.

Si ese es tu caso hoy, lamento mucho que hayas sufrido algo tan terrible. Jesús también lo lamenta. Y él vino específicamente para sanar tu corazón hecho pedazos y darte libertad.

[Nancy cuenta]

A los 19 años fui víctima de grooming sexual. Hasta entonces nunca había tenido novio porque estaba esperando a la persona correcta en el momento adecuado. Pero el líder de mi equipo de alabanza, que estaba casado, abusó de su posición y me sedujo. Y debido a que el grooming sexual se basa en una red de engaño y manipulación, yo era ciega a la maraña de pecado en la que estaba atrapada.

üü a la luz, mi papá me confrontó con la verdad y con amor. Fue entonces cuando se me abrieron los ojos y me quebranté. No podía reconocerme. No podía creer de lo que había sido capaz. Había caído muy bajo y había traicionado a todos a quienes amaba. Una pesada nube de vergüenza me cubrió.

NUESTROS INTENTOS DE RESOLVER LA VERGÜENZA

Sí, el mensaje básico de la vergüenza es que *estamos* mal, que *nosotros somos* el problema. Nos hace sentir indefensos, insignificantes, impotentes y desesperados. Por lo tanto, nos escondemos, usamos máscaras, evitamos, fingimos. Y nunca nos sentimos verdaderamente aceptados.

Para evitar la vergüenza, nos encubrimos y nos escondemos de muchas maneras. Puede ser con mentiras.

O al desviar la culpa para que los demás se conviertan en el problema en lugar de nosotros. *Ahora lo sé: cuando todo y todos a mi alrededor me molestan, es que yo estoy molesta.*

O fingimos que todo va bien y que estamos estupendamente cuando sabemos que no es así. *Muchas veces por fuera monto el show, sonrío, me muestro feliz y servicial, pero por dentro estoy fatal.*

O criticamos duramente a los demás para que parezcan inferiores a nosotros. «Yo no soy como esas cristianas que...»

O al diluir los valores morales o bíblicos para encajar y evitar la vergüenza del rechazo. *En la secundaria quise adaptarme al grupo para no parecer una religiosa rara. Con mis amigas de la escuela, digamos que bajaba la guardia.*

O al automedicarnos con sustancias o alcohol para adormecer el dolor de nuestra vergüenza.

O al esforzarnos por alcanzar la perfección en nuestro comportamiento o en nuestra apariencia para compensar la dolorosa sensación de que no damos la talla. *Yo me llené de muchísima actividad de iglesia. Temía que, si paraba, la imagen de «la joven cristiana ideal» se derrumbaría y sólo verían a Pamela, la insuficiente.*

Todos estos mecanismos de defensa son como las hojas de higuera de Adán y Eva; no logran cubrir nuestra vergüenza. Recuerda que se escondieron incluso *después* de taparse con esa precaria ropa interior DIY. Ofrecen un alivio temporal, pero —como todas las estrategias de la carne— al final fracasan. ¡La solución que Dios ofrece es mucho mejor!

PAUSA PARA LA REFLEXIÓN 2

OBJETIVO

Ayudar a que las personas descubran cómo la cultura basada en la vergüenza ha influido en su forma de pensar.

1. ¿Alguna vez han utilizado la vergüenza para manipularte, para que hicieras lo que otros querían? ¿Cómo te ha afectado?

2. ¿Qué te diría Dios sobre las situaciones en las que te sentiste avergonzado?

PARTE C

> EL ASOMBROSO INTERCAMBIO

Cuando el hijo menor regresó a su padre, le dijo: «Ya no merezco llamarme tu hijo; déjame ser como uno de tus trabajadores"». (Lucas 15:19 PDT). Recuerda, la vergüenza azota nuestra identidad. Él ya no se atrevía a verse como hijo, apenas se proyectaba como un jornalero —alguien que sería aceptado con base en su desempeño.

NUESTRA ANTIGUA IDENTIDAD

La vergüenza le hace considerarse indigno de ser un hijo. Está dispuesto a asumir la identidad de un empleado asalariado, alguien que apenas vale lo que vale su trabajo.

¿Y tú? ¿Cuál es tu identidad? Como hemos visto, todos nacimos muertos espiritualmente. Desconectados de Dios, la fuente de vida, nuestro espíritu murió.

Pablo nos dice que éramos «...por naturaleza merecedores de la ira de Dios"». (Efesios 2:3b). Habla en tiempo pasado. No éramos las personas que Dios quería que fuéramos. Y no podíamos hacer nada al respecto.

NUESTRA NUEVA IDENTIDAD

Pero Pablo también nos da el antídoto: «...cuando todavía éramos pecadores, Cristo murió por nosotros». (Romanos 5:8). En el Nuevo Testamento la palabra «pecador» se usa para describir a todos los que no siguen a Cristo. Y Pablo deja claro que nosotros ya no estamos en esa categoría.

2 Corintios 5:21 nos revela el por qué: «Al que no cometió ningún pecado, por nosotros Dios lo hizo pecado, para que en él nosotros fuéramos hechos justicia de Dios». (RVC).

Jesús, sin tener culpa de nada, se hizo pecado por nosotros. Dios tomó todos nuestros defectos, fracasos, rebelión y vergüenza —y los puso sobre Cristo. Su muerte no solo pagó la multa por nuestro pecado. Cristo también tomó sobre sí nuestra naturaleza inmunda y destruyó nuestra contaminación interior. Y luego resucitó de entre los muertos a una nueva vida.

Cuando entregamos nuestra vida a Jesús, se produce este asombroso intercambio. No solo obtenemos el perdón de nuestros pecados... Un borrón y cuenta nueva es genial, pero es más profundo que eso. De hecho, nos convertimos en una persona muy diferente. Nos convertimos en la justicia de Dios.

La asombrosa profecía de Ezequiel se cumple: obtenemos un nuevo corazón y un espíritu nuevo (Ezequiel 11:19). Ya no somos por naturaleza objetos de la ira divina, porque ahora compartimos la naturaleza divina de Dios (2 Pedro 1:4). ¡Imagínate! ¡Lo malo que había en mi murió! ¡Lo malo que había en ti murió! ¡La vergüenza de lo que solíamos ser desapareció!

Resumiendo, nos hemos convertido en una persona completamente nueva. Nuestra identidad es totalmente nueva, limpia y maravillosa. Y en lugar de llamarnos «pecadores», el término estándar de la Biblia para quienes están en Cristo es «santo». Pablo dirige sus cartas a «los santos de Éfeso» o a «todos los santos» de Corinto (NBLA).

Sí, ahora eres santo. Santo significa consagrado o dedicado a Dios; especial; apartado. Como una joya especial apartada para ocasiones especiales. No te la pones para ir al mercado, ¿verdad? En lo más profundo de tu ser, tu identidad ha cambiado por completo. De ser alguien desconectado y separado de Dios, pasaste a ser aceptado, seguro e importante en Cristo.

Nuestra vergüenza, pasada, presente y futura, ha sido eliminada por completo. De una vez por todas. Ya no estás contaminado. Estás limpio. Eres aceptado. Puedes quitarte la máscara y bajar la guardia. ¡Puedes mostrarte a Dios y a los demás sin vergüenza alguna!

[Ana María cuenta]

Yo fui una antes y otra, completamente distinta, después de Cristo. Fue determinante cambiar la percepción que yo tenía de mí misma. Es decir, cambiar la vieja identidad de hija rebelde a la nueva identidad de hija amada.

Cuando al fin acepté ir con mi mamá al servicio, lloré de principio a fin. La predicación reflejó todo lo que había sucedido durante mis años de rebeldía. Sentí mucha vergüenza por haber estado lejos de Dios, haciendo mi voluntad. Había sido una niña caprichosa que hacía lo que quería y nadie la detenía. Dios me abrazó y dijo, «siempre te he amado, te acepto, te perdono, y te he elegido para mis propósitos». Esas palabras me liberaron de la vergüenza.

Esta es la invitación de Dios para ti:

«Así que, hermanos, mediante la sangre de Jesús, tenemos confianza para entrar en el Lugar Santísimo por el camino nuevo y vivo que él nos ha abierto a través de la cortina, lo cual hizo por medio de su cuerpo. También tenemos un gran sacerdote al frente de la casa de Dios. Acerquémonos, pues, a Dios con corazón sincero y con la plena seguridad que da la fe, interiormente purificados de una conciencia culpable y los cuerpos lavados con agua pura». (Hebreos 10:19-22)

[Nancy continúa con su relato anterior]

Después de que la relación con mi líder de alabanza salió a la luz, mi papá me guió a través de un proceso de sanidad. Con la perspicacia de sus colegas terapeutas, identificaron que había sido una situación de «grooming». Lo cual no me eximía de responsabilidad, pero nos ayudó a entender cómo todos habíamos sido engañados: mi familia, el equipo de alabanza, los pastores y yo.

A través de esa dolorosa experiencia aprendí la verdad sobre mí misma y sobre Dios. Creer que era «buena» me había cegado a mi inclinación hacia la rebelión y el pecado. Una chica «buena» no necesita un Salvador. Finalmente entendí que yo era capaz de cualquier cosa, dadas las circunstancias adecuadas, al igual que todos los demás. Yo también necesitaba ser rescatada de las tinieblas.

Pero también comprendí que, así como Cristo no me aceptaba por ser «buena», tampoco me rechazaba por ser «mala». Podía dejar atrás la arrogancia y el fariseísmo, pero no tenía que cargar con la vergüenza. Podía acercarme confiadamente a Dios.

Ya no tenemos que huir. No tenemos que escondernos, independientemente de lo que haya sucedido en nuestro pasado o incluso en nuestro presente, porque tenemos una nueva identidad en Cristo, Dios nos invita a acercarnos con confianza ante el trono de la gracia, ¡porque somos santos!

UN NOMBRE NUEVO

En Isaías 62 leemos:

«Las naciones verán tu justicia y todos los reyes, tu gloria; recibirás un nombre nuevo, que el Señor mismo te dará».

¿Sabías que Dios te ha dado un nombre nuevo? De hecho, te ha dado muchos. En tus notas, hay una lista de los nombres nuevos que encontramos en la Biblia. Cada uno de ellos nos describe a ti y a mí. Aun cuando no sientas que se aplican a ti, recuerda que son la verdad porque Dios no miente.

Después de la sesión, léela en voz alta y pídele a Dios que siembre uno de estos nombres nuevos en lo profundo de tu corazón.

Y tú, ¿conoces tu nuevo nombre? En tiempos bíblicos, los nombres eran mucho más que etiquetas. Se consideraba un reflejo de la identidad de la persona. *Por ejemplo, Ana significa «llena de gracia». ¡Por eso me encanta mi nombre!*

Cuando un rey sube al trono adopta un nombre que lo diferencia de otros reyes del pasado. Por ejemplo, Felipe I el Hermoso, a diferencia de Felipe II. ¿Qué nombre te ha dado Dios ahora que eres realeza? Porque eres hijo del Rey de Reyes.

> MI NUEVO NOMBRE

- Mi nuevo nombre es **Amado** (Colosenses 3:12)
- Mi nuevo nombre es **Escogido** (Efesios 1:4)
- Mi nuevo nombre es **Precioso** (Isaías 43:4)
- Mi nuevo nombre es **Limpio** (Juan 15:3)
- Mi nuevo nombre es **Sano** (Lucas 17:14 NBV)
- Mi nuevo nombre es **Protegido** (Salmo 91:14; Juan 17:15)
- Mi nuevo nombre es **Bienvenido** (Efesios 3:12)
- Mi nuevo nombre es **Heredero** (Romanos 8:17; Gálatas 3:29)
- Mi nuevo nombre es **Completo** (Colosenses 2:10 NBLA)
- Mi nuevo nombre es **Santo** (Hebreos 10:10; Efesios 1:4)
- Mi nuevo nombre es **Perdonado** (Salmo 103:3; Colosenses 2:13)
- Mi nuevo nombre es **Adoptado** (Efesios 1:5)
- Mi nuevo nombre es **Deleite** (Salmo 147:11)
- Mi nuevo nombre es **Libre de vergüenza** (Romanos 10:11 NBLA)
- Mi nuevo nombre es **Conocido** (Salmo 139:1)
- Mi nuevo nombre es **Planeado** (Efesios 1:11-12)
- Mi nuevo nombre es **Dotado** (2 Timoteo 1:6; 1 Corintios 12:11)
- Mi nuevo nombre es **Enriquecido** (2 Corintios 8:9)
- Mi nuevo nombre es **Provisto** (1 Timoteo 6:17)
- Mi nuevo nombre es **Tesoro** (Deuteronomio 7:6 NTV)
- Mi nuevo nombre es **Puro** (1 Corintios 6:11)
- Mi nuevo nombre es **Afirmado** (Romanos 16:25 NBLA)
- Mi nuevo nombre es **Obra maestra de Dios** (Efesios 2:10 NTV)
- Mi nuevo nombre es **Cuidado** (Hebreos 13:5)
- Mi nuevo nombre es **Libre de condenación** (Romanos 8:1)
- Mi nuevo nombre es **hijo de Dios** (Romanos 8:15)
- Mi nuevo nombre es **Amigo de Cristo** (Juan 15:15)
- Mi nuevo nombre es **Novia de Cristo** (Isaías 54:5; Cantares 7:10)

[Ana María cuenta]

Toda mi adolescencia me sentí incompleta al faltar mi padre. Veía las familias de los demás y pensaba que, sin mi padre en casa, siempre me sentiría así. Por eso el nombre «Completa» fue tan poderoso para mí. Me recuerda que tengo todo lo que necesito, que con el Señor me basta. Puedo vivir satisfecha en lugar de sentirme vacía e incompleta.

[David cuenta]

Los dos primeros nombres que Dios me dio fueron: Planeado y Amado. Siempre escuché decir a mis padres, «no fuimos por ti» y «debías haber sido una niña». Naturalmente no me sentí amado y llegué a pensar que si me mataba les haría un favor a mis padres. Con esos nombres Dios sanó mis heridas por completo. De otro modo no podría hacer lo que hoy hago. Cada mañana, desde hace 10 años, voy a levantar, asear y vestir a mi padre con Alzheimer antes de ir al trabajo.

[Ana María cuenta]

Me conmueve saber que mi nombre es Deleite, que mi Padre celestial se siente orgulloso de mí y disfruta verme crecer. Igual que yo, como madre, celebro cada etapa de la vida de mis hijos. Me recuerda que no tengo que ganarme su favor, él ya se deleita en mí.

Estos nombres nuevos son verdades sobre ti. En lo más profundo de tu ser. Por la gracia de Dios.

Todos nos enfrentamos a esta pregunta: ¿Voy a creer lo que Dios dice acerca de mí en la Biblia? ¿O voy a creer lo que me dicen mis experiencias pasadas, mis luchas presentes u otras personas? La decisión es tuya.

Dejemos que la gracia de Dios nos rescate de la desgracia. Aprendamos a vivir como santos, ¡porque lo somos!

PAUSA PARA LA REFLEXIÓN 3

Introducción

Mira bien esa asombrosa lista de «Mi nuevo nombre». Léela en voz alta si puedes. Deja que el Espíritu Santo señale uno o dos que él quiere grabar en tu corazón

Reflexión

1. Apunta aquellos nombres nuevos que más te impacten. Agradécele a Dios por lo que eres ahora.

2. Compartirlo con otros ayuda a que esta verdad pase de la cabeza al corazón. Dentro de un momento, gira hacia una persona a tu lado. Compartan uno con otro sus nombres nuevos. ¿Con quién más puedes compartir tu nombre nuevo durante esta semana?

> **CIERRE**

Recuerda a los participantes sobre las «Perlas diarias de gracia», el devocional que acompaña a este curso y los vídeos cortos de *La Maravilla de la Gracia*. Ambos se encuentran en la web (www.libertadencristo.org/curso-de-la-gracia). También recuérdales del libro que acompaña este curso, *Conéctate con la Gracia*, también disponible en la web (www.libertadencristo.org/tienda).

Si tienes una fecha para el retiro de día de *Los Pasos para experimentar la gracia de Dios*, asegúrate de que los participantes la apunten en sus agendas.

Cierra con una oración.

sesión 03

LIBRE DE CULPA

OBJETIVO

Comprender que nuestra culpa ante Dios fue completamente anulada en la cruz; que todo sentimiento remanente de culpa no se basa en la realidad; y que Dios usa la gracia en lugar de la culpa para motivarnos hacia una vida santa.

LIBERTAD EN CRISTO

NOTAS PARA EL LÍDER

A primera vista, puede parecer que estamos restando importancia al mensaje del Evangelio al que estamos acostumbrados: que Jesús murió por nuestros pecados. Pero nuestra intención es ayudarte a tener una comprensión más completa del Evangelio. Queremos que entiendas que el perdón de los pecados no fue lo único, ni siquiera lo principal, que Jesús logró. Su regalo de una nueva vida y una identidad completamente renovada son tan esenciales como el perdón de los pecados. Si nos enfocamos demasiado en un solo aspecto de lo que Jesús hizo, como el pecado, la culpa o la ira, perdemos de vista otros elementos clave. Esto puede distorsionar nuestra visión del carácter de Dios y de nuestra nueva identidad.

La Biblia deja muy claro que éramos culpables, y que Jesús murió para perdonar nuestros pecados. No lo negamos. Lo que queremos resaltar es que, cuando Jesús, Pablo y otros escritores bíblicos explicaban las buenas noticias, no se enfocaban en la culpa y el perdón.

También mencionamos cómo, a lo largo de la historia, la Iglesia se enfocó en la culpa, ejerciendo de «policía moral» para el estado. Somos conscientes de que, al resumir cientos de años de historia de la Iglesia en pocas líneas, hemos generalizado bastante. Claro que hubo partes de la Iglesia que permanecieron fieles al Evangelio, y muchos cristianos dieron su vida por ello. Si consideras necesario agregar algún comentario propio para equilibrar el mensaje, siéntete libre de hacerlo.

Muchos cristianos viven con culpa que ya no hace falta cargar. Queremos que los participantes salgan de esta sesión habiendo encontrado alivio de esa carga, de una vez por todas.

HORARIO PARA GRUPOS PEQUEÑOS

Diseñamos este plan para quienes lideran un curso con grupos pequeños. A partir de una reunión de noventa minutos de duración, sugiere el tiempo que debe durar cada parte de la sesión, e indica el tiempo acumulado transcurrido. Encontrarás un horario en cada sesión. La segunda columna muestra el tiempo asignado a cada elemento individual en minutos. La tercera columna muestra el tiempo total transcurrido en horas y minutos.

SESIÓN 3	Minutos	Horas
Bienvenida, Clave, Conecta	08:00	00:08
Palabra Parte A	14:00	00:22
Pausa para la reflexión 1	15:00	00:37
Palabra Parte B	11:00	00:48
Pausa para la reflexión 2	15:00	01:03
Palabra Parte C	12:00	01:15
Pausa para la reflexión 3	13:00	01:30

El tiempo asignado para las secciones de Palabra se basa en la duración aproximada de la sección correspondiente de los vídeos.

VERSÍCULO CLAVE

Y cuando ustedes estaban muertos en sus delitos y en la incircuncisión de su carne, Dios les dio vida juntamente con Cristo, habiéndonos perdonado todos los delitos, habiendo cancelado el documento de deuda que consistía en decretos contra nosotros y que nos era adverso, y lo ha quitado de en medio, clavándolo en la cruz

Colosenses 2:13–14 NBLA

VERDAD CLAVE

Independientemente de lo que hayamos hecho (incluso como cristianos) e independientemente de cuán culpables nos sintamos, la verdad es que la muerte de Cristo en la cruz saldó nuestra culpa por completo. Así que podemos presentarnos confiadamente ante Dios, que es puro y santo.

CONECTA

¿Qué señal de tráfico describiría tu relación con Dios en este momento? (p. ej., stop, pendiente pronunciada, desvío, cruce de caminos).

¿Cómo crees que Dios te presentaría a otros con base en tu nueva identidad? (Puedes referirte a tus nombres nuevos al final de la sesión 2).

Si viste el vídeo corto de *La Maravilla de la Gracia* para esta sesión, ¿qué te llamó la atención?

¿Hubo algo en *Perlas diarias de gracia* de YouVersion que te hiciera pensar?

ORACIÓN Y DECLARACIÓN

En cada sesión, queremos animar a la gente a repetir juntos y en voz alta la oración y la declaración. La oración se dirige a Dios mientras que la declaración se dirige al mundo espiritual en general.

Anímales a leer la declaración con denuedo.

Padre celestial, gracias que, al reconocer a Jesús como mi Rey, he recibido la vida como regalo. Gracias que en él todas tus expectativas de mi se cumplen en su totalidad. Eso significa que no necesito esforzarme más, demostrar algo o compararme con los demás. Ayúdame a entender que, incluso cuando me equivoco, el sacrificio total y completo de Jesús por mí sigue siendo eficaz; que sigo recibiendo su perdón; que mi culpa sigue anulada. Para siempre. Amén.

CRISTO ME PERDONA Y ME DECLARA INOCENTE DE TODOS LOS CARGOS EN MI CONTRA. ASÍ QUE, POR LA AUTORIDAD DEL SEÑOR JESUCRISTO, ORDENO QUE TODO PENSAMIENTO ACUSADOR Y CONDENATORIO EN MI MENTE ME ABANDONE AHORA.

PALABRA

PARTE A

SANTOS

Bienvenidos a nuestra tercera sesión, «Libre de culpa».

La primera vez que escuché a un amigo cristiano decir con firmeza «¡No, yo no soy un pecador, yo soy un santo!» me pareció tan arrogante y soberbio. Esa conversación se puso bastante tensa, porque yo defendí a capa y espada que los cristianos debemos identificarnos como pecadores. Solamente así recordamos nuestra debilidad, nos mantiene humildes y, por lo tanto, reduce nuestra propensión a pecar.

¡Vaya error! Porque si te identificas como un pecador, ¿qué harás? Pues un pecador, por definición, ¡peca, obviamente! Nuestra única esperanza para poder llevar una vida santa como discípulos de Jesús es conocer la verdad de que somos santos.

DIOS Y LA CULPA

Quizá nos hemos criado en sociedades con una cultura de culpa y hemos aprendido a hacer lo que otros esperan para evitar sentirnos culpables. Si te pidieran que escribas el final de la historia de los dos hermanos —a partir del momento en que el hermano menor regresa a casa y le pide al padre que lo reciba como un trabajador asalariado— ¿cómo describirías la reacción del padre? ¿Sería distinta a la que Jesús describe?

Tu respuesta depende de cómo veas a Dios.

La mía lo hubiera sido, sin duda. En mi versión el padre esperaría una disculpa minuciosa del hijo. Esperaría que el hijo mostrara remordimiento y pesar por su grosería y su abandono. Exigiría que el hijo demostrara que es digno de confianza antes de entregarle una sola moneda.

Puede que pienses: «Tal vez no oro lo suficiente». «Fracasé en leer la Biblia en un año ...otra vez». «Se me da fatal compartir mi fe». «No tengo los dones espirituales de fulanito». «Yo no escucho a Dios como menganito». «No doy tanto fruto como perenganito»

Si logramos marcar todas las casillas de nuestra lista de «buen cristiano», puede que nos sintamos bien. Pero cuando nos equivocamos y hacemos algo mal, sentimos que Dios frunce el ceño en decepción y desaprobación. Y nos queremos esconder de él.

Probablemente pienses que nunca podrás llegar a la altura de lo que Dios espera de ti. Ese sentir de fracaso te puede impulsar en una de tres direcciones: Escenario uno —tiras la toalla de la vida cristiana y piensas: «¡Qué pesado, no cuenten conmigo!». Escenario dos —intentas esforzarte cada día más y dices: «quizá mañana logre ser mejor cristiano». Escenario tres —te resignas a ser un cristiano de segunda categoría y piensas: «bueno, al menos voy los domingos».

Dios no quiere que vivamos así. Y no es el concepto que Dios quiere que tengamos de él.

PARA QUÉ VINO JESÚS

Tomemos perspectiva y planteémonos la pregunta: ¿para qué fue que Dios envió a Jesús, su único Hijo, a morir por nosotros? A ver ¿Qué opinas? ¿Para qué vino Jesús?

Durante casi toda mi vida cristiana, hubiera dicho: «vino para morir por mis pecados». Y eso es cierto, por supuesto. Pero es interesante lo que encontramos si nos fijamos en lo que pone en la Biblia. Veamos tres citas directas de Jesús:

En Lucas 19:10 Jesús dice: **«Porque el Hijo del hombre vino a buscar y a salvar lo que se había perdido»**.

Dios es amor. El amor de Dios lo impulsó a buscar y rescatar a los que estábamos perdidos. Él no quiere que terminemos con la lengua afuera intentando agradarle.

En Juan 10:10 Jesús dice: **«...yo he venido para que tengan vida y la tengan en abundancia»**.

Lo que Adán perdió fue la vida. Jesús vino específicamente para devolvernos esa vida al reconectarnos con Dios para hacernos santos.

En Mateo 20:28 Jesús explicó: **«...el Hijo del hombre no vino para que le sirvan, sino para servir y para dar su vida en rescate por muchos»**.

Un rescate era el pago necesario para sacar a alguien de la esclavitud. Jesús dio su vida para rescatarte de la esclavitud. Tu esclavitud a la muerte, a la carne, al pecado y a Satanás.

Espero que vayas captando la idea. En tres versículos diferentes en los que Jesús explica por qué vino, no menciona que vino a perdonar nuestros pecados. Veamos, entonces, un versículo muy popular para presentar el Evangelio, Juan 3:16-17:

«Porque tanto amó Dios al mundo que dio a su Hijo único, para que todo el que cree en él no se pierda, sino que tenga vida eterna. Dios no envió a su Hijo al mundo para condenar al mundo, sino para salvarlo por medio de él».

Como ves, no hace mención del pecado, ni de la culpa, ni del perdón. El asunto, nuevamente, es la *vida*. De hecho, Juan ratifica que Dios no envió a Jesús para condenar al mundo, sino para salvarlo.

Dejemos claro que no insinuamos para nada que no éramos culpables y que Jesús no murió por nuestros pecados. Sin duda éramos culpables. Y Jesús murió para perdonar nuestros pecados. La idea que queremos transmitir es que, cuando Jesús, Pablo y los escritores bíblicos explicaban las buenas nuevas, la culpa y el perdón no eran el foco de su explicación. Entonces, ¿por qué es que la culpa es una fastidiosa piedra en el zapato para nosotros?

EL ÉNFASIS DE LA IGLESIA EN LA CULPA—UN ASUNTO HISTÓRICO

Se trata de un asunto histórico y cultural. En muchos de los denominados «países cristianos», la iglesia y el estado se entrelazaron tanto que prácticamente se fundieron. Puedes amenazar a los ciudadanos con la cárcel o latigazos cuando no obedecen las leyes. ¡Pero es mucho más eficaz si puedes amenazarlos con una eternidad en el infierno! La iglesia gustosamente hizo de policía para el estado. Y durante siglos advirtió a la plebe que Dios los vigilaba de cerca y llevaba cuenta. Incluso llegó a vender el perdón —las famosas «indulgencias». Suena absurdo hoy en día, pero en aquellos tiempos, ¿quién no daría dinero para salvar a su madre fallecida de las llamas del infierno?

Aquello fue, en el mejor de los casos, una distorsión del mensaje bíblico del Evangelio; y en el peor de los casos, una manipulación vergonzosa y cínica en nombre del cristianismo.

Pero, como resultado, los conceptos de culpa y castigo y de ganarnos el favor de Dios con buenas obras llegó a dominar nuestra comprensión de Dios y del Evangelio. Y siguen dominando nuestro entendimiento hasta el día de hoy.

Y es por eso que, a pesar de que sabemos a nivel racional que somos salvos solo por gracia mediante la fe, cuando se trata de vivir como discípulos día a día, muchos seguimos bajo una nube de culpa o con un sentir persistente de que lo que hacemos no basta o que no lo hacemos del todo bien.

Cargamos con la culpa y además se la queremos echar encima a los demás. Cuando se trata de la gente de fuera de la iglesia, en lugar de recibir a todo el mundo con brazos abiertos como lo hace Dios, la iglesia suele condenar a las personas por su comportamiento: por cómo lucen, por cómo votan, por cuántos tatuajes o piercings tienen, y por los asuntos que apoyan.

Sí, hemos convencido al mundo de que nuestro Dios es un viejo cascarrabias, difícil de complacer. Porque así es como lo hemos visto. Y nosotros, su pueblo, nos presentamos como un grupo de aguafiestas obsesionados con el pecado, la condenación y el juicio. Y esa *no* es la buena noticia del Evangelio.

PAUSA PARA LA REFLEXIÓN 1

OBJETIVO

Ayudar a que las personas comprendan cómo algunas culturas usan la culpa para someter a la gente y mostrarles que Jesús vino para mucho más que solo lidiar con la culpa.

1. ¿Alguien ha intentado utilizar la culpa para manipularte e intentar que te comportes de cierta manera? ¿Cómo te ha afectado?

2. ¿De qué manera amplían tu perspectiva las razones que Jesús dio para su venida —«vida», «salvación» y «rescate»? ¿Cómo le explicarías a alguien para qué vino Jesús de manera concisa?

PARTE B

DIOS ES AMOR

Volvamos a la historia de Adán y Eva, después de su rebelión y las terribles consecuencias de ésta. Por cierto, tampoco encontrarás aquí el tema de culpa y perdón. Sí, Adán pecó y todos hemos pecado. Pero la consecuencia principal de ese pecado fue nuestra muerte espiritual, la desconexión total de Dios, no su ira ni su condenación.

A medida que avanza la historia, Dios no se presenta como un personaje enojado, que se siente ofendido y que con ira rechaza a las personas que creó. No, él no abandonó a Adán con su patético taparrabo biodegradable. Al contrario, les proveyó ropa de verdad, suave, de piel. Y de inmediato Dios puso en marcha un plan para restaurarnos, a pesar de que implicaba la muerte de su Hijo.

Dios es amor. Y su deseo no es condenar, sino restaurar.

Una vez más, que quede claro que no insinuamos que no éramos culpables ante Dios. Lo éramos.

HECHOS, NO SENTIMIENTOS

Entonces, dirás, ¿por qué sigo sintiéndome culpable? Pues la pregunta clave es: ¿eres acaso culpable ante Dios?

Comencemos por aclarar qué es la culpa. La culpa es un concepto legal utilizado en el contexto de un tribunal. Un juez o jurado, después de escuchar los hechos del caso, toma la decisión de que el cargo contra el acusado es verdadero y por tanto declara culpable a esa persona. La culpa es un *hecho*, no un sentimiento.

[Ana María cuenta]

Un día, llevando a Sofí a la escuela, decidí hacer un giro prohibido para llegar más rápido. No me di cuenta de que a mi izquierda había un motociclista y lo atropellé. Fueron momentos de pánico, porque en segundos el hombre quedó debajo del auto. Me detuve y bajé muy angustiada, pensando que lo había matado. El hombre se levantó y logró caminar. ¡Qué alivio, estaba vivo! Le dije que respondería por todo lo que hubiera que pagar.

Aunque nunca apareció un policía que determinara mi culpabilidad, obviamente el accidente era culpa mía.

Yo había infringido una norma de tránsito. Ese era un hecho. Me sentí culpable porque lo era.

Es interesante que la culpa a menudo conlleva una sanción económica —una multa. Los conceptos de culpa y deuda están fuertemente ligados. En algunos idiomas, como el alemán, se utiliza la misma palabra para ambos. Por eso cuando oramos el *Padre Nuestro*, podemos decir «perdónanos nuestras deudas» o «perdónanos nuestras ofensas». Pero el significado central de la palabra griega es «deudas».

En tiempos del Nuevo Testamento, si alguien pedía dinero prestado, se redactaba un documento legal que detallaba exactamente lo que se le debía y a quién, cuáles eran los términos de pago y cuáles serían las consecuencias del incumplimiento. Se llamaba un certificado de deuda. Si tienes una hipoteca, ya sabes a qué me refiero...

Si alguien no podía pagar la deuda, su propiedad se confiscaba y vendía, o se tomaba a la persona y su familia como esclavos.

[Ana María cuenta]

Durante la pandemia a mi esposo le congelaron su contrato y durante 9 meses no recibió salario. No teníamos cómo pagar las cuotas del automóvil, ni teníamos ingresos fijos para cubrir nuestras necesidades. Nos sentimos con la soga al cuello. Es horrible tener deudas que uno no puede pagar. Pero Dios utilizó mi talento con la pintura. En una época donde mucha gente no tenía ni para comer, ¡vendí muchísimos cuadros!

Colosenses 2:13-14 dice: «...ustedes estaban muertos en sus transgresiones. Sin embargo, Dios nos dio vida en unión con Cristo, al perdonarnos todos los pecados y anular la deuda que teníamos pendiente por los requisitos de la Ley. Él anuló esa deuda que nos era adversa, clavándola en la cruz».

[David cuenta]

Con una población de 48 millones de habitantes, la deuda pública en España ha crecido a más de mil millones quinientos mil euros. Imagínate un bebé que nace hoy; por el simple hecho de nacer español y por el gasto de las generaciones previas, ¡inmediatamente tiene una deuda de más de 32.000 €! Como si se hubiera comprado un coche. O hubiese dado una entrada para comprar una vivienda. Sin haber hecho nada malo, hereda una deuda que equivale a $35.000 dólares. Antes *se decía que cada bebé nace con un pan debajo del brazo; hoy en día nace con una deuda.*

Debido a la rebelión de Adán, todos nacimos con un certificado de deuda con Dios. Es decir, hemos sido culpables ante él a partir de nuestro primer aliento de vida. Nuestros pecados subsecuentes aumentaron esa deuda. Y no éramos capaces de pagarla.

Pero los versículos de Colosenses nos indican que Dios hizo dos cosas importantes. Primero, él nos dio vida con Cristo, y una nueva e increíble identidad —ahora somos santos. Y segundo, él pagó nuestra deuda. Dios marcó nuestro certificado de deuda como «anulado» y lo clavó en la cruz con Jesús.

Entonces, ¿cuánta culpa tenemos todavía por nuestros pecados? Ninguna. ¡Ninguna en absoluto! ¡Somos libres de deudas!

Según esos versículos, ¿cuántos pecados nos han sido perdonados? ¡Todos! Pasados, presentes y futuros.

Como dice Pablo: «Por lo tanto, ya no hay ninguna condenación para los que están en Cristo Jesús,» (Romanos 8:1).

Así es Dios, él olvida nuestros pecados, en el sentido de que nunca sacará a relucir esos asuntos para usarlos en nuestra contra. Es curioso, lo máximo que puede hacer un tribunal humano es declararte «no culpable». Pero la gracia de Dios va más allá. Para Dios, es como si lo que hicimos nunca hubiera sucedido. ¡Nos declara «inocentes»! Y ese es un hecho legal.

[Ana María cuenta]

Un día mi hijo Juanjo se fracturó la muñeca en un entrenamiento de fútbol. Ese día él me había insistido que no quería ir. En su dolor y rabia me culpó: «Mami, si no me hubieras obligado a venir al entrenamiento, no me hubiera roto la muñeca». Durante mucho tiempo yo me sentí culpable, aún después de pedirle perdón. Pero, la fractura... ¿de verdad era culpa mía? No, un accidente le pasa a cualquiera, de manera inesperada. Yo era inocente y Juanjo llegó a entenderlo porque más tarde me pidió perdón por haberme culpado.

En Cristo, todas las expectativas que Dios tiene de ti se han cumplido plenamente. No es necesario que te esfuerces más ni que te compares con los demás. No tienes nada que probar, ninguna deuda que pagar. Tu culpa ha desaparecido. Para siempre. ¡Eres libre de culpa! ¡Es un hecho!

¿Y si todavía te sientes culpable? Es que tus sentimientos te están mintiendo. O quizá tu conciencia aún no ha captado plenamente la maravilla del perdón total de Cristo. O estás escuchando el susurro de tu enemigo, Satanás —por algo le llaman «el acusador». En cualquier caso, la solución es tomar la decisión de creer que lo que Dios te dice claramente en la Biblia es verdad. ¡Eres libre de culpa!

PAUSA PARA LA REFLEXIÓN 2

OBJETIVO

Ayudar a las personas a diferenciar entre la culpa genuina y los sentimientos de culpa, y a entender que Cristo anuló nuestra culpa de una vez por todas.

1. ¿Recuerdas alguna ocasión en la que tú u otra persona haya hecho algo malo, pero no se *sintiera* culpable o, por el contrario, se sintiera culpable por algo que no estaba mal?

2. Comparte con el grupo lo que la palabra deuda te trae a la mente. ¿Alguna vez tuviste una deuda que no podías pagar?

3. ¿Cómo te hace sentir el ser declarado «inocente» por Dios?

PARTE C

¿PODEMOS SEGUIR PECANDO?

¡Sí, somos libres de culpa! ¿Pero, acaso quiere decir que viviremos vidas perfectas? Me encantaría que así fuese...

Sin embargo, cuando nos equivocamos, el amor de Dios por nosotros no cambia. Y tampoco cambia nuestra identidad de santos. Podemos volver corriendo a nuestro Padre y siempre nos recibirá con amor. Seguimos siendo hijos. ¡Qué maravilloso!

Pero quizá dirás «¡momentito, momentito!», «Si Dios nos acepta sin condición, ¿quiere decir que podemos hacer lo que nos dé la gana?»

Esa es una pregunta importante. Para responderla, veremos un par de ejemplos en la Biblia. Hay siete cartas de Jesús a las iglesias en Apocalipsis, pero solo hay una a quien elogia por su amor: la iglesia de Tiatira. Pero, parece que las personas en esta iglesia llegaron a pensar que la gracia implicaba que podían hacer lo que les viniera en gana y siguieron practicando la inmoralidad sexual y la adoración de ídolos.

Las palabras de Jesús sobre las consecuencias de estas fechorías van dirigidas a su líder y son brutales:

«Por eso la voy a postrar en un lecho de dolor y a los que cometen adulterio con ella los haré sufrir terriblemente, a menos que se arrepientan de lo que aprendieron de ella. A los hijos de esa mujer los heriré de muerte» (Apocalipsis 2:22-23a).

¡Es Jesús quien está hablando! Tal vez no puedas concebir que él use este lenguaje. Y quizá sería más fácil saltarnos este tipo de versículos. Pero piénsalo. Dios es amor. Por lo tanto, todo lo que hace, y todo lo que dice, proviene del amor.

Por amor, Dios ha establecido límites para protegernos. Le dijo a Adán que no comiera del árbol porque conocía las consecuencias que tendría. Y es porque Dios ama a esta mujer y a esta iglesia que les advierte que no sigan pecando. Su intención no es hacerles la vida a cuadritos. Lo que Dios quiere es que *no* sufran, que *no* mueran.

Si verdaderamente entendiéramos las consecuencias del pecado, comprenderíamos también por qué Dios lo toma tan en serio.

Si veo que uno de mis hijos trepa un árbol y se sube a una rama que yo sé que se va a romper, ¿qué crees que haré? Voy a gritar y a correr hacia él. A mi hijo le va a parecer que estoy enojado. Pero en realidad, estoy expresando amor y preocupación por su seguridad. Creo que todo padre responsable haría lo mismo.

Juan nos ayuda a entenderlo mejor:

> «Este es el mensaje que hemos oído de él y que anunciamos: Dios es luz y en él no hay ninguna oscuridad. Si afirmamos que tenemos comunión con él, pero vivimos en la oscuridad, mentimos y no ponemos en práctica la verdad. Pero si vivimos en la luz, así como él está en la luz, tenemos comunión unos con otros y la sangre de su Hijo Jesucristo nos limpia de todo pecado. Si afirmamos que no tenemos pecado, nos engañamos a nosotros mismos y la verdad no está en nosotros. Si confesamos nuestros pecados, Dios, que es fiel y justo, nos los perdonará y nos limpiará de toda maldad» (1 Juan 1:5-9 NVI).

Si alguien persiste en el pecado y no le causa ninguna molestia, nos preguntamos si de verdad conoció a Jesús y nació de nuevo. Pero cuando caminamos abierta y cercanamente con el Padre, vamos a *desear* vivir en la luz.

CUANDO NOS EQUIVOCAMOS

Aun así, nuestra carne seguirá tirándonos hacia el pecado. Y si decimos que nunca caemos en la trampa, nos engañamos.

Afortunadamente este pasaje nos da un camino a seguir cuando tropezamos. Si sabemos que Dios no se enfada con nosotros, sino que nos sigue amando, podemos reconocer y estar de acuerdo con él en que pecamos. Eso es lo que quiere decir «confesar». Pero también podemos estar de acuerdo con él en que, al confesar, recibimos perdón absoluto en Cristo.

La confesión es parte de lo que Santiago llama someterse a Dios. Pero además de someternos a Dios, también nos insta a «resistir al diablo» (Santiago 4:7). Lo más peligroso del pecado es que le abre al enemigo una puerta de influencia en nuestra vida.

Esa influencia nos impedirá dar fruto. Es necesario cerrar esa puerta al *someternos y resistir*.

Si conoces *Libertad en Cristo*, estarás al tanto de *Los Pasos hacia la Libertad en Cristo*, un proceso tranquilo y respetuoso para hacer justamente eso. Al final del *Curso de la gracia*, tendrás la oportunidad de pasar por *Los Pasos para experimentar la gracia de Dios*, un proceso similar en el que tratas los obstáculos que te impiden disfrutar de la gracia de Dios en tu vida. Hay más detalles en tus notas y te contaremos más durante el curso.

[Lirio cuenta]

Un día, cuando mi hijo mayor tenía unos 6 años, empezó a jugar con un palo de escoba en el patio. En un abrir y cerrar de ojos, se acercó al perro de la casa que estaba comiendo. Supongo que el animal creyó que le iba a quitar la comida y se abalanzó sobre mi hijo. Al morderle, le abrió su cabecita y parte de la frente. Fue terrible, algo espantoso porque le podía ver el cráneo. Yo lo agarré y gritaba pidiendo auxilio. Y él sangraba y lloraba. Entonces mirándome con sus ojitos desesperados me dijo «mamita, no me castigues». Esas palabras me golpearon duro. Me sentí la peor madre del mundo, no solo por lo sucedido, sino sobre todo por las palabras de mi hijo. Me di cuenta que a pesar de amar muchísimo a mis hijos, los había estado disciplinando por cualquier cosa y sin sabiduría. Cargué con la culpa de esto por mucho tiempo, a pesar de haber pedido perdón a Dios repetidas veces. Solamente cuando comprendí la gracia, y entendí que Dios no me mira como yo me miro, mis recuerdos sanaron. Y ahora puedo decir que soy libre de culpa.

Sé que en algún momento tropezaré otra vez, pero si respondo apropiadamente, en arrepentimiento, si cierro esa puerta al enemigo al someterme y resistir, Dios inmediatamente me limpia de toda maldad e injusticia. Y Jesús restaura mi intimidad con él y con los demás.

DIOS NO QUIERE QUE LA CULPA NOS APLASTE

¿Crees que la culpa puede motivarnos a no equivocarnos de nuevo o a alejarnos del pecado? Tal vez pienses que sí, pero veamos cómo Pablo abordó una maraña de pecado en la iglesia de Corinto. Estos hermanos Corintios eran un desastre: entre ellos había celos, riñas, inmoralidad sexual, borrachera y discriminación de clases.

Pablo no dijo: «Bueno, creemos en la gracia, así que no pasa nada, no importa». Porque sí que importaba. Pablo le dio vueltas al asunto. Estuvo intranquilo y preocupado porque entendía las graves consecuencias del pecado. Así que decidió escribirles una carta severa.

Su estrategia funcionó y en una carta posterior dijo lo siguiente:

«...ahora me alegro, no porque se hayan entristecido, sino porque su tristeza los llevó al arrepentimiento... La tristeza que proviene de Dios produce el arrepentimiento que lleva a la salvación, de la cual no hay que arrepentirse, mientras que la tristeza del mundo produce la muerte» (2 Corintios 7:9a,10).

LA TRISTEZA DEL MUNDO

La culpa produce una tristeza que sólo nos conduce a la desesperanza. Eso fue lo que experimentó Judas después de haber traicionado a Jesús: se llenó de remordimiento y dolor, pero sin esperanza. En lugar de confiar en aquel que perdonaría su traición, fue y se ahorcó. Su tristeza le hizo creer que no se merecía y no obtendría el perdón de Dios.

[Adrián cuenta]

Yo solía autoflagelarme con la culpa cada vez que volvía a ver pornografía. Permanecía triste por varios días creyendo que sentirme culpable me llevaría a un cambio duradero y me apartaría del pecado. Pero solo lograba enredarme más en un ciclo autodestructivo de más pecado y más culpa.

LA TRISTEZA QUE PROVIENE DE DIOS

En el caso de los corintios, el objetivo de Pablo no era hacerles sentir culpables con su carta. Él quería que experimentaran la «tristeza que proviene de Dios» la cual los llevaría al arrepentimiento.

Fíjate cómo Jesús se acercó a Pedro. Pedro había traicionado a su mejor amigo en su momento de mayor necesidad, al negarlo tres veces. Cuando Jesús sale a su encuentro después de resucitar, ni siquiera menciona su fallo monumental.

Le prepara el desayuno y con cariño le pregunta tres veces si lo ama —una vez por cada negación. Entonces Jesús lo restaura. Y esta gracia le permite a Pedro experimentar la «tristeza que lleva al arrepentimiento» y poder avanzar en lugar de hundirse.

LIBERTAD EN CRISTO

sesión 04

VICTORIOSO

OBJETIVO

Comprender por qué nuestra nueva identidad en Cristo implica que, aunque pecaremos de vez en cuando, en todo momento podemos elegir no hacerlo, y podemos poner fin a los ciclos viciosos de pecado-confesión.

NOTAS PARA EL LÍDER

Un tema clave del *Curso de la Gracia* es ver la realidad tal como realmente es, es decir, como Dios lo revela en las Escrituras. Estas notas pueden servirte para guiar esta sesión.

Todos hemos aprendido a ver la realidad de una forma en particular, influenciada por nuestra cultura, educación, amigos, etc. Todos tenemos una forma de ver el mundo que creemos que refleja la realidad. Pero, en realidad, ninguno de nosotros ve el mundo tal como es. Todos filtramos la realidad a través de nuestra cosmovisión, lo que impacta enormemente nuestra vida.

La cosmovisión de algunos está influenciada por un sistema de creencias que dice que nuestra vida está controlada por un poder universal que lo permea todo: animales, plantas, seres inertes y espíritus de muchos tipos. Esto se llama *animismo*, y está extendido por todo el mundo, pero es más común fuera de Occidente.

Otros, en cambio, nos criamos con una visión del mundo influenciada por el racionalismo occidental. Hemos aprendido a ver la realidad como algo que solo existe si podemos verlo, tocarlo o probarlo. Nos lleva a creer que no hay una realidad espiritual, o si la hay, no es relevante en nuestra vida diaria.

Lo que crees sobre el mundo determina cómo te comportas. Por ejemplo, si alguien con una cosmovisión animista se enferma y no hay una causa física aparente, probablemente recurrirá a un chaman, porque cree que él tiene el poder de controlar los espíritus y sanarlo. En cambio, alguien con una cosmovisión occidental no buscará un chaman, sino que irá al médico. Muchos cristianos harán eso mismo, aunque Santiago 5 nos aconseja recurrir primeramente a los líderes cristianos. (No insinuamos que no debas ir al médico, pero la idea es que recurras a los líderes espirituales en primer lugar. Si tienes dudas te recomendamos consultar *Las Claves para una vida saludable, plena y fructífera*, un curso presentado por Steve Goss y dos médicos).

Lo que queremos resaltar es que ni el *animismo* ni el racionalismo occidental reflejan fielmente la realidad. La Biblia, sin embargo, nos explica la realidad de manera clara. Existe un mundo espiritual invisible que es tan real como el mundo que podemos ver, tocar y medir. Necesitamos entender cómo funciona y cómo usar la autoridad que tenemos en Cristo si queremos vencer en la batalla espiritual en la que estamos involucrados, nos guste o no.

Entender la realidad del mundo espiritual y cómo funciona es clave para enfrentar el pecado persistente. Los que venimos de una cosmovisión occidental racional debemos recordar constantemente que Satanás y los demonios son reales, pero que, en Cristo, es relativamente fácil enfrentarse a ellos. Por otro lado, quienes vienen de un trasfondo animista que otorga demasiado poder a Satanás y a los espíritus malignos, deben recordar quiénes son en Cristo —que están sentados con Cristo, muy por encima de todo poder y autoridad (Efesios 1:21-22; 2:6)— y que pueden ejercer esa autoridad de manera sencilla, sin drama (Santiago 4:7).

Este es un buen momento para hablar sobre *Los Pasos* para experimentar la Gracia de Dios, el componente práctico del curso, donde los participantes piden al Espíritu Santo que les muestre las áreas de su vida donde necesitan someterse a Dios y ajustar sus creencias. Se hablará de *Los Pasos para experimentar la Gracia de Dios* con más detalle durante la Parte C de esta sesión. También hay una página en *la Guía del Participante* sobre *Los Pasos* al final de la sesión.

HORARIO PARA GRUPOS PEQUEÑOS

Diseñamos este plan para quienes lideran un curso con grupos pequeños. A partir de una reunión de noventa minutos de duración, sugiere el tiempo que debe durar cada parte de la sesión, e indica el tiempo acumulado transcurrido. Encontrarás un horario en cada sesión. La segunda columna muestra el tiempo asignado a cada elemento individual en minutos. La tercera columna muestra el tiempo total transcurrido en horas y minutos.

SESIÓN 4	Minutos	Horas
Bienvenida, Clave, Conecta	10:00	00:10
Palabra Parte A	11:00	00:21
Pausa para la reflexión 1	15:00	00:36
Palabra Parte B	14:00	00:50
Pausa para la reflexión 2	15:00	01:05
Palabra Parte C	10:00	01:15
Pausa para la reflexión 3	15:00	01:30

El tiempo asignado para las secciones de Palabra se basa en la duración aproximada de la sección correspondiente de los vídeos.

VERSÍCULO CLAVE

porque el que muere queda liberado del pecado.

Romanos 6:7

VERDAD CLAVE

Debemos aprender a tomar en cuenta toda la realidad (incluso el mundo espiritual invisible) para poder romper el poder del pecado en nuestra vida. Pero, a través de la gracia de Dios, podemos vivir en victoria sobre el pecado y Satanás.

CONECTA

¿Prefieres ser una oruga o una mariposa? ¿Por qué?

En Romanos 8, Pablo habla a los cristianos que se enfrentan a dificultades: menciona tribulación, angustia, persecución, hambre, desnudez, peligro y la posibilidad siempre presente de la muerte: la espada. Luego dice (versículo 37): «Sin embargo, en todo esto somos más que vencedores por medio de aquel que nos amó».

¿Cómo has experimentado el saber que eres «más que vencedor» en Cristo en medio de circunstancias difíciles?

También puedes considerar lo que Pablo dice a continuación:

«Pues estoy convencido de que ni la muerte ni la vida, ni los ángeles ni los demonios, ni lo presente ni lo por venir, ni los poderes, ni lo alto ni lo profundo, ni cosa alguna en toda la creación podrá apartarnos del amor que Dios nos ha manifestado en Cristo Jesús nuestro Señor». (Romanos 8:38-39).

Si viste el vídeo corto de *La Maravilla de la Gracia* para esta sesión, ¿qué te llamó la atención?

¿Hubo algo en *Perlas diarias de gracia* de YouVersion que te hiciera pensar?

ORACIÓN Y DECLARACIÓN

En cada sesión, queremos animar a la gente a repetir juntos y en voz alta la oración y la declaración. La oración se dirige a Dios mientras que la declaración se dirige al mundo espiritual en general.

Anímales a que lean la declaración con denuedo.

Padre celestial, gracias que no tengo un sumo sacerdote incapaz de compadecerse de mis debilidades, sino uno que en todo ha sido tentado como yo, pero sin pecado. Elijo acercarme confiadamente al trono de la gracia, para recibir misericordia y encontrar la gracia que me ayude oportunamente. Amén. (Hebreos 4:15-16).

DECLARO QUE ESTOY UNIDO A CRISTO NO SOLO EN SU MUERTE, SINO TAMBIÉN EN SU RESURRECCIÓN Y ASCENSIÓN. AHORA ESTOY SENTADO CON ÉL A LA DIESTRA DEL PADRE, EL LUGAR DE MÁXIMO PODER Y AUTORIDAD, MUY POR ENCIMA DE TODO PODER MALIGNO. ME SOMETO A DIOS Y RESISTO AL DIABLO Y DECLARO QUE ¡ÉL NO TIENE MÁS REMEDIO QUE HUIR DE MÍ!

PALABRA

PARTE A

LO QUE *HACES* PROVIENE DE LO QUE *ERES*

Bienvenidos a «Victorioso», la sesión 4 del *Curso de la Gracia*.

¿Te sorprendió escuchar en la última sesión que Dios no quiere que te hundas en la culpa cuando tropiezas? ¿O que él siempre usa la gracia en lugar de la culpa para motivarnos a hacer lo correcto? ¡La gracia no deja de sorprendernos!

Pablo nos dice que somos más que vencedores (Romanos 8:37). Aunque tal vez no te sientas así con respecto al pecado. En esta sesión veremos la gracia que Dios nos da cuando nos enfrentamos a la tentación. Cuando nos sentimos atrapados en un pecado y no parece haber escapatoria.

El apóstol Pablo, en Romanos 7, nos cuenta lo miserable que se sintió. Pero también dice que hay una salida. Y saber dónde está la salida es vital. ¡Porque es horrible estar atrapado!

Hoy nos centraremos en un principio clave: lo que *haces* proviene de lo que *eres*.

Recapitulemos rápidamente lo que hemos dicho hasta ahora sobre quiénes somos en Cristo.

Hemos visto que la palabra «pecador» es el término usado en el Nuevo Testamento para las personas que aún no conocen a Jesús, que están espiritualmente muertas. Todos *éramos* pecadores.

Pero se ha producido un gran intercambio. Jesús se hizo pecado por nosotros y nosotros nos convertimos en la justicia de Dios. Y es por eso que el término que el Nuevo Testamento usa para quienes conocen a Jesús es «santos». Eres santo.

2 Corintios 5:17 declara quiénes somos ahora en Cristo:

> «Por lo tanto, si alguno está en Cristo, es una nueva creación. ¡Lo viejo ha pasado, ha llegado ya lo nuevo!»

Cuando elegimos seguir a Jesús, nos convertimos en una persona totalmente nueva. El parecido con quien éramos antes es el parecido que hay entre una mariposa y una oruga —¡ninguno! Hemos sido completamente transformados. En lo más profundo de nuestro ser, nuestra naturaleza es ahora limpia, santa y divina.

LIBRE DEL PODER DEL PECADO

En Romanos 6, Pablo explica las implicaciones de nuestra nueva identidad sobre nuestra relación con el pecado. En el versículo 7 declara rotundamente:

> «porque el que muere queda liberado del pecado».

Recuerda que hemos aprendido a identificarnos con Jesús en su muerte. Su muerte tuvo que ver con el *castigo* del pecado. Recibimos el perdón de nuestros pecados gracias a su sacrificio. Pero aquí Pablo no se refiere al *perdón* del pecado. Se refiere a algo igualmente asombroso: ser liberado de la *esclavitud* del pecado, de la compulsión a pecar. De ese impulso a hacer incluso lo que no queremos hacer.

Continúa en el versículo 8:

> «Ahora bien, si hemos muerto con Cristo, confiamos en que también viviremos con él».

Como vimos en la Sesión 1, el Domingo de Pascua no solo celebramos que Jesús conquistó la muerte y resucitó de entre los muertos. ¡Celebramos que *nosotros* también resucitamos a una nueva vida con Cristo! Y esta es la verdad clave para lidiar con el *poder* del pecado. Pablo continúa (versículos 9-10):

> «Pues sabemos que Cristo, por haber sido levantado de entre los muertos, ya no puede volver a morir; la muerte ya no tiene dominio sobre él. En cuanto a su muerte, murió al pecado una vez y para siempre; en cuanto a su vida, vive para Dios».

Cuando alguien muere, tu relación con esa persona termina, ¿verdad?. Ahora bien, el pecado no ha muerto. De hecho, está vivo y coleando. Pero Pablo dice que nosotros hemos muerto con Cristo. Y nuestra muerte puso fin a nuestra relación con el pecado. El argumento de Pablo es este: de igual manera que Cristo jamás volverá a estar sujeto a la muerte, al haber resucitado con él, nosotros jamás volveremos a ser esclavos del pecado. Ese es otro hecho sorprendente.

Regresemos nuevamente al versículo 7: «porque el que muere queda liberado del pecado.»

¿Has muerto con Cristo?... ¡Sí!

¿Has sido liberado del pecado?...

Pues, si respondes que sí a la primera pregunta, ¡tienes que responder que sí a la segunda! Por definición.

Puede que estés pensando: «Bueno, a decir verdad, no me *siento* libre de pecado. De hecho, a menudo peco».

Pablo es muy consciente de ello, y nos da tres instrucciones claras basadas en estas grandes verdades. Esta es la primera (versículo 11):

> «De la misma manera, también ustedes considérense muertos al pecado, pero vivos para Dios en Cristo Jesús.»

¿Qué significa eso en la práctica?

Si todavía te consideras un pecador, ¿qué harás? ¡Vas a pecar! Porque lo que haces proviene de quién eres, o de quién crees que eres.

Afortunadamente hemos recibido mucho más que perdón. ¡Nuevamente tenemos vida! ¡Somos nuevas criaturas! ¡Somos la justicia de Dios! ¡Somos santos!

[*Nota: aquí puedes contar tu propia historia sobre una lucha contra el pecado.*]

Un famoso escritor cristiano, Watchman Nee, pasó nueve años intentando «considerarse» muerto al pecado para no volver a pecar. Pensaba que era un asunto mental. Que si se esforzaba por considerarse muerto lograría convertirlo en una realidad. Pero no funcionó. Siguió atrapado en el pecado. Estuvo dispuesto a renunciar al ministerio si no era capaz de resolver este problema. Un día comprendió que lo que tenía que hacer era creer lo que ya era verdad. Que estaba muerto al pecado y vivo para Dios. De repente conoció la verdad. Y la verdad lo liberó y pudo tomar buenas decisiones. A partir de ese momento, iba por ahí diciendo: «¡Alabado sea el Señor porque estoy muerto!».

Si te digo la verdad, a menudo me despierto por la mañana sintiéndome muy vivo al pecado y muerto a Dios. Y estoy seguro de que al apóstol Pablo también le sucedió. Por eso él nos anima a ignorar nuestros sentimientos y apegarnos a los hechos. Independientemente de lo que *sintamos*, la verdad es que ahora *estamos* vivos para Cristo y muertos al pecado. No hace falta que nos esforcemos por *convertirlo* en una realidad. Simple y sencillamente es la verdad. Solamente tomamos la decisión de estar de acuerdo con las Escrituras y caminar en la verdad.

[Ana María cuenta]

Durante mis años de rebeldía yo había abierto la puerta al trago y a la rumba desenfrenada en mi vida. Cuando me convertí me parecía muy difícil dejarlo de la noche a la mañana. Fue una lucha dolorosa pues, queriendo hacer lo bueno, recaía una y otra vez. Mis amigos me llamaban para salir a tomar y Dios me recordaba: «Te he dado una ropa nueva, Ana María. Yo te he librado de lo que es para ti una carga deshonrosa; de esas cosas que te distraen, pero no te llenan».

¿Pablo habla en serio cuando dice que no tenemos que pecar? ¡Pues sí! Como eres un santo que ha resucitado con Cristo a una nueva vida, en todo momento eres libre de tomar la decisión correcta. Porque lo que *haces* proviene de quien *eres*.

PAUSA PARA LA REFLEXIÓN 1

OBJETIVO

Entender que conocer nuestra nueva identidad es clave para resolver el pecado persistente en nuestra vida.

1. En Juan 8:31-32 Jesús dice: «... —Si se mantienen fieles a mis palabras,... conocerán la verdad, y la verdad los hará libres» Luego deja claro que la libertad a la que se refiere es la libertad del pecado: «—Les aseguro que todo el que peca es esclavo del pecado —afirmó Jesús—. Ahora bien, el esclavo no se queda para siempre en la familia; pero el hijo sí se queda en ella para siempre. Así que, si el Hijo los libera, serán ustedes verdaderamente libres». (Juan 8:34-36). ¿Cómo es que conocer la verdad nos libera de la esclavitud del pecado? ¿Qué verdad específica es necesario conocer?

2. «Lo que haces proviene de lo que eres». ¿Cómo cambia este principio tu perspectiva sobre la posibilidad de liberarte de patrones persistentes de pecado en tu vida?

PARTE B

LAS CONSECUENCIAS DE LAS MALAS DECISIONES

¡Un minuto! Te escucho decir: «Si lo que *haces* proviene de lo que *eres*» y yo he sido un santo y no un pecador durante los últimos veintisiete años, ¿por qué sigo pecando?

Buena pregunta. Volvamos a la imagen de la mariposa. Tiempo atrás fue una oruga fea y rastrera. Pero la magia de la metamorfosis la transformó en una criatura completamente diferente ¡un hermoso ser alado que puede volar! Tú te convertiste en una nueva criatura en Cristo que puede volar por encima del pecado. Ahora bien, si una mariposa se empapa las alas en la lluvia, se vuelve un insecto muy triste. Termina arrastrándose lentamente por el suelo, como una oruga.

Así era como yo me sentía cada vez que cometía un pecado. Me creía el peor de los gusanos rastreros que no merecía levantar la mirada para ver el sol. Un sentido de derrota e insignificancia se apoderaba de mí. No había comprendido que, aunque yo ya no era una oruga, a veces volvía a arrastrarme en el pecado.

Podemos volar libres como mariposas, pero a veces terminamos *comportándonos* como orugas. Somos santos, pero podemos *actuar* como pecadores.

Cuando fallas, Dios no te dice: «¡Ay, pecador, qué desobediente eres!» Más bien nos dice con palabras cariñosas: «Oye, eres mi hijo, eres santo, una criatura completamente nueva. No *eres* pecador. ¿Por qué te *comportas* como si lo fueras?»

Cuando tú, un precioso santo, actúas de manera contraria a tu identidad y pecas, el amor de Dios por ti no cambia. Ni cambia el hecho de que él te espera con los brazos abiertos. Ni cambia el hecho de que eres santo. Pero sí afecta tu capacidad de dar fruto.

Cuando fallamos, pensamos que el problema es que hemos decepcionado a Dios y que lo hemos defraudado. Pero a Pablo le preocupa algo muy distinto. Volvamos a Romanos 6 y a la segunda instrucción que nos da en el versículo 12:

> «Por lo tanto, no permitan ustedes que el pecado reine en su cuerpo mortal ni obedezcan a sus malos deseos».

Aunque nosotros hemos muerto al pecado y hemos terminado nuestra relación con él, el pecado sigue «vivito y coleando». Es como si fuera nuestro «ex», un «ex» bastante tóxico. Aunque hayamos roto, podemos volver a enredarnos con nuestro «ex». Eso es exactamente lo que pasa si comenzamos a coquetear con el pecado y a dedicarle tiempo. Y la preocupación de Pablo es esta: que terminemos enganchados nuevamente y permitamos que el pecado, o sea nuestro «ex» tóxico, nos gobierne y nuevamente nos esclavice.

EL PECADO ES UN ASUNTO DE GUERRA ESPIRITUAL

Entonces, ¿cómo impedimos que el pecado mande en nuestros cuerpos? Esta es la tercera instrucción (versículo 13):

> «No ofrezcan los miembros de su cuerpo al pecado como instrumentos de injusticia; al contrario, ofrézcanse más bien a Dios como quienes han vuelto de la muerte a la vida, presentando los miembros de su cuerpo como instrumentos de justicia».

Quizá esto te ayude a entenderlo. Si tienes un automóvil, puedes optar usarlo para llevar a tu abuela al hospital o para vender drogas en tu barrio. Así mismo tenemos la opción de elegir cómo usar nuestro cuerpo. Podemos ofrecernos al pecado o a Dios. No hay término medio. Todos los días nos enfrentamos a esa decisión.

En ese entonces yo no lo entendía, pero cada vez que me sumergía en la pornografía estaba usando mis ojos y mi cuerpo como instrumentos para el mal. Como no ejercía dominio propio ni rendía mi voluntad al Espíritu, el «ex tóxico» terminaba controlándome. Yo tenía la libertad de decidir cómo usar mi cuerpo, pero no la estaba ejerciendo.

Hay un factor muy importante que no queremos pasar por alto. Pablo habla del «pecado» como si se tratara de una persona. ¿Recuerdas? es nuestro «ex», atractivo pero tóxico...

En Efesios 4, Pablo deja claro que el pecado es un asunto de guerra espiritual. Aunque la ira en sí no es pecado, sino una emoción, si no resolvemos diligentemente nuestro enojo, se convierte en el pecado de falta de perdón. Y le damos al diablo un lugar de influencia en nuestra vida.

Ahora bien, los personajes en el escenario de nuestro mundo no se reducen solamente a Dios y nosotros. El enemigo en la batalla no es sólo nuestra carne. A lo largo de la historia bíblica, desde el jardín del Edén en Génesis hasta la última batalla en Apocalipsis, aprendemos sobre seres espirituales de maldad que se oponen a Dios y a su pueblo. Y el objetivo de Satanás y sus secuaces es «...robar, matar y destruir...» (Juan 10:10).

Por tanto, usará todo lugar de influencia que le des a través del pecado para someterte y truncar tu crecimiento.

NUESTRA COSMOVISIÓN PUEDE SER UN OBSTÁCULO

El problema es que nuestra manera de ver el mundo se interpone en nuestro entendimiento bíblico de la realidad en toda su complejidad.

Si te criaste en Occidente, puede que reconozcas la existencia del diablo y sus demonios teológicamente. Pero nuestra visión del mundo nos predispone a ignorar la realidad del mundo espiritual en la vida cotidiana. Así que, aunque tenemos la autoridad espiritual para lidiar con ello, terminamos engañados y no hacemos nada. Nuestra pasividad permite que el diablo mantenga un punto de influencia en nuestra vida.

Por otro lado, si has crecido en otra cultura, es posible que tengas mayor conciencia del reino espiritual. Pero es probable que predomine el temor, otorgándole demasiado poder al diablo y a lo demoníaco. Y quizá pienses que es más complicado que simplemente someterse a Dios y resistir al diablo. Pero no lo es.

UNA ANALOGÍA

Tal vez hasta ahora has pensado que, cuando pecamos, el problema se resuelve al pedir perdón a Dios y alejarnos del pecado, con la intención de no repetir. Aunque sin duda contamos con su perdón, el problema no termina de resolverse. La siguiente analogía puede ayudarnos a entender por qué la confesión por sí sola no es suficiente:

Digamos que me alquilan una casa y me dicen que en ninguna circunstancia debo abrir la puerta al sótano. Pero un día, escucho una dulce voz detrás de la puerta que dice: «¡Auxilio! ¡Déjame salir, estoy atrapado!» Entonces abro la puerta cuando nadie está en casa. Y sale un perro enorme que clava sus dientes en mi pierna y no me la suelta. La voz ahora me acusa. «¡Bien hecho! ¿Qué creías que iba a pasar? ¡Qué mensa eres!»

Me doy cuenta de mi error y exclamo: «Dios, abrí la puerta. ¡Lo siento, perdóname!» ¿Y me perdona? Por supuesto que me perdona. ¿He resuelto el problema? No, la pierna aún me duele. Sigo cojeando. Tengo un perro colgado de mi pierna. Y una voz que me acusa.

Hay un detalle que lo complica. Resulta que el perro es invisible. No puedo verlo y no sé qué rayos me mordió. Solo sé que hice algo mal... y ahora me duele... y me siento terrible. ¿Con quién me enojo, con el perro? No, porque no tengo ni idea de que está ahí. Me enojo conmigo mismo. O peor aún, con Dios.

El perro enganchado y el dolor que me ocasiona van a causar un cortocircuito espiritual. Serán un obstáculo al poder de Dios que me permite vivir como santo. Me resultará difícil resistir otras tentaciones o tomar buenas decisiones.

Y cuanto más vueltas dé en ese círculo vicioso, más me acusará el enemigo y más vergüenza sentiré por lo que he hecho.

Si abrimos la puerta, permitimos que el pecado nos gobierne y se convierta en nuestro amo. No basta con confesar el pecado. Recuerda que Santiago 4:7 nos indica dos pasos: someternos a Dios y resistir al diablo.

La confesión es parte de someternos. Pero no nos detenemos ahí. Completamos la tarea resistiendo activamente al diablo, reclamando el lugar de influencia que nuestro pecado le cedió.

Volvamos a nuestra analogía. Empiezo con la confesión: «Dios Padre, te desobedecí y abrí la puerta. Por favor, perdóname». Entonces, le ordeno al perro que me suelte la pierna y que se vaya. Pero,... ¿por qué puedo esperar que el perro me obedezca? ¡Únicamente, por quien soy ahora en Cristo!

Como nuevas criaturas nos identificamos con Cristo, no solo en su muerte y su resurrección, sino también en su ascensión a la diestra del Padre. Estamos sentados junto a él ahora mismo, muy por encima de todo poder y autoridad, incluso de Satanás (Efesios 2:6).

[Adrián comparte]

¿Cómo logré liberarme de la esclavitud a la pornografía? Primeramente, ejercí mi autoridad en Cristo. Confesé mi pecado e hice el firme compromiso de no darle más cabida. En el día a día tuve que llevar cautiva toda tentación cada vez que se presentaba en mi mente. Luego, tomé medidas para «cerrar la puerta» a la tentación. Coloqué el computador en un sitio visible en casa y busqué amigos maduros a quienes rendir cuenta de mi debilidad. Presenté a diario mi cuerpo para honrar a Dios y renové mi mente con la verdad de quién soy en Cristo.

Regresemos a Pablo y su carta a los Romanos. Termina con una declaración sorprendentemente alentadora, para cualquiera que se sienta atascado (versículo 14):

> «Así el pecado no tendrá dominio sobre ustedes, porque ya no están bajo la Ley, sino bajo la gracia».

RESUMEN

Incluso cuando fallamos, seguimos bajo la gracia de Dios, no bajo un sistema legalista que exige un castigo. Y si hemos permitido que reine el pecado, podemos resolverlo.

Para resumir, hemos mencionado tres cosas:

- **Sométete a Dios y resiste al diablo;**
- **Aprópiate de la verdad —ahora estás muerto al pecado y vivo para Dios;**
- **Toma la decisión diaria de impedir que el pecado reine en tu cuerpo y ofrece cada parte de tu cuerpo a Dios, no al pecado.**

En cada área de tu vida, o eres libre o eres un esclavo. No *creces* en libertad. Más bien te *apropias* de ella.

PAUSA PARA LA REFLEXIÓN 2

OBJETIVO

Entender que la tentación y el pecado son parte de la batalla espiritual.

1. ¿Cómo crees que la cosmovisión con la que te criaste minimiza o exagera la realidad y el poder de «las fuerzas espirituales malignas en las regiones celestiales?». (Efesios 6:12)

2. «En cada área de tu vida, o eres libre o eres un esclavo. No creces en libertad. Más bien te apropias de ella». ¿Cómo podría ayudarte este principio a salir de los patrones de pecado persistentes?

PARTE C

TOMA LA SALIDA DE LA TENTACIÓN

Vencer la tentación no es meramente una cuestión de fuerza de voluntad, es una batalla espiritual.

Pasar por el proceso de *Los Pasos hacia la Libertad en Cristo* y *Los Pasos para experimentar la gracia de Dios* es una excelente manera de someternos a Dios y resistir al diablo. En ambos le pedimos al Espíritu Santo que nos muestre dónde hay puntos de influencia del enemigo en nuestra vida. Entonces renunciamos a ellos y nos arrepentimos. Renunciar a algo es declarar ante Dios y el mundo espiritual invisible, que nuestro acuerdo con, lealtad hacia y participación en ese asunto ha terminado. Por ejemplo: «Vanidad, eres una tirana, ya no eres mi amiga, corto contigo». Arrepentirse significa cambiar de opinión acerca de nuestro pecado y alejarnos de él. «Vanidad, ahora veo que eres cruel y egoísta. Adiós»

[Pamela cuenta]

La primera vez que hice Los Pasos hacia la Libertad en Cristo me di cuenta que mi falta de perdón le había abierto una gran puerta a Satanás en mi vida ¡La amargura me estaba envenenando por dentro! Ante todos era una chica feliz y sonriente, pero en mi casa sacaba mi frustración con explosiones de ira. Gritaba, aventaba cosas, insultaba y lloraba amargamente de manera que incluso yo me desconocía. Mi mamá decía: «hija, eres candil en la calle y oscuridad en tu casa». En Los Pasos Dios me mostró que detrás de la ira había resentimiento que se había convertido en amargura. Lo confesé y perdoné a todos los que me habían herido. Y renuncié al terreno que le había cedido al enemigo al no perdonar. A partir de entonces mis ataques de ira han desaparecido.

Hay más información sobre *Los Pasos* en tus notas para esta sesión. Para muchos es un proceso que nos cambia la vida. Nos ayuda a comprender el engaño que hemos sufrido. Entonces podemos avanzar, renovando nuestra mente para llegar a conocer la verdad en lo más profundo de nuestro corazón.

¿Cómo podemos resistir a la tentación? El primer paso, pues, es asegurarnos de cerrar todas las puertas que hemos abierto al enemigo. *Que, en mi caso, era el resentimiento y la falta de perdón.*

En segundo lugar, Dios nos da una promesa muy específica en 1 Corintios 10:13: «Ustedes no han sufrido ninguna tentación que no sea común al género humano. Pero Dios es fiel y no permitirá que ustedes sean tentados más allá de lo que puedan aguantar. Más bien, cuando llegue la tentación, él les dará también una salida a fin de que puedan resistir».

Aunque a veces no lo sintamos así ¡Dios siempre nos dará la salida!

Digamos que estás soltera y haces una cita con tu novio en un restaurante. Después de cenar es tarde, pero «estás en medio de una gran conversación». Así que propones ir a tu apartamento «para seguir hablando». En tu apartamento sacas un poco de vino y se acercan mientras hablan. Una cosa lleva a la otra y terminan cruzando límites que no tenían la intención de cruzar.

Puedes racionalizar todo lo que quieras, pero seamos realistas. Tan pronto como te propusiste ir a tu apartamento, el deseo de ceder a tus pasiones estaba ahí, incluso si no lo admites ante ti misma.

¿Dónde estaba la salida de emergencia? Justo al principio, cuando te vino a la mente la idea aparentemente inocente de «ir a tu apartamento». Esa era tu oportunidad de llevar cautivo todo pensamiento a Cristo (2 Corintios 10:5). Tenemos que aprender a *reconocer* esos pensamientos aparentemente inocentes por lo que son en realidad–una tentación–y desecharlo tan pronto aparezca.

Con respecto a la tentación sexual, «No pretendas ser más santo que David, más sabio que Salomón o más fuerte que Sansón».

Cada tentación es un intento de convencerte a que vivas independientemente de Dios. Satanás conoce tu historia y sabe exactamente dónde eres vulnerable, y es ahí donde atacará. Su objetivo es persuadirte a satisfacer tus necesidades totalmente legítimas de aceptación, importancia y seguridad, pero mediante fuentes ilegítimas, y no en Dios.

Pero Dios ha prometido proveer «...de todo lo que necesiten, conforme a las gloriosas riquezas que [él] tiene en Cristo Jesús». (Filipenses 4:19) y necesitamos aprender a estar satisfechos sólo en él.

Eso quiere decir que toda tentación se basa en una mentira. ¿Acaso el dinero te va a dar seguridad permanente? No, ¡los ricos también lloran! ¿Acaso puede una persona satisfacer tu necesidad de ser aceptado? No del todo. ¿Acaso agradar a la gente te hace importante? Claro que no.

¿A cuáles tentaciones te enfrentas con mayor frecuencia? ¿Puedes averiguar qué mentiras te está filtrando el enemigo para persuadirte a que caigas en ellas? Puedes estar seguro de que viene acompañado de otra gran mentira: la que dice que tu pecado específico «no es gran cosa».

[Pamela cuenta]

La mentira a la que más me he enfrentado es que no soy importante ni suficiente. He descubierto un patrón —detrás de la mayoría de mis pecados está la búsqueda profunda de aceptación. Por ejemplo, de niña solía mentir. ¿Por qué? Pues porque buscaba ser importante por mis logros. Y no me importaba que fueran reales o inventados. A los 15 años estuve en camino de desarrollar anorexia. ¿A qué se debió? A mi profunda necesidad de ser admirada logrando mi peso ideal. Y la lista continúa... Así fue hasta que aprendí a encontrar satisfacción plena en Cristo. Él me mostró que estoy completa en él. Solo entonces logré vencer pecados a los que no les hallaba la salida por más que me esforzaba.

[Nancy cuenta]

Soy más o menos trilingüe, pero por décadas hablé un cuarto idioma. Yo era esclava al idioma del reino de las tinieblas: la queja y la crítica. Lo hablaba con mucha fluidez sobre todo con mi esposo, con mis hijos y hasta con Dios. Por mucho tiempo me negué a ver que mis menosprecios verbales eran pecado. Yo no decía groserías ni palabrotas —que sí sería pecado. Yo soy latina y los latinos somos así —apasionados y expresivos— ¿verdad? No puedes esperar que sea como mi esposo... un anglosajón ecuánime.

Lloré amargamente cuando el Espíritu Santo me mostró cuánto daño causaban mis palabras. Y que la queja y la crítica eran... maldición —¡qué fuerte! Así que me sometí a Dios y resistí al diablo para romper esa esclavitud. Pero no quedó ahí, porque el Señor quería llegar al meollo del asunto. Él reveló una profunda insatisfacción en mi corazón. Resulta que mi carga de necesidades emocionales insatisfechas, sumada a las dificultades del ministerio, habían alimentado la mentira de que yo estaba vacía, necesitada, sedienta. Lo que yo necesitaba era saciar mi sed en el agua viva de Cristo. Ahora presento mi lengua a Dios como un instrumento para bendición y estoy aprendiendo el lenguaje del Reino de los cielos: la alabanza y la acción de gracias. Aún no lo domino, pero sigo practicando.

Dios Padre quiere que su pueblo le obedezca, no porque tengan que hacerlo, sino porque escogen hacerlo, por amor y respeto. Lo hermoso de la libertad es que te coloca en la posición en la que verdaderamente puedes elegir, libre de enredos espirituales.

ACÉRCATE AL TRONO DE LA GRACIA

Al terminar esta sesión, queremos que escuches unas palabras poderosas y refrescantes de gracia acerca de Jesús:

> «Porque no tenemos un sumo sacerdote incapaz de compadecerse de nuestras debilidades, sino uno que ha sido tentado en todo de la misma manera que nosotros, aunque sin pecado».

¡Él nos entiende! Él sabe lo que es vivir en este mundo caído con tentación por todos lados. Él mismo no cayó, pero conoce de tu debilidad. Y no te condena por ella. De hecho, tiene compasión por ti.

> «Así que acerquémonos confiadamente al trono de la gracia para recibir la misericordia y encontrar la gracia que nos ayuden oportunamente». (Hebreos 4:15-16).

Su anhelo es que nos acerquemos con confianza, no que entremos arrastrándonos como gusanos miserables. Si hemos fallado, recibiremos misericordia, perdón y comprensión. Si nos enfrentamos a la tentación, recibiremos gracia para vencerla.

Dios te ama... y mucho. Independientemente de dónde te encuentres en este momento, él tiene planes preparados para ti y sabe cuánto fruto puedes dar.

Lo que haces proviene de lo que eres. Y tú eres un hijo puro y santo del Dios vivo. Eres victorioso. De hecho, ¡eres *más* que vencedor en Cristo!

Acércate. Acepta su misericordia. Recibe la gracia para ayudarte en tu momento de necesidad.

PAUSA PARA LA REFLEXIÓN 3

Introducción

Hemos dicho que detrás de cada tentación hay una mentira, como la idea de que puedes llenar tu necesidad de aceptación, seguridad e importancia en algo o alguien que no sea tu relación con Dios.

Reflexión

Pídele al Espíritu Santo que te revele dos o tres áreas de tentación a las que eres más vulnerable. Apúntalas. Pregúntale por qué eres vulnerable a esas cosas en particular. ¿Acaso por experiencias pasadas, por ejemplo?

Por cada área, pídele a Dios que te muestre la mentira detrás de tu vulnerabilidad al pecado. ¿Qué versículos de la Biblia podrías usar para contrarrestar esas mentiras?

> CIERRE

Los participantes tendrán la oportunidad de romper los ciclos de pecado y confesión en *Los Pasos para Experimentar la Gracia de Dios,* pero algunos tal vez quieran empezar hoy. Señala el ejercicio «Romper el ciclo vicioso de pecar-confesar" en la *Guía del Participante.*

Recuerda a los participantes sobre las «Perlas diarias de gracia», el devocional que acompaña a este curso y los vídeos cortos de *La Maravilla de la Gracia.* Ambos se encuentran en la web (www.libertadencristo.org/curso-de-la-gracia). También recuérdales del libro que acompaña este curso,

, también disponible en la web (www.libertadencristo.org/tienda).

Si tienes una fecha para el retiro de *Los Pasos para experimentar la gracia de Dios,* asegúrate de que los participantes la apunten en sus agendas.

Termina con oración.

> ROMPE EL CICLO VICIOSO DE PECAR-CONFESAR

[Este es un ejercicio poderoso para los que están atrapados en un pecado. Asegúrate de señalarlo al final de la sesión. También está en la Guía del Participante.]

¿Te sientes frustrado de volver una y otra vez a los mismos pecados?

Te invitamos a leer en voz alta la siguiente declaración (basada en Romanos 6 y Santiago 4).

En lugar de apoyarte en tus propias fuerzas y ponerte límites rígidos para evitar pecar, puedes vivir con gozo en la realidad de tu nueva identidad, Cristo en ti, la esperanza de gloria (Colosenses 1:27). Decláraloa diario el tiempo que haga falta.

DECLARO QUE AHORA SOY UNA NUEVA CRIATURA EN CRISTO. ESTOY MUERTO AL PECADO Y VIVO PARA DIOS. CONFIESO MIS PECADOS _____ [MENCIONA CADA PECADO HABITUAL] Y ME ALEJO DE ELLOS.

DECLARO QUE EL PECADO DE _____ [NOMBRA CADA PECADO HABITUAL UNO POR UNO] YA NO ME GOBIERNA, Y RENUNCIO A SU CONTROL SOBRE MÍ. JESÚS, QUE VIVE EN MÍ, ES MI AMOROSO AMO Y REY, Y TODO LO QUE SOY AHORA LE PERTENECE A ÉL.

Gracias, Jesús, por hacerme santo, porque como tal PUEDO glorificarte en mi cuerpo. Por lo tanto, me niego a ofrecer mi cuerpo al pecado. Al contrario, someto todo lo que soy a mi Padre celestial, que me levantó a la vida con Cristo. Ahora ofrezco gozoso las partes de mi cuerpo: mi corazón, mis ojos, mis oídos, mi boca, mi lengua, mis manos, mis pies, mis órganos sexuales, mi pensar, mi entendimiento, mi capacidad mental, mis emociones, mi imaginación y mi razonamiento a Dios, y elijo usar estas partes de mi cuerpo como instrumentos de justicia, confiando solamente en el poder de su Espíritu Santo en mi interior para lograrlo.

Entonces, me someto completamente a Dios y resisto al diablo, que ahora debe huir de mí (Santiago 4:7).

sesión 05

VALIENTE

OBJETIVO

Entender cómo lidiar con los temores malsanos para que no nos controlen.

NOTAS PARA EL LÍDER

La mayoría de la gente no se da cuenta de que está esclavizada por temores malsanos, porque se ha acostumbrado a vivir con ellos. Pero esperamos que esta sesión les ayude a identificarlos y a tomar pasos para resolverlos. Como pone nuestro versículo clave, el punto de partida para vencer el temor es comprender el amor de nuestro Dios lleno de gracia.

No queremos enseñar solamente la teoría. Queremos que experimenten cómo superar esos temores malsanos a través de la gracia de forma práctica.

En los vídeos, los presentadores comparten ejemplos personales de momentos de temor y cómo lograron superarlos. Antes de la sesión, puedes pensar en alguna experiencia personal que puedas contar o pedirle a otra persona del grupo que comparta. No hay nada como el testimonio personal para motivar a los demás y comunicarles que ellos también pueden resolver asuntos que parecerían imposible de resolver.

HORARIO PARA GRUPOS PEQUEÑOS

Diseñamos este plan para quienes lideran un curso con grupos pequeños. A partir de una reunión de noventa minutos de duración, sugiere el tiempo que debe durar cada parte de la sesión, e indica el tiempo acumulado transcurrido. Encontrarás un horario en cada sesión. La segunda columna muestra el tiempo asignado a cada elemento individual en minutos. La tercera columna muestra el tiempo total transcurrido en horas y minutos.

SESIÓN 5	Minutos	Horas
Bienvenida, Clave, Conecta	10:00	00:10
Palabra Parte A	11:00	00:21
Pausa para la reflexión 1	15:00	00:36
Palabra Parte B	14:00	00:50
Pausa para la reflexión 2	15:00	01:05
Palabra Parte C	10:00	01:15
Pausa para la reflexión 3	15:00	01:30

El tiempo asignado para las secciones de Palabra se basa en la duración aproximada de la sección correspondiente de los vídeos.

VERSÍCULO CLAVE

En el amor no hay temor, sino que el amor perfecto echa fuera el temor. El que teme espera el castigo, así que no ha sido perfeccionado en el amor.

1 Juan 4:18

VERDAD CLAVE

Los temores malsanos no tienen que controlarnos ni marcar las pautas de nuestra vida porque Dios es todopoderoso y omnipresente y nos ha dado dones de gracia: poder, amor y dominio propio

CONECTA

¿Qué te daba miedo cuando eras pequeño?

Leer juntos, Isaías 41:10 en voz alta:

> «Así que no temas, porque yo estoy contigo; no te angusties, porque yo soy tu Dios. Te fortaleceré y te ayudaré; te sostendré con la diestra de mi justicia».

Agradécele a Dios por estas verdades.

Si viste el vídeo corto de *La Maravilla de la Gracia* para esta sesión, ¿qué te llamó la atención?

¿Hubo algo en *Perlas diarias de gracia* de YouVersion que te hiciera pensar?

ORACIÓN Y DECLARACIÓN

En cada sesión, queremos animar a la gente a repetir juntos y en voz alta la oración y la declaración. La oración se dirige a Dios mientras que la declaración se dirige al mundo espiritual en general.

Anímales a que lean la declaración con denuedo.

Querido Padre celestial, gracias que puedo ser fuerte y valiente porque nunca me dejarás ni me abandonarás (Josué 1:5-6). Gracias porque tu gracia y tu amor son más poderosos que todos mis temores, por lo que puedo decir con confianza: «Eres mi ayudador; No temeré». (Hebreos 13:5–6). Te alabaré y adoraré continuamente para habitar en la verdad de que tú, el Dios de gracia omnisciente, omnipresente, todopoderoso y amoroso, estás conmigo y en mí. Amén.

DECLARO LA VERDAD DE QUE DIOS NO ME HA DADO UN ESPÍRITU DE TIMIDEZ, SINO DE PODER, DE AMOR Y DE DOMINIO PROPIO (2 TIMOTEO 1:7). JESÚS ES MI SEÑOR, Y LE DIGO A TODO ENEMIGO DE CRISTO QUE ABANDONE MI PRESENCIA. NO RECIBÍ UN ESPÍRITU QUE ME ESCLAVICE DE NUEVO AL MIEDO, SINO EL ESPÍRITU DE ADOPCIÓN QUE ME PERMITE CLAMAR: «ABBA, PADRE» (ROMANOS 8:15). DIOS ESTÁ A MI FAVOR Y ME LIBRARÁ DE TODOS MIS TEMORES. SOY UN HIJO AMADO DE DIOS Y YA NO HAY CONDENACIÓN PARA MÍ, PORQUE ESTOY EN CRISTO JESÚS (ROMANOS 8:1).

PALABRA

PARTE A

EL VALOR NO ES LA AUSENCIA DE TEMOR

Bienvenidos a «Valiente», la quinta sesión del *Curso de la Gracia*.

La sesión pasada vimos que lo que *hacemos* debe surgir naturalmente de quienes *somos*. Efesios 2:10 lo expresa de manera extraordinaria. «Porque somos hechura de Dios, creados en Cristo Jesús para buenas obras, las cuales Dios dispuso de antemano a fin de que las pongamos en práctica». «Hechura» significa literalmente «obra de arte». Algo que no se produjo en masa, más bien un trabajo artesanal.

Y debido a lo que eres ahora, Dios tiene planes específicos preparados para ti. Por supuesto que él no *necesita* nuestra ayuda, pero en su gracia, nos invita a trabajar con él.

Tal vez esa idea te llene de emoción. Pero también puede que te cause temor.

[Adrián cuenta]

Entre el 2014 y el 2017 las calles de Venezuela se llenaron de violencia. Había protestas masivas de ciudadanos cansados de la crisis económica, política e institucional. A las protestas pacíficas, se infiltraron criminales que arremetían contra los manifestantes. Les disparaban y saqueaban negocios a diestra y siniestra. Cerraban calles con barricadas para impedir el tránsito. A estas movidas les llamamos «guarimbas». Cada día aumentaban los asesinatos tanto por los criminales como por los militares. Los negocios dejaron de abrir por temor al saqueo. Eso intensificaba el furor social y las protestas se hacían cada vez más violentas. Reinaba el temor colectivo de salir a la calle. Temíamos por nuestra vida. El temor también se apoderó de las iglesias. La mía estaba en un sitio donde las guarimbas se enfrentaban a diario a los militares. Un domingo, la Guardia Nacional interrumpió el servicio porque se estaba gestando un nuevo altercado. Además, había apagones prolongados, escasez de gas, cortes de agua y falta de alimentos.

Después de décadas de vagar por el desierto, los israelitas debían cruzar el río Jordán y tomar la tierra que se les había prometido. Y Dios quería que Josué los guiara.

Hubiera sido pan comido si la tierra hubiera estado vacía. Pero no fue así. Estaba llena de gente extraordinariamente grande y aterradora. Además, tenían un arsenal de armas, y no los iban a recibir con los brazos abiertos.

Nos podemos hacer una idea de cómo se sentía Josué, por lo que Dios le dice:

«Así como estuve con Moisés, también estaré contigo; no te dejaré ni te abandonaré. Sé fuerte y valiente porque tú harás que este pueblo herede la tierra que prometí a sus antepasados». (Josué 1:5b-6).

Entonces Dios repite dos veces: «Solo te pido que seas fuerte y muy valiente...» porque obviamente Josué no se sentía así, sino todo lo contrario: débil y asustado.

Y añade un mandato: «... obedecer toda la ley que mi siervo Moisés te ordenó...; solo así tendrás éxito dondequiera que vayas».

Dios solo le dio una orden a Josué: seguir cuidadosamente las instrucciones de Dios. Si lo hacía, Dios le prometía éxito en la aventura descabellada de tomar la tierra con un grupo de vagabundos del desierto.

[Adrián continua]

Tanta inseguridad, violencia y caos social tuvo un fuerte desgaste emocional. Clamamos a Dios como nunca antes para ser valientes en una tierra que se cubría de sangre diariamente. Necesitaba que Dios me hablara como le habló a Josué.

Qué importante entender que la valentía no es la ausencia de temor. Es tomar la decisión correcta frente al miedo.

[Adrián continua]

En nuestro caso, aunque no nos podíamos reunir los domingos como comunidad, nos comprometimos a orar en nuestras casas; sobre todo cuando escucháramos tiroteos y sirenas en las calles.

El temor es otro falso motivador. Veremos en la sesión de hoy que, contrario a lo que esperaríamos, es la gracia la que nos permite ser libres del temor.

¿QUÉ ES EL TEMOR?

El temor es una reacción emocional a una percepción de peligro o daño inminente que desencadena una respuesta física en nuestro cuerpo.

[Lirio cuenta]

Hace años tuve que conducir un pequeño camión lleno de material de construcción desde Quito, atravesando la cordillera de Los Andes, hasta Esmeraldas, en la costa. Salí a las 11 de la noche con mi hijo menor, de apenas 3 años y el albañil encargado de la obra. Calculé que llegaría a mi destino a las 5 de la mañana. Pero desde la medianoche llovió torrencialmente durante 2 horas. La neblina no me permitía ver más de dos metros por delante. Sentía tanto temor que empecé a sudar frío.

Lo que pasa es que cuando nos enfrentamos a una situación peligrosa, nuestro cerebro evalúa rápidamente si es mejor quedarse y luchar, huir, quedarse muy quieto o apaciguar la amenaza. Luego envía una señal a nuestras glándulas suprarrenales que bombean hormonas por nuestro cuerpo para que podamos reaccionar rápidamente. Y eso es algo bueno. Necesitamos un temor saludable hacia las cosas que podrían hacernos daño.

El **temor sano** es un temor a cosas que normalmente son peligrosas. Por ejemplo, no juegas con un escorpión. No sales de paseo a las dos de la madrugada en un barrio peligroso.

Pero también está el temor malsano —que es una respuesta ilógica o desproporcionada a un objeto o suceso. Por ejemplo, tener miedo a todo insecto, incluso el más pequeño e inofensivo.

Un **temor malsano** funciona como una serpiente boa constrictor. A diferencia de las serpientes que matan con veneno, las boas matan con un abrazo. Esta serpiente larga y pesada muerde para anclarse y luego se enrosca alrededor de la víctima. Cada vez que la víctima exhala, ella aprieta. Sigue apretando con cada aliento hasta que la ahoga.

Así son los temores malsanos —nos aprietan, nos estrujan y nuestro mundo se reduce. Una persona con ansiedad social al inicio evitará los lugares muy concurridos, luego las fiestas, más adelante cualquier reunión entre amigos y quizá termine completamente aislada.

Los temores más severos se conocen como **fobias**. A veces pueden llegar a ser tan sofocantes como la «agorafobia» que es cuando evitas salir de casa porque temes perder el control en un lugar público. No todos tenemos fobias, pero todos somos propensos a temores malsanos que, si no los tratamos, nos pueden limitar.

Tal vez tememos hablar de Jesús con nuestros amigos. Así que no lo hacemos y no tenemos ninguna intención de hacerlo.

Tal vez nos asusta que nos vaya a faltar el dinero, y nos aferramos a lo que tenemos. Tomamos tres trabajos en perjuicio de nuestra familia, o un trabajo tan estresante que nos consume la vida y perjudica nuestra salud.

Muchos tenemos temor al fracaso. Eso impide que tomemos riesgos, como invitar a alguien a tomar un café o discipular a un nuevo creyente. Es que el temor nos paraliza. Nos confunde. Impide que pensemos con claridad.

Perdemos la perspectiva y nos ofuscamos. Solamente puedes pensar en ti mismo: tu seguridad, tu protección o tu reputación.

[Lirio continúa]

Ese viaje a la costa se me hizo interminable. Nunca había sentido tanto miedo en carretera. Mil escenarios me vinieron a la mente: desastre, accidente, muerte. Pensé en mis hijos y mi esposo en casa, y me sentía responsable por los que estábamos en el camión.

EL AMOR ECHA FUERA EL TEMOR

«En cuanto el temor se apodera de nosotros, necesitamos ir a la verdad de las Escrituras. En Hebreos leemos: «...Dios ha dicho: «Nunca los dejaré; jamás los abandonaré». Así que podemos decir con toda confianza: «El Señor es quien me ayuda, no tengo miedo...»». (Hebreos 13:5-6).

Y Juan dice: «En el amor no hay temor, sino que el amor perfecto echa fuera el temor». (1 Juan 4:18a).

[Lirio continúa]

En ese viaje, en medio del terror y los pensamientos de muerte, el amor de Dios alumbró mi mente. Trajo una ráfaga de versículos a mi memoria. «No temerás el terror nocturno, ni saeta que vuele de día, ... ni mortandad que en medio del día destruya» (Salmo 91:5-6). «No te dejaré ni te desampararé» y muchos más. Y aunque tardamos, llegamos a nuestro destino sanos y salvos.

[Adrián continúa]

Durante esa época de crisis, yo sentía la carga pastoral de guiar a la comunidad hacia una fe real. En mi temor clamé al Señor y él me respondió «Adrián, no tengas miedo, porque yo estoy contigo; no te desalientes, porque yo soy tu Dios. Te daré fuerzas y te ayudaré; te sostendré con mi mano derecha victoriosa.» (Isaías 41:10 NTV) Esa palabra me sostuvo mientras el país se desmoronaba. Millones de venezolanos emigraron escapando de la inseguridad. Yo decidí quedarme para ser parte de la restauración gloriosa que Dios hará en nuestra tierra. Hoy ya no tengo temor, solo una esperanza audaz en Cristo.

Independientemente de cómo te sientas, la verdad es que puedes vivir en la gracia de Dios o en el temor, tú eliges. La buena noticia es que, su amor es mucho más poderoso que cualquiera de nuestros temores.

PAUSA PARA LA REFLEXIÓN 1

OBJETIVO
Comprender la diferencia entre los temores sanos y los malsanos.

1. Qué temores malsanos has visto operar en tu vida o en la de otros? ¿Cómo sabes que eran temores malsanos y no temores legítimos?

2. «En el amor no hay temor, sino que el amor perfecto echa fuera el temor». (1 Juan 4:18a). ¿Cómo crees que esto podría ponerse en práctica?

PARTE B

CÓMO SUPERAR LOS TEMORES MALSANOS

Hay tres regalos de la gracia que nos permiten dar un golpe mortal a los temores malsanos. 2 Timoteo 1:7 nos habla de ellos: «Porque no nos ha dado Dios un espíritu de cobardía sino de poder, de amor y de dominio propio». (RVA). O en otra versión: «Pues Dios no nos ha dado un espíritu de temor, sino un espíritu de poder, de amor y de buen juicio». (DHH).

Entonces, ¿cómo lo conseguimos? Pues en toda versión este versículo usa el tiempo pasado —«nos ha dado». ¡Ya los tenemos! Solo tenemos que aprender a usarlos.

EL PODER

El primer regalo que recibimos por gracia es el **poder**. En este pasaje, que es uno de mis favoritos Pablo oró por los Efesios: «Pido también que les sean iluminados los ojos del corazón para que sepan a qué esperanza él los ha llamado, cuál es la riqueza de su gloriosa herencia entre el pueblo santo, y cuán incomparable es la grandeza de su poder a favor de los que creemos».

Pablo no pide que *recibas* ese poder, pide que *conozcas* el poder que ya tienes. Es una diferencia sutil pero importante.

En una de las revisiones de mi automóvil, el mecánico me dijo: «veo que no estás aprovechando todo lo que puede hacer». Y me enseñó cosas tan sencillas como pulsar un botón para saber la temperatura exterior. Me recomendó leer el manual y dedicarle tiempo. Mi auto ya tenía esas capacidades, pero yo tenía que conocer cuáles eran.

Pablo continúa diciendo «Ese poder es la fuerza grandiosa y eficaz que Dios ejerció en Cristo cuando lo resucitó de entre los muertos y lo sentó a su derecha en las regiones celestiales, muy por encima de todo gobierno y autoridad, poder y dominio, y de cualquier otro nombre que se invoque, no solo en este mundo, sino también en el venidero». (Efesios 1:19-23).

Imagínate el poder que resucitó a Cristo de entre los muertos. ¡Ese sí que es poder! Y se refiere al poder espiritual. Por eso menciona la posición de Cristo en las regiones celestiales —muy por encima de los demás poderes y autoridades, es decir, de los poderes demoníacos.

Tú ya lo tienes, porque estás en Cristo.

[David cuenta]

Al final de los 80 un amigo me invitó a ministrar en la cárcel. Apenas llegamos, lo primero que hicieron los guardias fue enseñarnos qué hacer en caso de motín. Cuando había motín alguien podría salir herido. Básicamente tendríamos milisegundos para salir por una puerta o quedar atrapados con los presos hasta que se calmaran. Además, nos asignaron a la sección de los presos por crímenes violentos. Pues las primeras visitas estuvimos más pendientes de la puerta de salida que de ministrar. Mirando hacia atrás queda claro que los guardias —y el enemigo— querían meternos miedo para reírse de nosotros.

A lo largo de los años de ministrar en la cárcel hubo momentos de temor, de tensión, y más de una vez quise abandonarlo. Pero continuamos en el poder y la gracia de Dios. Todo valió la pena al ver el entusiasmo de un preso. La semana anterior había entregado su vida a Cristo y ya se había leído todo el Nuevo Testamento. Le pregunté «¿y cómo te sientes?». Respondió «me siento como una esponja que se sumerge en un líquido y lo chupa todo. Cristo es el líquido en el que quiero sumergirme».

EL AMOR

El segundo regalo que ya tienes, por la gracia de Dios, es el **amor**. Veamos lo que Juan dice al respecto:

«En el amor no hay temor, sino que el amor perfecto echa fuera el temor. El que teme espera el castigo, así que no ha sido perfeccionado en el amor». (1 Juan 4:18.)

Si todavía crees que Dios te va a castigar, o está decepcionado contigo, o que dejará de amarte, entonces no podrás confiar plenamente en él. Y te verás obligado a recurrir a tu propio esfuerzo para enfrentarte a tus temores. Y ese es un lugar aterrador y solitario.

Pero si recuerdas quién eres, un hijo amado de Dios, y que «Por lo tanto, ya no hay ninguna condenación para los que están en Cristo Jesús,» (Romanos 8:1), anulas el temor al castigo.

Una vez más, acude a las Escrituras y recuerda la verdadera naturaleza de Dios. Dios *es* amor.

EL DOMINIO PROPIO

Lo que nos lleva al tercer regalo de la gracia, que es el **dominio propio**. También se traduce como **«autodisciplina»** o **«buen juicio»**.

El temor distorsiona la verdad. De hecho, todo temor malsano se basa en una mentira. Por lo tanto, ejercer dominio propio es… nuevamente… volver a las verdades bíblicas y tomar la decisión de ver las cosas como Dios las ve. En otras palabras, verlas tal y como son de verdad.

Dios le dijo a Josué que no se apartara de su ley ni a la derecha ni a la izquierda, para que tuviera éxito dondequiera que fuera. A nosotros nos pasa lo mismo. Para que tu vida cuente como discípulo de Jesús, eliges día tras día vivir de acuerdo con lo que Dios dice en las Escrituras. Y confías en Dios más de lo que confías en los pensamientos de temor y pánico en tu mente.

¿Cómo podemos aplicar el dominio propio a los temores malsanos?

[Ana María cuenta]

En un pueblito de Santander, Colombia, durante un año viví sola en una casa en la cima de una montaña con una vista preciosa. Por la noche desde el patio se podía contemplar el cielo estrellado. Pero en la montaña, rodeada de monte, había muchos insectos, sapos y culebras por todas partes. Los primeros días no salí de la casa por la noche, por miedo a encontrarme con algo.

Para que un temor sea legítimo y saludable, el objeto que temamos debe tener dos cualidades. Debe 1) estar presente y 2) tener poder.

Las culebras en el monte pueden estar presentes y tienen poder (algunas pueden ser venenosas): un miedo legítimo. ¿Y los insectos y sapos? Aunque pueden estar presentes, no tienen mucho poder, por lo que no había necesidad de tener miedo, aunque puedan causar impresión.

¿Cuál es la clave? Todo temor malsano proviene de creer que aquello a lo que tememos está presente y es poderoso cuando en realidad no es así.

[Ana María continua]

Pasados unos días, Dios me habló. «Yo te traje aquí», me dijo «yo cuidaré de ti"». Entonces declaré en voz alta, «Dios no me ha dado un espíritu de temor, sino de poder amor y dominio propio» y salí al patio. Nunca me picó nada ni me encontré con ninguna culebra cuando salía a contemplar las estrellas.

Apliquemos el buen juicio a los dos temores más comunes, el temor a la muerte y el temor a las personas.

EL TEMOR A LA MUERTE

¿Se puede eliminar la presencia de la muerte? No, a menos que Jesús regrese primero, todos vamos a morir y nadie sabe cuándo. Pero ¿y qué de su poder?

Hebreos 2:14-15 dice que Cristo murió, « …para anular, mediante la muerte, al que tiene el dominio de la muerte —es decir, al diablo—, y librar a todos los que por temor a la muerte estaban sometidos a esclavitud durante toda la vida».

Y Pablo dice gráficamente que la muerte ha «perdido su aguijón» (1 Corintios 15:55).

A pesar de que el diablo perdió su poder, puede engañarnos para que sigamos viviendo con el temor a la muerte y seamos esclavos de ese temor toda la vida, haciéndonos creer que la muerte sigue teniendo poder.

Para ser libres de la esclavitud del temor a la muerte, necesitamos conocer la verdad que nos hace libres. Conocer que «…para mí el vivir es Cristo y el morir es ganancia». Si perteneces a Jesús, cuando mueres, todo mejora. La muerte en realidad abre la puerta para estar con Cristo cara a cara y experimentar la dicha del cielo. ¡La muerte no tiene poder alguno sobre nosotros!

PAUSA PARA LA REFLEXIÓN 2

OBJETIVO

Entender que detrás de cada temor malsano hay una mentira, y empezar a identificar esas mentiras y la verdad bíblica correspondiente.

1. «Detrás de cada temor malsano hay una mentira». Lee los temores a continuación. Si alguien es propenso a uno de ellos, ¿qué mentira será que cree? Por ejemplo, una mentira para el primero de la lista podría ser «Satanás es más poderoso que yo».

- Temor a Satanás y al poder de las tinieblas.
- Temor al futuro.
- Temor al rechazo.
- Temor al fracaso.
- Temor a la confrontación.
- Temor a tener problemas económicos.

2. ¿Qué verdades de la Biblia puedes encontrar para cada mentira? Por ejemplo, para el primero de la lista, un buen versículo sería Santiago 4:7: «Así que sométanse a Dios. Resistan al diablo y él huirá de ustedes».

PARTE C

EL TEMOR A LAS PERSONAS

En Proverbios 29:25 dice: «Temer a los hombres resulta una trampa,

pero el que confía en el SEÑOR sale bien librado».

Apliquemos el buen juicio al temor a las personas

Digamos que tienes temor de tu jefe porque es una persona amenazante. Pero aquí y ahora no sientes temor, ¿verdad? ¿Por qué? Porque no está aquí. Eso sí, el lunes por la mañana, ahí estará.

Cuando estás tomando un café con tus compañeros de trabajo, tampoco sientes temor, ¿verdad? No, porque está al otro lado del edificio, en su oficina. Tiene poder, pero no está presente. De hecho, es posible que quieras contarles lo que opinas del jefe. Les cuentas todo y te desahogas, pero cuando te das la vuelta lo ves, detrás de ti, con el ceño fruncido. ¡Ahora el temor es real! Tiene poder y está presente.

¿O no? Se nos dice que no temamos a las personas (Mateo 10:28). ¿Qué puedes hacer para que el jefe no te cause temor incluso cuando está presente? Debes deshacerte de una de las dos cualidades. Es un tipo grande y no puedes ignorar el hecho de que está presente.

Pero ¿acaso tiene poder? ¿Qué poder real tiene sobre ti, en el peor de los casos? «Pues podría despedirme». Cierto. ¿Cómo puedes lidiar con eso? «¡Renuncio!» Bueno, no lo hagas ahora mismo, pero debes estar dispuesto a hacerlo.

Ejerce el buen juicio que Dios te ha dado; toma la decisión hoy que, pase lo que pase, siempre obedecerás a Dios por encima de otras personas y que su opinión de ti contará más que la de otras personas —y habrás eliminado su poder. Tu jefe puede estar presente, pero ya no tiene poder.

Es importante llegar al punto en el que nuestra lealtad al Rey Jesús supere todo lo demás. Incluso si la gente más cercana nos rechaza, si sabemos que hacemos lo correcto, no tendremos temor de ellos ni de su rechazo, sino que seguiremos a Jesús.

En el Salmo 56, David se pregunta «¿Qué puede hacerme un simple mortal?» Y responde: «Nada». No lo escribió desde su palacio sino ¡cuando estaba en manos de sus enemigos! Había resuelto que podía enfrentarse a lo peor si caminaba en obediencia. Porque por encima de todo... estaba Dios. El peligro de sus enemigos sí estaba presente, pero a la luz del Creador del universo, no tenía poder sobre él.

LIBRE DEL TEMOR

¿Cómo se vive libre del temor?

1. TRATA CON EL PECADO Y SUS CONSECUENCIAS

En primer lugar, trata con el pecado. El temor apareció por primera vez justo después de que Adán y Eva se rebelaran. «el Señor llamó al hombre y dijo: —¿Dónde estás?» y la respuesta de Adán fue: «—Escuché que andabas por el jardín y tuve **miedo** porque estoy desnudo. Por eso me escondí» (Génesis 3:10).

El pecado les hizo sentir temor por primera vez. Y el pecado sin resolver también nos deja vulnerables al temor hoy en día. Porque le da al enemigo una posición de influencia en nuestra vida.

Por eso yo hago *Los Pasos hacia la Libertad en Cristo* con regularidad; al menos una vez al año y cuando siento que hay algo por resolver en mi interior.

2. RECONOCE QUE DIOS ES OMNIPRESENTE Y TODOPODEROSO

En segundo lugar, reconoce que solo hay un temor que siempre es saludable. El temor de Dios. ¿Por qué? Porque él siempre está *presente* y es *todopoderoso*.

Tal vez el «temor de Dios» suena como si debiéramos tenerle miedo. Pero ¡nada tiene que ver! Es mas bien un asombro profundo; es reconocer nuestra pequeñez frente a su infinita grandeza, es doblar rodilla voluntariamente ante nuestro Señor y Rey.

«...todos los que son guiados por el Espíritu de Dios son hijos de Dios. Y ustedes no recibieron un espíritu que de nuevo los esclavice al miedo, sino el Espíritu que los adopta como hijos y les permite clamar: "¡*Abba*! ¡Padre!"».

(Romanos 8:14-15)

Como hijos de Dios, el Espíritu Santo nos mueve a exclamar «¡Papá!» Nos puede recordar la confianza y pasión con la que los hijos pequeños corren a su padre, llenos de amor y admiración.

Dios es amor. ¡Él está a nuestro favor! David descubrió esa verdad y dijo: «Busqué al Señor y él me respondió; me libró de todos mis temores». (Salmo 34:4)

«No temas» sólo se aprende en la intimidad. Cultiva un estilo de vida de alabanza y adoración para vivir en la verdad de que el Dios de gracia y amor, el que todo lo sabe, todo lo puede y siempre está presente, está contigo y en ti. ¿Qué puede hacerte el hombre o cualquier otra cosa? ¡Nada! ¡Absolutamente nada!

3. RENUEVA TU MENTE

En tercer lugar, aprende a renovar tu mente con la verdad de Dios. Como hemos visto, detrás de cada temor malsano hay una mentira. Para erradicar el temor, necesitamos identificar la mentira.

[Nancy cuenta]

Después de cinco mudanzas trasatlánticas en diez años, la idea de otra mudanza me causaba un temor profundo. Temor a que vagar fuera mi destino, a nunca asentarme, a no echar raíces en ningún lugar... Pensar en otra mudanza me daba la misma sensación en el estómago que asomarme a un precipicio... ¡pánico!

Entonces me propuse encontrar la mentira detrás de ese temor. Unas amigas me ayudaron a entender que las relaciones son importantísimas para mi temperamento.

Comprendí que cuando me conecto con otros me siento aceptada; que las relaciones cercanas me hacen sentir importante; y que cuando pertenezco me siento segura. La mentira era que sin conexión yo era insignificante, rechazada e insegura.

Una vez que identificas la mentira, necesitas reemplazarla con la verdad de las Escrituras. Eso es lo que te transformará.

El Señor me dijo: "«Yo soy tuyo y tú eres mía, Nancy. Arráigate profundamente en mi amor. Yo te saciaré. Ven conmigo, amada mía. Nosotros, Padre, Hijo y Espíritu Santo, somos tu familia y tu comunidad. Pero... recuerda que también eres extranjera y peregrina a la espera de tu patria celestial. Ese es tu hogar, sólo ahí conseguirás completa unión con Cristo, completa pertenencia».

Antes de que termine el *Curso de la Gracia*, te enseñaremos el *Demoledor de Bastiones*, una herramienta muy práctica para renovar tu mente. Imagina lo diferente que sería tu vida si te libraras de todos tus temores. ¡Y puedes hacerlo!

En la próxima sesión, veremos al primo hermano del temor, la ansiedad.

Por ahora, recuerda:

«En el amor no hay temor, sino que el amor perfecto echa fuera el temor».

PAUSA PARA LA REFLEXIÓN 3

Introducción

Como hemos visto, el único temor que siempre es saludable es el temor de Dios, porque él siempre está presente y es todopoderoso. No se trata de tenerle miedo a nuestro Padre amoroso, sino de reconocer con asombro y respeto quién es y lo poderoso que es.

Reflexión

Lee el Salmo 145 lentamente. Deja que las palabras penetren, tal vez quieras leerlo en diferentes versiones. Agradécele a Dios por quién es y lo que hace. Recuerda que Dios nunca cambia y que él te ama, siempre está contigo y nunca te dejará ni te abandonará

> CIERRE

Recuerda a los participantes sobre las «Perlas diarias de gracia», el devocional que acompaña a este curso y los vídeos cortos de *La Maravilla de la Gracia*. Ambos se encuentran en la web (www.libertadencristo.org/curso-de-la-gracia). También recuérdales del libro que acompaña este curso, *Conéctate con la Gracia*, también disponible en la web (www.libertadencristo.org/tienda).

Si tienes una fecha para el retiro de día de *Los Pasos para experimentar la gracia de Dios*, asegúrate de que los participantes la apunten en sus agendas.

Cierra con una oración.

sesión 06

SERENO

OBJETIVO

Equiparnos con principios bíblicos prácticos que nos permitan depositar nuestra ansiedad en Cristo y vivir una vida libre de preocupaciones malsanas.

NOTAS PARA EL LÍDER

Sabemos que la ansiedad puede tener causas complejas, como el estrés o las experiencias traumáticas. Sin embargo, sea cual sea la causa, todo cristiano que lidia con ansiedad puede beneficiarse enormemente al entender y practicar las verdades bíblicas que compartimos en esta sesión.

En esta sesión (especialmente la Parte B), aprenderemos principios clave que los participantes podrán poner en práctica durante el Paso Seis de *Los Pasos Para Experimentar la Gracia de Dios*, llamado «Cambiar la ansiedad por la paz de Dios»

La idea es que los participantes continúen usando estas herramientas prácticas durante el resto de su vida, cuando se den cuenta de que la ansiedad empieza a ganar terreno.

En la Parte C y durante la pausa, leeremos la lista «Mi Padre Dios» con verdades bíblicas importantes. A mucha gente le cuesta ver a Dios tal como es –el Dios de amor y gracia– porque su concepto de «padre» fue condicionado por sus padres terrenales. Ayúdales a entender que Dios no se parece a nuestros padres humanos. ¡Él es superior en todos los sentidos! Incluso si tu padre terrenal fue bueno, no se compara con la increíble bondad de Dios. Si sienten que su perspectiva de Dios necesita alinearse con la verdad, sugiéreles que lean esta lista en voz alta durante seis semanas. Para muchos, este ejercicio ha sido transformador.

Además, al final de las notas de esta sesión, incluimos dos recursos adicionales: «Empápate de agradecimiento» y «Cómo resolver la ansiedad». Estos ejercicios son opcionales y pueden ser muy útiles.

HORARIO PARA GRUPOS PEQUEÑOS

Diseñamos este plan para quienes lideran un curso con grupos pequeños. A partir de una reunión de noventa minutos de duración, sugiere el tiempo que debe durar cada parte de la sesión, e indica el tiempo acumulado transcurrido. Encontrarás un horario en cada sesión. La segunda columna muestra el tiempo asignado a cada elemento individual en minutos. La tercera columna muestra el tiempo total transcurrido en horas y minutos.

SESIÓN 6	Minutos	Horas
Bienvenida, Clave, Conecta	10:00	00:10
Palabra Parte A	10:00	00:20
Pausa para la reflexión 1	15:00	00:35
Palabra Parte B	13:00	00:48
Pausa para la reflexión 2	15:00	01:03
Palabra Parte C	10:00	01:13
Pausa para la reflexión 3	17:00	01:30

El tiempo asignado para las secciones de Palabra se basa en la duración aproximada de la sección correspondiente de los vídeos.

VERSÍCULO CLAVE

Depositen en él toda ansiedad, porque él cuida de ustedes

1 Pedro 5:7

VERDAD CLAVE

Cuando conozcas a tu Padre celestial, podrás depositar toda tu ansiedad en él.

CONECTA

Comparte una foto reciente de tu teléfono móvil o una memoria que te haga sonreír.

«Al Señor he puesto continuamente delante de mí; porque está a mi diestra, permaneceré firme». (Salmo 16:8 NBLA). En tiempos de incertidumbre, ¿qué cualidad del carácter de Dios te da esperanza?

Si viste el vídeo corto de *La Maravilla de la Gracia* para esta sesión, ¿qué te llamó la atención?

¿Hubo algo en *Perlas diarias de gracia* de YouVersion que te hiciera pensar?

ORACIÓN Y DECLARACIÓN

En cada sesión, queremos animar a la gente a repetir juntos y en voz alta la oración y la declaración. La oración se dirige a Dios mientras que la declaración se dirige al mundo espiritual en general.

Anímales a que lean la declaración con denuedo.

Querido Padre celestial, tú nos dices que no nos preocupemos por el mañana (Mateo 6:34) ni por nada en absoluto (Filipenses 4:6). Gracias que al vivir en tu gracia evitamos caer en la trampa del pensamiento ansioso, independientemente de nuestras circunstancias. Por favor, enséñanos a depositar toda ansiedad en ti, y a asimilar profundamente que tú cuidas de nosotros (1 Pedro 5:6-7). Queremos conocerte tal y como eres de verdad. Amén.

RECONOZCO QUE SATANÁS INTENTA GENERAR ANSIEDAD EN MI PARA LLEVARME A SER INDECISO E INCONSTANTE (DE DOBLE ÁNIMO). ELIJO SEGUIR EL CONSEJO DE LAS ESCRITURAS DE NO PREOCUPARME POR NADA, MÁS BIEN, CON ORACIÓN, RUEGO Y ACCIÓN DE GRACIAS, PRESENTAR MIS PETICIONES A DIOS (FILIPENSES 4:6). ME SOMETO A DIOS, RESISTO A SATANÁS Y ELIJO PENSAR EN TODO LO VERDADERO, RESPETABLE, JUSTO, PURO, AMABLE, DIGNO DE ADMIRACIÓN, TODO LO QUE SEA EXCELENTE O MEREZCA ELOGIO. CONFÍO QUE TÚ, EL DIOS DE PAZ, ESTARÁS CONMIGO (FILIPENSES 4:8).

PALABRA

PARTE A

¿QUÉ ES LA ANSIEDAD?

Bienvenidos a la Sesión 6, titulada «Sereno»

La sesión pasada vimos el temor y hoy veremos a su primo hermano: la ansiedad.

La diferencia clave entre ellos es que el temor tiene un objeto definido: tenemos temor de algo *específico*. Pero la ansiedad es una incertidumbre generalizada sobre el futuro.

Definimos la *ansiedad* como «malestar que proviene de una preocupación desmesurada sobre algo incierto». Fíjate que proviene de una preocupación desmesurada. Es normal y apropiado estar nervioso cuando estás a punto de tomar un examen o cuando tu avión está a punto de despegar. Esa inquietud surge de una situación concreta, pero se desvanece cuando termina. Aquí no trataremos ese tipo de ansiedad. Nos centraremos en la ansiedad habitual y prolongada.

[David cuenta]

Hace unos años me llamaron de la oficina de colocación de empleo. Resulta que todo mi expediente, con todas mis titulaciones, había desaparecido. Yo figuraba como un analfabeto sin estudio alguno. ¿Qué pasa? Que así no encontraría empleo.

Para solucionarlo, me tocaba presentar evidencia de todas mis titulaciones. Además, tenía un plazo para presentarlo. Esto me causó una ansiedad tremenda. Me pasó por la mente: «Y si esto, y si lo otro...». En una cultura donde los títulos demuestran lo que eres, de repente yo no era nadie, por un error informático. Me dolía todo el cuerpo pensar que me habían anulado, que sin títulos yo no valía, no servía.

Jesús dijo sin rodeos: «...no se preocupen por el mañana...» (Mateo 6:34) y Pablo dice con la misma claridad: «No se preocupen por nada...» (Filipenses 4:6). No nos pediría que hiciéramos algo que no podemos hacer, ¿verdad?

Quizá te suene muy simplista. Después de todo, la ansiedad puede tener causas complejas, como el estrés o los traumas del pasado. Pero no desconectes. Veremos cómo el vivir en la gracia de Dios puede evitar que quedemos a la merced de los pensamientos ansiosos, sin importar las circunstancias que nos afecten.

HUMÍLLATE

Pedro escribió a los cristianos, en lo que hoy es Turquía, que pasaban «diversas pruebas» que les causaban ansiedad. Les dijo: «Humíllense, pues, bajo la poderosa mano de Dios para que él los exalte a su debido tiempo. Depositen en él toda ansiedad, porque él cuida de ustedes». (1 Pedro 5:6-7).

¿Tiene Dios una mano poderosa? ¡Sí! Él es todopoderoso.

¿Acaso Dios cuida de ti? ¡Claro que sí! Él te ama. Él tiene buenos planes para ti. Él *te levantará* a su debido tiempo.

Humillarse ante Dios significa tomar la decisión de creer que todo eso es la verdad y luego actuar consecuentemente.

[Ana María cuenta]

Hace casi un año nos trasladamos de la Capital a una ciudad de la costa Colombiana. Como familia habíamos orado por un cambio en nuestro estilo de vida y Dios nos respaldó y nos guío allí.

Pero... tuvimos que buscar vivienda y un nuevo colegio para los niños. Pasamos de 19 a 31 grados de temperatura. Dejamos atrás nuestra familia, iglesia y amigos. Todas las implicaciones de la mudanza me causaron mucha ansiedad. Me sentí muy abrumada porque eran demasiados cambios a la vez.

Tuve que pasar mucho tiempo con Dios, humillándome y entregándole mi ansiedad. Él me recordó: «¡Sé fuerte y valiente! ¡No tengas miedo ni te desanimes! ... [yo estaré] contigo dondequiera que vayas» (Josué 1:9). ¿Había garantía de que todo saldría bien? No, pero de algo estaba segura... su presencia iría conmigo y él me levantaría a su debido tiempo.

ADOPTA EL OBJETIVO DE DIOS PARA TU VIDA

Parte de humillarte ante Dios es tomar la decisión de alinear tus principales objetivos de vida con su objetivo para ti.

¿Qué esperas lograr algún día? ¿Éxito profesional? ¿Casarte y tener hijos? ¿Ver a tus hijos culminar una carrera o lograr ciertas cosas? o ¿Tener un ministerio cristiano próspero?

Esas son cosas buenas y todos las deseamos. Pero no hay seguridad de que vayan a suceder. Porque dependen de otras personas o circunstancias que no están bajo tu control directo. Y eso significa que siempre serán metas inciertas. Si te enfocas en ellas, prepárate para sufrir ansiedad.

Por otro lado, si te levantas cada mañana y comienzas tu día con un solo objetivo: parecerte cada vez más a Jesús en tu ser interior, ¿qué puede evitar que eso suceda? ¡Nada! Se elimina la incertidumbre, y, por lo tanto, la ansiedad.

El objetivo de Dios para nuestra vida es sencillamente parecerse cada vez más a Jesús, y si eso sucede, ¡entonces a sus ojos seremos personas de éxito!

Su objetivo para mi vida y la tuya tiene poco que ver con lo que *hacemos* o *logramos*, y mucho que ver con cómo *somos*.

¿Qué pasa si alguien me ataca injustamente o se interpone en mi camino (lo cual ha sucedido)? ¿Acaso impedirá que yo alcance la meta de Dios? ¿Y si enfermo gravemente? ¿O mi negocio fracasa?

Ninguna de esas cosas puede impedir que te parezcas cada vez más a Jesús. De hecho, si confías en Dios y perseveras en medio de esas dificultades, ellas te ayudarán a parecerte cada vez más a Jesús.

[David cuenta]

Yo soy un experto en metas «espiritualoides» fracasadas. Metas que yo he hecho creer que son espirituales, pero en realidad son carnales. Yo quería que mi iglesia creciera, y pronto. Suena bien, ¿verdad? Aunque en realidad lo deseaba por despecho. Para echárselo en cara a aquellas personas que me habían desechado y para que vieran lo que se habían perdido. Pero Dios quería trabajar en mi interior y eliminar mi egoísmo. Porque él quiere que yo pastoree su iglesia por amor, no por despecho.

[Ana María continua]

Al mudarnos, nuestros hijos entraron a un nuevo colegio más costoso. En medio de esa dificultad, la tentación fue fijarme en nuestros ingresos, en cuánto teníamos en el banco y en cómo íbamos a cubrir ese gasto mensual.

Pero estoy aprendiendo que, contrario a lo que dice el mundo, mi valor y seguridad no lo determina cuánto gano y que mi paz no depende de cuánto tenga en el banco. Soy valiosa porque soy una hija amada de Dios.

DECÍDETE

Santiago describe a alguien que, ante la incertidumbre y las circunstancias que le causan ansiedad, le pide sabiduría a Dios. Pero luego, en lugar de perseverar en las dificultades, duda de Dios y recurre a sus propios recursos. Santiago dice que alguien así «es indeciso e inconstante en todo lo que hace» (Santiago 1:8).

La palabra griega para «ansiedad» en el Nuevo Testamento es una combinación de dos palabras que significan «dividir» y «mente». Literalmente, es estar dividido, con un pie aquí y el otro allá. Indeciso. A menos que hayas decidido definitivamente confiar en Dios y seguir sus caminos, estarás dividido. Por tanto, te sentirás inestable y ansioso.

[David cuenta]

Comprendí lo peligroso que es estar dividido cuando visité la empresa de mi tío. Él nos llevó en barco a las bateas, que son un armazón de madera flotante en alta mar, donde crían los mejillones. Al llegar, amarraron el barco y para bajarme puse un pie en el armazón. Pero el barco justo empezó a alejarse de la batea y yo quedé dividido, ¡con un pie aquí y el otro allá! No podía saltar a la batea porque mide apenas 30 cm de ancho y hubiera perdido el equilibrio. Menos mal que vieron mi cara pálida e hicieron maniobras para acercar el barco. Entonces opté por quedarme con los dos pies firmemente plantados dentro del barco.

¿Será que necesitas humillarte ante Dios? ¿Necesitas confesarle que otras cosas se han vuelto más importantes para ti? ¿Y comprometerte con el propósito de parecerte cada vez más a Jesús? La buena noticia es que cuentas con su firme promesa: Dios te levantará a su debido tiempo.

PAUSA PARA LA REFLEXIÓN 1

OBJETIVO

Comprender que la ansiedad surge cuando intentamos manejar nuestra vida por nuestra cuenta y cómo causa inestabilidad.

1. Comparte una ocasión en la que la ansiedad te haya dividido y te haya causado inestabilidad en tu caminar con Dios.

2. ¿Cómo crees que se puede practicar esto de «humíllense pues bajo la poderosa mano de Dios» cuando te enfrentas a la ansiedad?

PARTE B

CÓMO RESOLVER LA ANSIEDAD

El apóstol Pedro dio un consejo más a quienes pasaban por diversas pruebas que les estaban causando ansiedad:

«Practiquen el dominio propio y manténganse alerta. Su enemigo el diablo ronda como león rugiente, buscando a quién devorar. Resístanlo, manteniéndose firmes en la fe, sabiendo que los creyentes en todo el mundo soportan la misma clase de sufrimientos» (1 Pedro 5:8-9).

Tal vez nunca notaste que estos versículos conocidos son parte del anterior consejo de humillarnos y echar toda nuestra ansiedad sobre Dios. Resulta que nosotros y nuestras circunstancias no somos los únicos protagonistas en la batalla contra la ansiedad. Satanás hace todo lo posible para dirigirnos a la ansiedad y a la inestabilidad. La ansiedad no solo aumenta nuestra presión arterial. También nos pone en peligro espiritual.

[Adrián cuenta]

A mediados del 2021 enfermé gravemente de neumonía por Covid-19. ¿Recuerdas esos meses de gran ansiedad colectiva? Pues yo los recuerdo como si fuera ayer. Estuve en cama dos meses enteros con oxígeno asistido y bajo el cuidado de mis dos hijos pues mi esposa también enfermó. Nos esforzamos por mantener la calma en esos momentos en que familiares y amigos se estaban muriendo de la misma enfermedad. Sin poder recibir visitas, sólo quedaba esperar en la gracia de Dios para resguardarnos de la ansiedad y de todo ataque espiritual.

Al finalizar este curso, podrás hacer *Los Pasos para experimentar la gracia de Dios*. Es una sesión práctica, donde pedirás al Espíritu Santo que te muestre aquellos obstáculos que te impiden experimentar la gracia de Dios. Contiene siete pasos; el sexto paso es «Cambiar la ansiedad por la paz de Dios». Vamos a aprovechar este momento para explicarte los principios bíblicos detrás de ese paso. Una vez que los conozcas, podrás usarlos cada vez que sientas que la ansiedad quiere apoderarse de ti.

1. ORA

Ante todo, Ora. Filipenses 4:6 dice: «No se preocupen por nada; más bien, en toda ocasión, con oración y ruego, presenten sus peticiones a Dios y denle gracias».

Comienza con la oración. La oración enfoca tu mente en Dios y en su amor. En la oración el foco se desvía de nuestra ansiedad al Dios que cuida de nosotros. Y cuando ores, no te olvides de dar gracias. La gratitud redirige tu atención a lo que Dios ha hecho en el pasado y a lo que está haciendo en tu situación actual.

Aparentemente, la misma parte del cerebro que produce ansiedad también genera gratitud. Por lo que literalmente no puedes dar gracias y sentirte ansioso a la vez. ¡La ciencia tardó 2.000 años en descubrir lo que Pablo nos dijo hace siglos!

[Adrián cuenta]

Durante mi tiempo con el covid-19, lo único que podía hacer era orar. Y no creas que era fácil al estar boca abajo, sudando a borbotones, con agujas clavadas en mi cuerpo y una mascarilla de oxígeno en mi cara. Sin poder hablar, oraba en mi mente. Tenía que creer que Dios escuchaba mis pensamientos cuando clamaba por fortaleza para mis hijos, pedía provisión para todos los gastos médicos, daba gracias por quienes nos ayudaban y por estar aún con vida.

2. IDENTIFICA EL PROBLEMA

El segundo paso para tratar con la ansiedad es identificar el problema real. Un problema bien identificado está medio resuelto.

[Lirio cuenta]

Mi hija y yo éramos muy cercanas. Cuando se casó y se fue a vivir al otro lado del mundo, me fue muy difícil. Al pasar del tiempo, empecé a experimentar ansiedad. La extrañaba muchísimo, no sabía qué hacer, estaba tan intranquila. A veces me encontraba caminando en círculos con miles de pensamientos y recuerdos dando vueltas por mi mente. Quería correr y pensaba «ojalá pudiese tomar un autobús para ir a verla, abrazarla, asegurarme con mis propios ojos de que está bien».

Cuando estamos ansiosos, nos cuesta ver las cosas en perspectiva. Hagámonos una pregunta, «Esta situación en particular que estoy atravesando hoy, y que me hace sentir inseguro, triste, destrozado ¿importará para la eternidad?» Si la respuesta es «no», entonces puedo procesar las cosas de manera sabia y a la vez práctica.

[Adrián cuenta]

Acostado en cama pude identificar que mi preocupación principal no era por estar enfermo, era no saber qué ocurriría con mi familia si yo no sobrevivía o quedaba incapacitado.

Generalmente, la preocupación en sí misma, nos afecta más de lo que imaginamos que podría suceder en el peor de los casos. Aclarar el problema y ponerlo en perspectiva puede traernos un gran alivio.

3. CONCÉNTRATE EN LOS HECHOS Y RECHAZA LAS SUPOSICIONES

Lo tercero que debes hacer es concentrarte en los hechos y abandonar las suposiciones. Estamos ansiosos porque no sabemos qué va a pasar. Y como no lo sabemos, solemos hacer suposiciones. A menudo nuestra mente salta al peor resultado posible y, sin darnos cuenta, ¡nos hemos convencido de que eso es lo que va a suceder! En la gran mayoría de los casos no ocurre lo peor. Así que cíñete a los hechos de la situación.

[Adrián cuenta]

Batallando con el covid-19 mi preocupación era por mi esposa y mis hijos. Porque yo sabía que al morir iría a la presencia de Dios. Y créeme cuando te digo que eso era lo que quería en ese momento. Pero ¿qué sería de Linda? ¿Quién cuidaría a mis muchachos? Ya no estaría para guiarles o prepararles la comida... Pero esas eran suposiciones...Cuando lo puse en perspectiva me di cuenta: Ya sea que yo muriese o viviese, Dios seguiría siendo Dios y cuidaría de mi familia como lo ha hecho hasta ahora.

4. DETERMINA TU RESPONSABILIDAD

En cuarto lugar: En la situación que te causa ansiedad discierne en oración y determina:

- ¿Cuál es tu responsabilidad? ¿Qué te corresponde a ti resolver?
- ¿Cuál es la responsabilidad de Dios? ¿Qué le corresponde a él?
- Y ¿cuál es la responsabilidad de otra persona? ¿Qué le corresponde a ella?

El principio clave es que solo eres responsable de aquello que tienes el *derecho* y la *capacidad* de controlar. No eres responsable de lo demás. En general, Dios te ha dado el derecho y la capacidad de controlar asuntos en tu propia vida. Por cierto, si no estás viviendo de forma responsable, ¡es normal y apropiado que te sientas ansioso!

[Lirio cuenta]

En la situación con mi hija, tuve que aceptar que yo no tenía ni el derecho ni la capacidad de hacer que ella regresara. Que yo ya no podía cuidarle y menos controlar que estuviera bien. Tenía que confiar en que Dios iba a cuidar de ella y de su nueva familia. Tenía que confiar que en manos del Señor estarían seguros y muchísimo mejor que en mis manos. Por otro lado, sí tenía la responsabilidad de cuidar de mi salud mental, física y espiritual. Necesitaba hacerlo, porque sentía que me estaba volviendo loca.

Cuando hayas determinado cuál es tu responsabilidad, cumple con ella. No te limites a orar por ella. Puedes echar tu ansiedad sobre Jesús, pero si intentas echar tu responsabilidad sobre él, ¡él te las devolverá! Puede que necesites perdonar a alguien. Puede que tengas que arreglar un asunto. Dios no lo hará por ti.

Pero una vez que hayas *cumplido* con tu responsabilidad, puedes decir con confianza: «Ahora depende de ti, Dios» y dejar el resto en sus manos. Entonces puedes depositar tu ansiedad sobre él, seguro de que él pondrá de su parte. Así que suéltalo en sus manos. No lo vuelvas a agarrar.

[Adrián cuenta]

Después de mi encuentro cercano con la muerte, he tenido que lidiar con las secuelas físicas y emocionales del covid-19: hipertensión, fatiga, insomnio, depresión, ansiedad, sobrepeso, daño neurológico y más. Y aunque haya sido agotador y frustrante, he asumido la responsabilidad por mi recuperación consultando a un cardiólogo, un neumólogo, dos internistas, un neurólogo, un traumatólogo, un otorrino, un oftalmólogo, un fisiatra y hasta un psicólogo terapeuta. Estoy haciendo mi parte mientras confío que Dios hará la suya.

CONSEJOS PRÁCTICOS

Hay ciertos pasos sencillos y prácticos que todos podemos tomar para que nuestro cuerpo se calme y para enfocarnos mejor en Dios, lo cual reducirá de forma natural nuestra ansiedad.

- Sal al aire libre y disfruta de la belleza de la creación de Dios.
- Haz ejercicio físico con regularidad, si puedes.
- Controla tu uso de teléfonos, tabletas y otros dispositivos. Pasar constantemente de una cosa a otra, nos da la sensación de realizar múltiples tareas y desestresarnos, pero en realidad destruye nuestra capacidad de concentración y aumenta la ansiedad.

[Lirio continúa]

A la vez que oraba y confiaba en el cuidado de Dios hacia mi hija y su familia, me dediqué a diseñar y plantar un jardín con césped, flores y árboles frutales en un terreno que tenía abandonado. En lugar de llorar y añorar, invertí mi energía en el jardín. El terreno abandonado se convirtió en un hermoso lugar, donde ahora me deleito, me refugio en el Señor y deposito todas mis preocupaciones en él.

EMPÁPATE DE AGRADECIMIENTO

Filipenses 4:8 al 9 dice:

«Por último, hermanos, consideren bien todo lo verdadero, todo lo respetable, todo lo justo, todo lo puro, todo lo amable, todo lo digno de admiración, en fin, todo lo que sea excelente o merezca elogio. Pongan en práctica lo que de mí han aprendido, recibido y oído, además de lo que han visto en mí y el Dios de paz estará con ustedes».

Pablo nos invita a decidir en qué enfocar nuestra mente. No se trata del «poder del pensamiento positivo». Es mucho mejor que eso. Nos enfocamos en la verdad. Nos empapamos de acción de gracias. Para permitir que nuestro corazón se tranquilice, se serene.

[Adrián cuenta]

La verdad que ha serenado mi mente en medio de mis achaques de salud es que soy un hijo de Dios amado y seguro. Le he pedido que quite todas mis dolencias, pero al igual que Pablo, él ha preferido mostrar su glorioso poder por medio de mi debilidad. Porque de otra manera, ¿cómo podría estar frente a ustedes ahora mismo? Él me ha dicho: Adrián, «mi gracia es todo lo que necesitas; mi poder actúa mejor en tu debilidad».

Así que ahora me alegra jactarme de mis debilidades, para que el poder de Cristo pueda actuar a través de mí (2 Corintios 12: 9 NTV) ¡Él es todo lo que necesito!

La alabanza y la adoración nos recuerdan que Dios está presente, que él es real y que está a nuestro favor. ¡Son un antídoto eficaz contra la ansiedad!

Cuando pensamos en lo que es verdadero, bello, justo y digno de admiración, tenemos la maravillosa promesa: ¡Que el Dios de paz **estará** con nosotros!

Encontrarás «Empápate de agradecimiento» en la pág. 80.

PAUSA PARA LA REFLEXIÓN 2

OBJETIVO

Pensar en medidas prácticas que podemos tomar para manejar la ansiedad.

1. Cuéntanos, ¿cuándo has visto que la oración con la acción de gracias combaten la ansiedad?

2. ¿Qué medidas prácticas de esta sección te gustaría implementar? Comparte cuáles consejos prácticos has aprendido para superar la ansiedad.

PARTE C

CONOCE A DIOS TAL Y COMO ES

Si quieres que la verdad te haga libre, debes conocer la verdad.

Como hemos visto, la razón por la que puedes depositar tu ansiedad sobre Dios es porque él cuida de ti. Él es el Dios de la gracia. Él **es** real, **es** fuerte y **es** amor.

Pero si dudas de él, o de si realmente cuida de ti, puede que le lleves una preocupación y le pidas ayuda, pero luego la recogerás e intentarás resolverla tú mismo.

Si quieres que la verdad te haga libre, tienes que **conocer** la verdad. Jesús dijo: «Yo **soy**... la verdad». La verdad no es solamente un concepto. Es una persona. Y tienes que conocer a esa persona.

[Pamela cuenta]

Desde el momento en que conocí a quien hoy es mi mejor amiga, ¡me cayó súper bien! Pero, como no la conocía lo suficiente, no le confié algo privado en seguida. Yo no sabía si no le importaría o si se lo contaría a otra persona. Pero hoy esa ansiedad se ha ido, porque la conozco. Ahora somos mejores amigas y sé que puedo confiar en ella plenamente.

Es similar a lo que Jesús nos invita a hacer. Él es totalmente digno de confianza, aunque no lo sepamos. Por eso nos invita a saberlo, no solo en teoría, sino a conocerlo personalmente.

Lo que lo dificulta es que el mundo y el diablo pintan caricaturas de Dios que nos impiden conocerlo tal y como es. Una caricatura, como las que pintan en las plazas, tienen algún parecido con la persona, aunque suele estar súper distorsionada o exagerada. Seguramente habrás oído cosas como: «Dios solo quiere que seas feliz» o «Dios es un invento del patriarcado opresor». Esas son caricaturas.

La experiencia con nuestros padres y otras figuras de autoridad también moldean nuestra visión del Padre celestial. Por lo tanto, hace falta desechar nuestras imágenes distorsionadas si queremos conocer a Dios tal y como es.

[Nancy cuenta]

Desde niña supe que tenía un buen padre: mi papi era manso y cariñoso. Desafortunadamente viajaba mucho por su trabajo y a veces se ausentaba varias semanas, incluso meses. Ya de adulta me di cuenta de que la imagen que yo tenía de mi Padre celestial era la de un Dios muy bueno, sí, pero un tanto ausente, no siempre disponible. Un Dios que tenía tiempo para los demás, pero no siempre para mí.

Tal vez por tu experiencia has llegado a creer que Dios es injusto. O que es malo o incluso cruel. Tal vez sientas que Dios es difícil de complacer.

[Pamela cuenta]

¡Eso sentía yo! De pequeña me presentaron a Dios como un «policía celestial». Creía que estaba esperando a que me equivocara para entonces reprobarme y mandarme muy lejos.

En tus notas encontrarás una lista de verdades asombrosas llamada, «Mi Dios Padre.

Las voy a leer pausadamente.

[Nota: Quizá prefieras que todos la lean juntos en voz alta. Si lo haces, recuerda leerla pausadamente.]

Puede que quieras cerrar los ojos. Concéntrate en las palabras. Queremos que Dios Padre hable a tu corazón y te muestre cómo tus experiencias pasadas han generado una imagen equivocada de él.

Renuncio a la mentira que dice que tú, Dios Padre, eres distante e indiferente hacia mí.

Decido creer la verdad de que tú, Dios Padre, siempre estás presente conmigo, tienes planes para darme un futuro y una esperanza, y has preparado obras para que yo ande en ellas.

Renuncio a la mentira que dice que tú, Dios Padre, eres insensible, no me conoces ni te preocupas por mí.

Decido creer la verdad de que tú, Dios Padre, eres amable, compasivo y conoces cada detalle de mí.

Renuncio a la mentira que dice que tú, Dios Padre, eres severo y exigente.

Decido creer la verdad de que tú, Dios Padre, me aceptas con gozo y amor.

Renuncio a la mentira que dice que tú, Dios Padre, eres pasivo y frío hacia mí.

Decido creer la verdad de que tú, Dios Padre, eres cariñoso y tierno conmigo.

Renuncio a la mentira que dice que tú, Dios Padre, estás ausente o demasiado ocupado para mí.

Decido creer la verdad de que tú, Dios Padre, siempre estás presente, anhelas estar conmigo y te interesas por mí.

Renuncio a la mentira que dice que tú, Dios Padre, eres impaciente, estás enojado conmigo, o me has rechazado.

Decido creer la verdad de que tú, Dios Padre, eres paciente y lento para la ira y que, cuando me disciplinas, es una prueba de tu amor, no de rechazo.

Renuncio a la mentira que dice que tú, Dios Padre, has sido mezquino, cruel o abusivo conmigo.

Decido creer la verdad de que Satanás es mezquino, cruel y abusivo, pero tú, Dios Padre, eres amoroso, tierno y protector.

Renuncio a la mentira que dice que tú, Dios Padre, me niegas los placeres de la vida.

Decido creer la verdad de que tú, Dios Padre, eres el autor de la vida y me das amor, gozo y paz cuando elijo ser lleno de tu Espíritu.

Renuncio a la mentira que dice que tú, Dios Padre, intentas controlarme y manipularme.

Decido creer la verdad de que tú, Dios Padre, me has hecho libre y me das la libertad de tomar decisiones y crecer en tu gracia.

Renuncio a la mentira que dice que tú, Dios Padre, me condenas y no me perdonas.

Decido creer la verdad de que tú, Dios Padre, perdonas todos mis pecados y nunca los sacas a relucir.

Renuncio a la mentira que dice que tú, Dios Padre, me rechazas cuando no logro vivir una vida perfecta o sin pecado.

Decido creer la verdad de que tú, Dios Padre, eres paciente conmigo y me limpias cuando fallo.

¡Soy la niña de tus ojos!

¡Qué declaraciones tan poderosas!

*A mí me impactó la mentira de un Dios ausente o demasiado ocupado para mí. La verdad de que Dios anhela pasar tiempo conmigo fue verdaderamente sanador. Me conmueve que, aunque Dios sostiene el universo entero, dirige la historia y cuida de todo ser vivo, nunca está demasiado ocupado para **mí**.*

¿Se te hace un nudo en la garganta al leer alguna de ellas? Llévasela a Jesús. Pregúntale dónde estaba en esos momentos en los que parecía frío y distante, o cuando parecía ausente o no involucrado, y espera su respuesta.

Si te das cuenta de que has tenido una comprensión defectuosa de Dios, lee esta lista en voz alta todos los días durante unas seis semanas. Verás el bien que te va a hacer.

A mí me ayudó muchísimo leer estas verdades todas las mañanas para reconfigurar mi perspectiva de Dios. Especialmente la verdad de que Dios no está enojado o impaciente conmigo, sino que es paciente y lento para la ira, y que cuando me disciplina, es una prueba de su amor, no de su rechazo. Ahora descanso en ese amor.

Las dificultades no duran para siempre. El Dios de gracia nos levantará a su debido tiempo. Es por eso que podemos darle la vuelta a la tortilla para ver las pruebas y tribulaciones que generan ansiedad como «ejercicios espirituales». Porque resistir la ansiedad y aferrarnos a Cristo fortalece nuestro músculo espiritual. Si levantas pesas lo sabes. Para desarrollar músculo, primero debes ejercitar el músculo existente hasta dañarlo —y dañarlo duele. Solo así se forman nuevas hebras musculares más gruesas.

Jesús te dice lo mismo que dijo al mar tempestuoso: «—¡Silencio! ¡Cálmate!...» (Marcos 4:39). Ciertamente puedes arrojar tu ansiedad sobre nuestro Dios presente y poderoso. Déjala en sus manos porque él cuida de ti. Mantén la calma incluso en medio de las tormentas por las que inevitablemente pasarás.

PAUSA PARA LA REFLEXIÓN 3

Introducción

Revisa la lista de verdades sobre nuestro Dios Padre. Si puedes, léelas en voz alta. Si tienes dudas sobre alguna, busca los versículos bíblicos.

Reflexión

¿Qué verdad sobre tu Padre Dios te impactó más? ¿Cómo han afectado tu concepto de Dios las experiencias con tu padre? Pídele a Dios que te muestre dónde estaba en esos momentos en los que no te pareció bueno y compasivo, o cuando te pareció ausente o distante, y espera su respuesta. Agradécele por quien es y por ser un Padre perfecto.

> CIERRE

Recuerda a los participantes sobre las «Perlas diarias de gracia», el devocional que acompaña a este curso y los vídeos cortos de *La Maravilla de la Gracia*. Ambos se encuentran en la web (www.libertadencristo.org/curso-de-la-gracia). También recuérdales del libro que acompaña este curso, *Conéctate con la Gracia*, también disponible en la web (www.libertadencristo.org/tienda).

Si tienes una fecha para el retiro de día de *Los Pasos para experimentar la gracia de Dios*, asegúrate de que los participantes la apunten en sus agendas.

Cierra con una oración.

> MI DIOS PADRE

Renuncio a la mentira que dice que tú, Dios Padre, eres distante e indiferente hacia mí.	**Decido creer la verdad** de que tú, Dios Padre, siempre estás presente conmigo, tienes planes para darme un futuro y una esperanza, y has preparado obras para que yo ande en ellas. Salmo 139:118; Mateo 28:20, Jeremías 29:11, Efesios 2:10).
Renuncio a la mentira que dice que tú, Dios Padre, eres insensible, no me conoces ni te preocupas por mí.	**Decido creer la verdad** de que tú, Dios Padre, eres amable, compasivo y conoces cada detalle de mí. (Salmo 103:8-14; 1 Juan 3:1-3; Hebreos 4:12-13).
Renuncio a la mentira que dice que tú, Dios Padre, eres severo y exigente.	**Decido creer la verdad** de que tú, Dios Padre, me aceptas con gozo y amor. (Romanos 15:7; Sofonías 3:17).
Renuncio a la mentira que dice que tú, Dios Padre, eres frío y pasivo conmigo.	**Decido creer la verdad** de que tú, Dios Padre, eres cariñoso y tierno conmigo. (Isaías 40:11; Oseas 11:3-4).
Renuncio a la mentira que dice que tú, Dios Padre, estás ausente o demasiado ocupado para mí.	**Decido creer la verdad** de que tú, Dios Padre, siempre estás presente, anhelas estar conmigo y te interesas por mí. (Filipenses 1:6; Hebreos 13:5).
Renuncio a la mentira que dice que tú, Dios Padre, eres impaciente, estás enojado conmigo, o me has rechazado.	**Decido creer la verdad** de que tú, Dios Padre, eres paciente y lento para la ira y que, cuando me disciplinas, es una prueba de tu amor, no de rechazo. (Éxodo 34:6; Romanos 2:4; Hebreos 12:5-11).
Renuncio a la mentira que dice que tú, Dios Padre, has sido mezquino, cruel o abusivo conmigo.	**Decido creer la verdad** de que Satanás es mezquino, cruel y abusivo, pero tú, Dios Padre, eres amoroso, tierno y protector. (Salmo 18:2; Mateo 11:28-30; Efesios 6:10-18).
Renuncio a la mentira que dice que tú, Dios Padre, me niegas los placeres de la vida.	**Decido creer la verdad** de que tú, Dios Padre, eres el autor de la vida y me das amor, alegría y paz cuando elijo ser lleno de tu Espíritu. (Lamentaciones 3:22-23; Gálatas 5: 22-24).
Renuncio a la mentira que dice que tú, Dios Padre, intentas controlarme y manipularme.	**Decido creer la verdad** de que tú, Dios Padre, me has hecho libre y me das la libertad de tomar decisiones y crecer en tu gracia. (Gálatas 5:1; Hebreos 4:15-16).

Renuncio a la mentira que dice que tú, Dios Padre, me has condenado y ya no me perdonas.	**Decido creer la verdad** de que tú, Dios Padre, perdonas todos mis pecados y nunca los sacarás a relucir. (Jeremías 31:31-34; Romanos 8:1).
Renuncio a la mentira que dice que tú, Dios Padre, me rechazas cuando peco y no logro la perfección.	Decido creer la verdad de que tú, Dios Padre, eres paciente conmigo y me limpias cuando fallo. (Proverbios 24:16; 1 Juan 1:7-2:2).

¡Soy la niña de tus ojos!
(Deuteronomio 32:9-10).

> CONSEJOS PARA COMBATIR LA ANSIEDAD

La ansiedad se combate principalmente mediante los principios bíblicos descritos en esta sesión, pero hay otras cosas que también pueden servir. Dios diseñó nuestros cuerpos de modo maravilloso e incorporó mecanismos para contrarrestar la ansiedad. Puede que inconscientemente te masajees los brazos o te frotes la cara —estas prácticas sencillas ayudan a calmar tu cuerpo.

También puedes practicar lo siguiente:

- Respiración abdominal —lenta y profunda. Eso desactiva la respuesta de lucha o huida.
- Inhala contando hasta cuatro, deja que tu diafragma se expanda, contén la respiración contando hasta cuatro, exhala contando hasta cuatro. Repite un versículo de la Biblia, como el Salmo 56:3, «Cuando siento miedo, pongo en ti mi confianza». Haz una pausa y cuenta hasta cuatro. Repite tres veces.

O puedes repetir una frase sencilla, como: «Inhalo tu paz. Exhalo tu alabanza».

Adórale, tal y como nos exhortan las Escrituras: «¡Vengan, cantemos con júbilo al Señor... Vengan, postrémonos reverentes... Doblemos la rodilla ante el Señor...». (Salmo 95). El Dr. Richard Smith, director del Instituto de Neurociencia de *Mercy Hospital*, descubrió que la adoración participativa provoca una disminución de la presión arterial, un pulso más lento y una reducción de la ira y la depresión.[1]

Tensa y luego relaja los grupos musculares desde la cabeza hasta los dedos de los pies. Puedes hacerlo discretamente cuando surge una situación difícil.

Intenta bostezar. Bostezar le comunica a tu cuerpo que es hora de calmarse y descansar. Gira la cabeza hacia la izquierda, bosteza, y luego hacia la derecha y bosteza. El resultado es que fluye más oxígeno al cerebro. Un artículo lo llamó la «forma más rápida de hackear el estrés mental y concentrarse»[2]

Ríe y juega. «El corazón alegre es un buen remedio...». (Proverbios 17:22). En Proverbios 8:31, vemos a Dios regocijándose en su creación y deleitándose en los seres humanos que creó. En *John Gill's Exposition of the Bible* leemos que la palabra escogida indica que «era una especie de deporte o juego para él». En otras palabras, jugar es bueno, porque Dios es el autor del juego.

El ejercicio físico obra maravillas. El ejercicio intenso libera endorfinas que alivian el dolor y crean una sensación de bienestar. Caminar a un ritmo pausado nos da tiempo para disfrutar de la belleza de Dios en la creación.

> EMPÁPATE DE AGRADECIMIENTO

Practicar el agradecimiento constante hacia Dios, por sus atributos, su amor y sus obras, es transformativo. ¡Creceremos en asombro y maravilla ante Dios, lo que la Biblia llama «temor de Dios» —y no temeremos a nada ni a nadie en absoluto! (Ver Salmo 130:4).

No se trata de hacer una lista de todo aquello por lo que estás agradecido, sino de pasar tiempo con él y, como Pablo describe en Filipenses 4:8-9, meditar en «todo lo verdadero, todo lo respetable, todo lo justo, todo lo puro, todo lo amable, todo lo digno de admiración...».

Recomendamos el siguiente ejercicio para desarrollar un estilo de vida de alabanza y adoración que surge del agradecimiento. ¡Puede que te cambie la vida!

ACÉRCATE

«Entren por sus puertas con acción de gracias; vengan a sus atrios con himnos de alabanza.». (Salmo 100:4). **Acércate** a la presencia de Dios con acción de gracias y alabanza.

---

[1] De su charla «Praise, Worship, Thanksgiving and Brain Neurotransmitters».

[2] Josiah Hultgren, «Yawning is The Fastest Way to Hack Mental Stress and Focus», 20 de junio de 2016, Medium.com, consultado el 20 de noviembre de 2023, https://medium.com/mindfullyalive/yawning-is-the-fastest-way-to-hack-mental-stress-and-focus-f693e-dc9f55e.

MEDITA Y EMPÁPATE

Medita en estas cosas. **Empápate** de gratitud. Cuéntale a Dios con detalle lo que notas, te gusta y aprecias de él o de sus obras. ¿Cómo te sentiste físicamente al agradecerle? Permite que suavice tu corazón.

PRACTICA

Practica la meditación, ¡porque definitivamente requiere práctica! Y tenemos la maravillosa promesa de Dios: ¡el Dios de paz estará contigo! Así que hazlo regularmente. Puede que quieras crear **un archivo o una caja de gratitud**, donde guardas recuerdos de agradecimiento a Dios. Los archivos sirven para encontrar y recordar fácilmente. Estos recuerdos te ayudarán a escoger confiar en Dios, que es la Verdad, cuando las circunstancias te inciten a dudar de él.

ESCUCHA SU VOZ

Practicar el agradecimiento a Dios nos permite escuchar su voz. El Salmo 95 comienza diciendo: «¡Vengan, cantemos con júbilo al Señor; aclamemos alegres a la Roca de nuestra salvación! Lleguemos ante él con acción de gracias; aclamémoslo con cánticos» (vv. 1-2). Luego continúa diciendo: «Si ustedes oyen hoy su voz, no endurezcan sus corazones, …» (vv. 7b-8). Empaparte de gratitud prepara el camino para escuchar la voz de Dios, así que **mantente atento a su voz**.

sesión 07

FRUCTÍFERO

OBJETIVO

Ayudarnos a dar cada vez más fruto como discípulos de Jesús al descansar en Dios, confiar en sus caminos y ofrecerle todo nuestro ser como sacrificio vivo.

LIBERTAD EN CRISTO

NOTAS PARA EL LÍDER

Esta sesión debe dejar claro que este curso no vende una «gracia barata».

Nos enfrenta con la verdad incómoda que la puerta de entrada a una vida fructífera es el quebranto.

Puede que a algunas personas les cueste entender que Dios permite sucesos dolorosos y difíciles en nuestra vida. Es importante ayudarles a ver que, si lo hace, es por nuestro bien y el cumplimiento de sus propósitos a largo plazo.

Tampoco deben pensar que todo suceso doloroso viene de Dios. No podemos ignorar los efectos del pecado ni olvidar que tenemos un enemigo, Satanás. Aun así, sea cual sea la situación y su causa, Dios, en su gracia, puede disponerla para nuestro bien.

Toda persona que tenga un ministerio fructífero ha pasado por el quebranto. Por eso te animamos a compartir tus experiencias personales. Si estás dando la charla en vivo, también puedes mostrar la sección del vídeo con los testimonios.

ORACIÓN Y DECLARACIÓN

En cada sesión, queremos animar a la gente a repetir juntos y en voz alta la oración y la declaración. La oración se dirige a Dios mientras que la declaración se dirige al mundo espiritual en general.

Anímales a que lean la declaración con denuedo.

Padre nuestro, ¡venga tu Reino! ¡Hágase tu voluntad! Me arrepiento por intentar llevar a cabo los propósitos de tu Reino en mis fuerzas. Por favor, enséñame a depender del poder de tu vida dentro de mí. Deseo vivir en el «reposo de la gracia», confiar en ti de todo corazón y no apoyarme en mi propia inteligencia. Me someto a ti, confiado que enderezarás mis caminos (Proverbios 3:5-6). Sé que ninguna disciplina, al recibirla, parece agradable, sino dolorosa; sin embargo, si aprendemos la lección, produce una cosecha de justicia y paz. (Hebreos 12:5-6,11). Amén.

YO SOY UNA RAMA DE LA VID VERDADERA, JESÚS; SOY UN CONDUCTO DE SU VIDA. ELIJO PERMANECER EN ÉL PARA PODER DAR MUCHO FRUTO. NADIE PUEDE ARREBATARME DE SUS MANOS. SOY LIBRE DEL PODER DEL PECADO, DEL PODER DE SATANÁS Y DEL PODER DE LA MUERTE. SOY LIBRE PARA TOMAR BUENAS DECISIONES. ELIJO DEJARLO TODO A LOS PIES DE CRISTO —MI SALUD, MIS PLANES, MI DINERO, MI FAMILIA, MI MINISTERIO Y MI FUTURO. RECONOZCO A JESÚS COMO MI REY —Y COMO MI VIDA.

PALABRA

PARTE A

CÓMO DAR FRUTO

Bienvenidos a la séptima sesión del *Curso de la Gracia* titulada «Fructífero». En este punto fijamos nuestra mirada hacia el resto de nuestra vida y cómo podemos convertirnos en discípulos de Jesús que dan cada vez más fruto.

Eso es lo que siempre quise–y por lo que me había esforzado tanto–pero no logré. Si Jesús pudiese decirme exactamente cómo dar fruto. Espera, ¡ya lo hizo! Hacia el final de su vida en la tierra Jesús dijo esto:

> «Yo soy la vid verdadera y mi Padre es el labrador. Toda rama que en mí no da fruto la corta; pero toda rama que da fruto la poda para que dé más fruto todavía. Ustedes ya están limpios por la palabra que les he comunicado. Permanezcan en mí y yo permaneceré en ustedes. Así como ninguna rama puede dar fruto por sí misma, sino que tiene que permanecer en la vid, así tampoco ustedes pueden dar fruto si no permanecen en mí. Yo soy la vid y ustedes son las ramas. El que permanece en mí, como yo en él, dará mucho fruto; separados de mí no pueden ustedes hacer nada». (Juan 15:1-5).

Entonces, ¿cuál es la única responsabilidad de una rama?

Instintivamente dirás: «Pues obviamente, dar fruto».

Buen intento, pero no es eso. Es algo más básico. Si visitas un viñedo, nunca escucharás a las ramas gruñendo y gimiendo en su esfuerzo por producir uvas. No hace falta que las ramas se estresen. Si están conectadas a la vid, no tienen que esforzarse. Sucede naturalmente. De igual manera, nuestra única responsabilidad es «permanecer» en Jesús; mantenernos conectados a él; quedarnos cerca de él. Cuando lo hagas, entrarás en el «reposo de la gracia» y paradójicamente, *darás* mucho fruto.

Jesús también dijo de sí mismo: «... el Hijo no puede hacer nada por su propia cuenta, sino solamente lo que ve que su Padre hace...» (Juan 5:19).

A pesar de que Jesús era Dios, jamás obraba independientemente desde su divinidad. Así nos dio el ejemplo de cómo debemos vivir. Jesús se enfocó en permanecer unido al Padre en una relación de amor y dependencia. Cuando veía lo que el Padre estaba haciendo, eso hacía.

[Adrián cuenta]

Cuanto más me esforzaba en pastorear, más agotado y decepcionado me sentía. En una ocasión desarrollé un programa de enriquecimiento matrimonial. Comenzamos con mucha ilusión, con más de 20 parejas. Cada semana trabajaba arduamente en la lección e invertía tiempo en mentorear a dos parejas de líderes para que entendieran la visión y la aplicaran primero a su propio matrimonio. Tres meses después ¡ni un solo matrimonio había completado el programa! ¡Ni las dos parejas de líderes! ¡Ni siquiera mi esposa estaba allí conmigo! ¡Me sentí como un fracaso total!

Llevé toda mi frustración al Señor, dolido por ese fracaso. Su dulce respuesta fue «Adrián, me complace el fruto que me has entregado. Amaste, serviste y te interesaste en esas parejas. Fuiste paciente y atento a sus necesidades. Estoy usando esto para refinarte como pastor. Tú ves sillas vacías, yo veo un corazón pastoral en formación. Te amo, hijo».

Si te *esfuerzas* por dar fruto, ya sea para lograr algún tipo de éxito, alcanzar una posición en el ministerio u otro objetivo, no funciona. Al menos no para dar fruto que dura para siempre.

¿Por qué? Porque abandonas la confianza basada en la gracia de Jesús. La confianza que surge de saber que no puedes hacer nada separado de él. Y en cambio, entras en un sistema basado en la ley de desempeño ansioso, donde todo depende de ti. Y aunque te cueste admitirlo, es imposible que lo tengas todo bajo control.

PRINCIPIO 1: SEPARADOS DE JESÚS NO PODEMOS HACER NADA

Por lo tanto, nuestro primer principio para dar fruto es este: Separados de Jesús no podemos hacer nada.

[Lirio cuenta]

A menudo cuando me preparo para compartir una predicación o estudio bíblico, me siento ofuscada, con muchas ideas desordenadas en mi cabeza, sin saber cómo encajarlas y ordenarlas para llegar al objetivo trazado. Al final termino rendida a los pies de Cristo, reconociendo que sin él nada puedo hacer. Yo soy apenas un cucharón en las manos de Dios quien prepara una gran olla de exquisita comida para sus hijos. En mi intimidad con Dios todo fluye con naturalidad y cada idea encaja poderosamente.

Por lo general, solemos pensar que todo depende de nuestros esfuerzos. Así corremos el riesgo de sentirnos abrumados o terminar quemados. Muchos aprendemos este principio a las malas. Para que aprendamos la lección, a veces Dios permite que nos estrellemos bajo la carga de intentar hacerlo solos.

[Adrián cuenta]

Como entonces yo desconocía este principio de dar fruto desde el descanso, seguí de pastor, edificando mi propio reino en mis propias fuerzas. Seguí esforzándome hasta llegar al agotamiento crónico.

Después de cinco años de trabajo, el ministerio y cuidado pastoral me producían aburrimiento, dejadez y repulsión. Sentía que había perdido el gozo de servir a Dios, irremediablemente. Finalmente cerramos la congregación por el bien de mi salud física y mental.

Si tú sientes una presión similar, Jesús te hace una oferta hoy:

> **«Vengan a mí todos ustedes que están cansados y agobiados; yo les daré descanso. Carguen con mi yugo y aprendan de mí, pues yo soy apacible y humilde de corazón, y encontrarán descanso para sus almas. Porque mi yugo es suave y mi carga es liviana»** (Mateo 11:28-30 NVI).

¡Qué asombrosa declaración de gracia! Dios nos ofrece un yugo que es fácil y una carga que es ligera. Y lo más importante, brinda descanso para nuestra alma. Eso no significa que vamos a sentarnos y rascarnos la barriga.

Quiere decir que puedo caminar hombro a hombro con Jesús, que es manso y humilde y quien va a marcar el paso. Él es como el buey experimentado que me muestra cómo arar el campo de la vida sin extenuarme. El reposo de la gracia es un descanso interno basado en la fe y la dependencia de Dios. Quiere decir que sigues su dirección y vas a su ritmo.

CONFÍA EN DIOS, DA FRUTO

Cuando Dios creó el mundo, trabajó durante seis días y descansó el séptimo. No significa que Dios se fue a dormir la siesta; ese no es el sentido de las palabras hebreas. Dios «descansó» porque comenzó su reinado sobre el universo y todo estaba en su lugar.

Adán fue creado en el sexto día, por lo que el primer día completo de Adán fue un día de descanso, un día de *conexión* con Dios. Al saber que Dios estaba a cargo, Adán podía *confiar activamente* en él.

Así que primero descansamos en la realidad de Dios y de su provisión, y luego trabajamos. Aprendemos a confiar en Dios, y luego damos fruto.

Sin embargo, casi siempre hacemos lo contrario: trabajamos hasta reventar y luego descansamos para recuperarnos. No sé tú, pero a menudo trabajo y me esfuerzo y luego, con desesperación, oro: «¡Señor, por favor ¡bendice el trabajo de mis manos y confiaré más en ti!»

Cuando se supone que debe ser al revés. Primero confía en Dios, luego da fruto.

¿Crees que apartados de Jesús no podemos hacer nada? ¡Sí que podemos! Podemos levantarnos, desayunar, lavarnos los dientes, vestirnos, ir a trabajar, criar una familia, envejecer, jubilarnos y morir... ¡todo eso sin Jesús! Pero no podemos hacer nada de valor *eterno* que no surja del descanso; de confiar en sus recursos y permanecer conectados a él.

Ahora, al evaluar mi desempeño como pastor, comprendo que el fruto que Dios quería lograr en mí no consistía en más personas en la iglesia o más líderes comprometidos. El fruto que él deseaba era que me pareciese más a Cristo en mi ser interior.

No basta con conocer a Jesús como Salvador. Ni siquiera basta con conocerlo como Rey. Necesitamos darnos cuenta de que él, como dice Pablo, es nuestra vida (Colosenses 3:4).

Cuando lo asimilas de verdad, es increíblemente liberador. Te libera de la falsa motivación de orgullo que conduce a un desempeño ansioso. Comprendes que no necesitas intentar controlar eventos o personas. Puedes confiar en que Dios se encargará de las cosas que están fuera de tu control. Llegas a ver que él obra en todas las cosas para tu bien (Romanos 8:28).

PAUSA PARA LA REFLEXIÓN 1

OBJETIVO

Explorar lo que significa una dependencia completa del Padre.

1. Lee Juan 5:19-20. ¿De qué maneras demostró Jesús su completa dependencia del Padre?

2. ¿De qué modo cambiaría nuestra vida si dependiéramos completamente de Dios?

PARTE B

PRINCIPIO 2: EL FRUTO VIENE CUANDO NOS SOMETEMOS A DIOS Y A LO QUE ÉL DICE

[David cuenta]

Tiempo atrás me peleé con Dios durante cinco años. Él me llamaba al ministerio, pero yo le ponía condiciones, una tras otra: Señor, después de iniciar una empresa, Señor, después de tener un lugar al que regresar por si fracaso. Finalmente dejé la empresa familiar para servir al Señor a tiempo completo. Todos pensaban que estaba loco. Quizá eso en América del norte y del sur es normal y bien visto, pero en España eso no se hace. No es normal que alguien deje su trabajo por dedicarse al ministerio.

Un día, Dios le reveló a Simón Pedro que Jesús era el Hijo de Dios. Una revelación increíble. Y entonces, Jesús intenta explicarle que él tendría que sufrir y morir.

Pero Pedro le interrumpe y le dice que no es posible que tenga razón.

Veamos. Pedro acaba de entender que está cara a cara con el mismísimo Dios. Y segundos después le dice al creador del universo que se ha equivocado. ¡Qué tan arrogante se puede ser!

Adán cayó cuando Satanás lo persuadió de que él sabía más que Dios. Y todos somos propensos a hacer exactamente lo mismo que hicieron Adán y Pedro.

Dios dice: «Mis caminos y mis pensamientos son más altos que los vuestros; ¡más altos que los cielos sobre la tierra!» (Isaías 55:9).

Nuestras mentes finitas nunca logran comprender plenamente quién es Dios y cómo obra. Es por eso que san Agustín dijo: «Si lo comprendes, no es Dios», porque él es muy diferente de nosotros. Él rompe nuestros paradigmas a cada paso.

> Proverbios 3:5-6 dice: «Confía en el Señor de todo corazón y no te apoyes en tu propia inteligencia. Reconócelo en todos tus caminos y él enderezará tus sendas».

En lugar de actuar por orgullo y confiar en nuestra inteligencia, nuestra cosmovisión o nuestras experiencias pasadas, queremos aprender a confiar en lo que Dios dice. Él promete que, cuando lo hagamos, él «enderezará nuestras sendas». Y daremos mucho fruto.

Nuestro segundo principio es que el fruto viene solo cuando nos sometemos a Dios y a lo que él dice, cuando abandonamos nuestro orgullo y nos humillamos ante él.

LA BIBLIA REVELA LOS CAMINOS DE DIOS

¿Cómo sabemos qué es lo que Dios dice? Pues, en la Biblia él ha revelado cómo es él, cómo ha establecido el mundo, y cuál es nuestra parte en sus planes.

Y es por eso que Satanás dirige su ataque a la forma en que la gente ve la Biblia. Él quiere que no la tomes en serio. Que no la leas. Que no pases tiempo con Dios diariamente para humillarte ante él y su palabra. Quiere hacernos pensar, como Simón Pedro, que sabemos más que Dios.

¿Alguna vez has oído a alguien decir algo como, «No me gustan las epístolas de Pablo, yo solo leo los Evangelios» o «No entiendo el Antiguo Testamento, así que lo paso por alto»?

Pablo le dijo a Timoteo: «El Espíritu dice claramente que, en los últimos tiempos, algunos abandonarán la fe para seguir a inspiraciones engañosas y doctrinas diabólicas» (1 Timoteo 4:1).

Está hablando de personas que dicen ser cristianas pero que siguen las enseñanzas de los demonios. Así que no te sorprendas cuando escuches a algún maestro cristiano insinuar que la Biblia no dice algo que claramente dice.

Cuando Satanás tentó a Eva en el Edén, usó la frase: «—¿Con que Dios les dijo…?» Y nos repite exactamente lo mismo. Con Jesús, Satanás incluso citó versículos de la Biblia y tergiversó su significado. La historia está llena de ejemplos de personas que se han descarriado con argumentos fraudulentos y teología turbia.

HUMILLARNOS ANTE DIOS Y SU PALABRA

Pero eso no quiere decir que la Biblia no sea de fiar. Para nada. Es totalmente coherente en lo que dice. Y Dios promete guiarte a toda verdad por medio de

EL CURSO DE LA GRACIA

su Espíritu. Si te acercas a su Palabra con un espíritu humilde y educable, entenderás lo que él quiere decirte.

Por favor, no te limites a escuchar a otros *hablar* de la Biblia. Ni a leer lo que *dicen* de la Biblia. Léela por ti mismo.

Toma en serio lo que dice. Puedes basar las decisiones de tu vida en las promesas de Dios. No pienses que se aplican a otros, pero que tus problemas son diferentes o demasiado complejos. Esa es una forma de orgullo.

No abras la Biblia con una idea preconcebida de lo que quieres que diga, incluso con buenas intenciones. Enfócate en lo que efectivamente dice.

Muchísimos cristianos leen en la Biblia que son santos, ¡pero no asimilan que eso es lo que son! Porque siempre han escuchado que son pecadores. Filtran lo que leen en la Biblia a través de la teología que han aprendido. Debería ser al revés. Juzguemos lo que se nos ha enseñado a la luz de la Biblia.

Y si no entiendes un pasaje de inmediato, no lo pases por alto. Persevera, pregunta, investiga y escucha hasta que entiendas por qué el Dios de amor lo incluyó. Conoce la cultura para la cual fue escrito y no intentes que diga algo que los oyentes originales no pudieran haber entendido de él.

Cuando acudo a la Biblia en busca de una dirección–qué opción elegir o cómo salir de un lío–Dios suele mostrarme que sus caminos y pensamientos son más altos que los míos. Quizá no me da la respuesta A-B-C que busco, pero sí me recuerda cómo quiere que viva aquí y ahora. A él le preocupa más mi *corazón* que lo que *hago*. A medida que trabajo en mi corazón, él suele ocuparse de la situación, aunque no necesariamente como yo esperaba.

[Ana María cuenta]

Hace cinco años mi hija Sofía comenzó a sufrir de vértigo. Salíamos en el auto cuando de repente decía angustiada «¡paren, paren!» Todos nos asustábamos mucho. Naturalmente ella terminó con pánico de subirse al auto por temor a sufrir vértigo nuevamente. Su ánimo decayó y pasó semanas sin salir de casa.

Mi esposo Leo y yo acudimos a todos los especialistas habidos y por haber. Finalmente nos dimos cuenta que necesitábamos fijar nuestros ojos y nuestra confianza en el Padre; orar y ayunar en lugar de angustiarnos y apoyarnos principalmente en los médicos. Cada noche declarábamos nuestra identidad en Cristo y rechazábamos todo temor que quisiera paralizar a Sofi. Poco a poco el perfecto amor del Padre fue disipando nuestro temor aun cuando no teníamos una solución.

Esa situación me obligó a ir más allá de mi entendimiento y a profundizar en la Palabra de Dios. La forma en que entendía a Dios y sus propósitos, es decir mi teología, cambió. Sin darme cuenta yo había llegado a creer que al vivir con Cristo estaría protegida de dificultades. Ahora entiendo que Cristo ha prometido su presencia —ir con nosotros en la barca, aún en medio de las tormentas de la vida.

Por supuesto, Dios nunca cambia. Y la verdad nunca cambia. Nuestra teología, por otro lado, es nuestro intento de entender a Dios y su verdad. A medida que maduramos como discípulos, nuestra comprensión de su palabra aumenta.

Estamos totalmente comprometidos con la verdad de Dios revelada en la Biblia. Pero mientras estemos en esta tierra, estaremos aprendiendo más de Dios y de sus caminos a medida que él nos lo revela a través de las Escrituras.

PAUSA PARA LA REFLEXIÓN 2

OBJETIVO

Explorar cómo se puede malinterpretar la Biblia.

1. ¿Cómo podemos evitar el engaño en nuestro entendimiento de la Biblia?

2. ¿Cómo crees que algunas personas con buenas intenciones son tentadas a tergiversar la Biblia para que coincida con sus prejuicios y preferencias?

PARTE C

PRINCIPIO 3: PARA SER FRUCTÍFERO HAY QUE PASAR POR LA PUERTA DEL QUEBRANTO

[Nancy cuenta]

¿Recuerdan mi temor a la chica a quien discipulaba en la España profunda? Superar mi temor al rechazo dio fruto. Mi grupo de discipulado creció un 100% —de una a dos chicas. Aunque lo más importante fue el fruto del amor en mí —un amor más maduro e incondicional. No solo creció mi grupo de discipulado, también creció el pequeño grupo de creyentes que se reunía semanalmente en un establo. Sí, sí. ¡Al lado de las ovejas! Igual que el niño Dios...

Suena a que todo iba bien, pero ¿recuerdan la frase en el pasaje que leímos al principio? «...toda rama que *da* fruto la poda para que dé más fruto todavía». Eso no suena muy bonito que digamos. Suena más bien doloroso. Curiosamente, Dios poda a los que están dando fruto. Para que den aún más.

[Nancy cuenta]

Parecía que las cosas iban bien, ...cuando todo se fue al garete. La iglesia que nos apoyaba desde Madrid se puso en nuestra contra, el pastor amenazó con denunciarnos a extranjería y perdimos el apoyo del equipo. Tuvimos que abandonar el pueblo y el pequeño rebaño... Fue duro. Ahora sabemos que Dios nos sacó de ese sitio para hacer algo mejor: desarrolló nuestro ser interior y nos preparó para la siguiente etapa. Sin lugar a duda.

En realidad, nos hacía falta una dosis de humildad. A España se la conocía como el cementerio de los misioneros. Pero como misioneros novatos de veintitantos años, creíamos que nosotros tendríamos éxito donde otros habían fracasado. También necesitábamos una dosis de realidad. El abismo cultural que nos separaba de los españoles se hizo evidente. Y ¡ni hablar del clima espiritual! Teníamos mucho que aprender.

Dios trabaja sin descanso para eliminar nuestro egocentrismo, autosuficiencia y orgullo. Leemos que incluso Jesús «...mediante el sufrimiento aprendió a obedecer» (Hebreos 5:8). Y si Jesús tuvo algo que aprender, ¡cuánto más nosotros!

Por eso nuestro tercer principio es que para ser fructífero hay que pasar por la puerta del quebranto.

En Hebreos 12, el escritor dice:

> «Ciertamente, ninguna disciplina, en el momento de recibirla, parece agradable, sino más bien dolorosa; sin embargo, después produce una cosecha de justicia y paz para quienes han sido entrenados por ella». (Hebreos 12:11).

Dios no es la causa de todas las dificultades. Pero él usará toda dificultad para nuestro bien. Dios no desperdicia ninguna experiencia. Es en los momentos difíciles que aprendemos a confiar en él.

Dios le dio a Pablo una situación difícil para evitar que se volviera orgulloso. Obviamente Pablo le pidió que se la quitara. Tres veces. Pero Dios dijo: «...Te basta con mi gracia, pues mi poder se perfecciona en la debilidad» (2 Corintios 12:9a).

No es que debamos disfrutar de las dificultades. Pero tampoco asumamos que debemos orar para que desaparezcan.

El rey David escribió en el Salmo 131:1 NTV

> «SEÑOR, mi corazón no es orgulloso; mis ojos no son altivos. No me intereso en cuestiones demasiado grandes o impresionantes que no puedo asimilar».

Este es el rey David, quien se ocupa justamente de cuestiones grandes e impresionantes. Toma decisiones de vida o muerte todos los días. Pero aquí reconoce que, si creyera que puede hacerlo en sus propias fuerzas, sería orgullo de su parte. Luego dice: «Todo lo contrario: he calmado y aquietado mis ansias. Soy como un niño recién amamantado en el regazo de su madre» (Salmo 131:2 NVI).

En la profundidad de nuestro ser hay algo que llora, una inquietud, como la de un bebé hambriento. Puede ser culpa, vergüenza, temor, impulsos carnales u orgullo.

Pero, al perseverar en las dificultades extremas cuando el rey Saúl lo estaba persiguiendo, David aprendió a descansar en Dios. Permitió que solo Dios le bastara. Esa es la «cosecha de justicia y paz» (Hebreos 12:11). Llega cuando pasamos por la puerta del quebranto, descansamos en Dios y creemos en su palabra.

[Pamela cuenta]

Durante la pandemia mi familia y yo sufrimos mucha incertidumbre e inestabilidad económica. Tuve que pausar mis estudios universitarios y vendimos todos nuestros autos. Tuvimos que hacer ajustes que cambiaron mucho nuestro estilo de vida. A los ojos del mundo, bajar de nivel económico es haber fracasado. Pero, en contra de todo pronóstico, este cambio nos bendijo enormemente. Ahora vemos que fue una humillación necesaria, un quebranto que nos podó para dar más fruto.

En esta temporada he conocido a Jesús más profundamente de lo que jamás imaginé; me he desligado de las cosas terrenales para aferrarme a las cosas eternas; he entendido que mi deleite y mi plenitud sólo se encuentran en Jesús. Además, he visto a mi papá ser transformado y verdaderamente libre en Cristo. Mi relación con mi mamá ha sido restaurada y fortalecida. Humanamente no tiene sentido la paz, el descanso, el amor y la armonía que hoy disfrutamos, aun cuando seguimos apretados económicamente. Mi familia ha sido refinada a través del quebranto.

Repasemos los tres principios de la gracia para dar fruto que rompen nuestros paradigmas:

- Separados de Jesús no podemos hacer *nada*.
- El fruto viene *solo* cuando nos sometemos a Dios y a lo que él dice,
- Para ser fructífero hay que pasar por la puerta del quebranto.

CONVIÉRTETE EN UN SACRIFICIO VIVO

¿Todavía quieres ser un discípulo de Jesús que da cada vez más fruto?

Si es así, Pablo te sugiere una respuesta concreta a la gracia de Dios:

> «Por lo tanto, hermanos, tomando en cuenta la misericordia de Dios, ruego que cada uno de ustedes, en adoración espiritual, ofrezca su cuerpo como sacrificio vivo, santo y agradable a Dios». (Romanos 12:1).

La idea de colocar un animal vivo sobre un altar como sacrificio vivo es divertida, ¡porque fácilmente podrá levantarse y huir!

Pero piensa en las horas que Jesús colgó en la cruz en una agonía increíble. Cada aliento era un esfuerzo masivo y doloroso, hasta que su corazón estalló por la tensión. Literalmente, un sacrificio vivo. Podía haber escapado en cualquier momento. Él era Dios. Pero decidió no hacerlo. Y estoy eternamente agradecida por su decisión.

Pablo dice que convertirnos en un sacrificio vivo es la respuesta a la misericordia de Dios. Así que recordemos lo que ahora sabemos acerca de la gracia de Dios:

Jesús se convirtió en un sacrificio por ti, pagando un precio inimaginable para que ahora seas declarado completamente inocente.

Jesús se hizo pecado por ti y tú te convertiste en la justicia de Dios; eres santo.

Ahora estás a salvo y seguro. Nadie puede arrebatarte de sus manos. Y su amor puede expulsar todo temor malsano.

Puedes echar toda tu ansiedad sobre él y caminar en paz, porque él cuida de ti.

Eres verdaderamente libre. Libre del poder del pecado, del poder de Satanás y del poder de la muerte. Libre para tomar buenas decisiones.

Solo necesitas enfocarte en permanecer en él para dar mucho fruto.

Ahora eres lo suficientemente seguro de quién eres en Cristo como para humillarte ante Dios y ante los demás. No necesitas controlar eventos o personas.

Sabes que no puedes hacer absolutamente nada en tus propias fuerzas, pero que él puede hacer maravillas a través de ti.

Aquí estás, un hijo o una hija del Rey de Reyes, vestido con tu túnica elegante, tu anillo de autoridad y tus sandalias.

Y Dios te ve con ojos de puro amor y deleite.

Podrías decir: «Muchas gracias, Dios. Quiero dar aún más fruto. ¿Qué quieres que haga por ti?» Y sospecho que su respuesta sería: «Hay cosas que puedes hacer. Pero lo que realmente quiero *eres tú*. Todo tu ser».

¿Puedo unirme a Pablo e invitarte a subir a ese altar como sacrificio vivo? ¿A poner todo a sus pies: tu salud, tus planes, tu dinero, tu familia, tu ministerio, tu futuro? ¿A declarar que Jesús es tu rey y tu vida?

Puedes acercarte como el hijo menor, en completa debilidad, y simplemente colapsar en sus brazos. Dios correrá hacia ti y te abrazará. Él nunca te abandonará. Él nunca te llevará más allá de lo que puedas soportar, y te dará la fuerza que necesitas.

Oremos.

Dios Padre amoroso,

Gracias por enviar a Jesús, quien, siendo por naturaleza Dios, no consideró el ser igual a Dios como algo a qué aferrarse. Por el contrario, se rebajó voluntariamente, tomando la naturaleza de siervo y haciéndose semejante a los seres humanos. Y al manifestarse como hombre, se humilló a sí mismo y se hizo obediente hasta la muerte, ¡y muerte de cruz!

Elijo ahora mismo confiar en ti de todo corazón. Me niego a confiar en mi propio entendimiento. Me someto a ti en todos mis caminos, en cada parte de mi vida. Gracias por enderezar mis caminos.

Gracias por la Biblia, tu palabra clara para nosotros. Ayúdame a entenderla en su maravillosa plenitud cuando me acerco con un corazón abierto, listo para escuchar tu instrucción, aliento y corrección. Me niego a diluir tu palabra, pasarla por alto, o forzarla para que diga lo que creo que debería decir. Gracias que tu Espíritu Santo me guiará a toda verdad.

Por favor, ayúdame a identificar las mentiras profundamente arraigadas que he creído y a reemplazarlas con la verdad para poder ser transformado por la renovación de mi mente.

Como respuesta a tu gracia, elijo aquí y ahora ofrecerte mi cuerpo y todo lo que soy como un sacrificio vivo, santo y agradable a ti. Esta es mi adoración verdadera y espiritual.

Te alabo. Amén.

PAUSA PARA LA REFLEXIÓN 3

Introducción

Dios no es la causa de todas las dificultades que has experimentado en tu vida, pero sí promete usarlas para tu bien. En este tiempo, recuerda los momentos difíciles de tu vida y pídele a Dios que te muestre cómo estaba obrando en ellos.

Reflexión

¿Qué fruto puedes ver en tu corazón o en tu vida gracias a esas experiencias?

Pablo dijo que podías regocijarte «... en debilidades, insultos, privaciones, persecuciones y dificultades...». (2 Corintios 12:10). ¿Crees que lo decía en serio? Dile a Dios cómo te sientes al saber que para dar fruto hay que pasar por la puerta del quebranto.

> CIERRE

Recuerda a los participantes sobre las «Perlas diarias de gracia», el devocional que acompaña a este curso y los vídeos cortos de *La Maravilla de la Gracia*. Ambos se encuentran en la web (www.libertadencristo.org/curso-de-la-gracia). También recuérdales del libro que acompaña este curso, *Conéctate con la Gracia*, también disponible en la web (www.libertadencristo.org/tienda).

Si tienes una fecha para el retiro de día de *Los Pasos para experimentar la gracia de Dios*, asegúrate de que los participantes la apunten en sus agendas.

Cierra con una oración.

sesión 08

PACIFICADOR

OBJETIVO

Ayudarnos a comprender el papel crucial de la Iglesia —el cuerpo y la novia de Cristo— en los planes de Dios y por qué un compromiso firme a mantener la unidad del Espíritu en el vínculo de la paz es de vital importancia si queremos alcanzar el mundo para Cristo.

NOTAS PARA EL LÍDER

En esta sesión nos enfocamos en la importancia de la unidad como el cuerpo de Cristo. El concepto de unidad cristiana a veces se ha malentendido en ciertos círculos. No hablamos de un acuerdo doctrinal. Hablamos de una unidad del corazón, basada en la identidad que compartimos en Cristo.

A veces pensamos que la gracia y la verdad se oponen, como si tener más de una implicara tener menos de la otra. Pero Juan describe a Jesús como «...lleno de gracia y de verdad» (Juan 1:14). No se oponen; se complementan. Necesitamos 100 % de gracia y 100 % de verdad: una gracia que no sacrifica la verdad y una verdad que no sacrifica la gracia.

Veamos dos iglesias de las siete que Jesús menciona en Apocalipsis:

La iglesia de Éfeso (Apocalipsis 2:1-7):

Jesús los felicita por su esfuerzo, perseverancia y por identificar a falsos líderes. Es una iglesia centrada en la verdad: tienen la doctrina correcta, una enseñanza sólida y disciplina eficaz.

Al igual que los Efesios, muchos hemos aprendido que la verdad es el aspecto más importante de nuestra fe y que debemos defenderla a toda costa. Pero Jesús les hace una advertencia seria: «...has abandonado tu primer amor». (versículo 4). Se han olvidado de la gracia. Jesús les dice: «...Arrepiéntete y vuelve a practicar las obras que hacías al principio...» (versículo 5).

La iglesia de Tiatira (Apocalipsis 2:18-29):

Es la única iglesia a la cual Jesús elogia por su amor. Pero también habían permitido enseñanzas falsas del tipo «como Dios es amor, no pasa nada si pecamos». Esto los había llevado a la idolatría y la inmoralidad sexual. Jesús reprende severamente a la cabecilla:

«... la voy a postrar en un lecho de dolor, y a los que cometen adulterio con ella los haré sufrir terriblemente, a menos que se arrepientan de lo que aprendieron... los heriré de muerte» (versículo 22-23a).

Un problema común:

A lo largo de la historia, algunas iglesias han creído que defendían el amor de Dios, cuando en realidad estaban promoviendo el pecado. Otras han pensado que defendían la verdad de Dios, cuando en realidad eran arrogantes y divisivas.

¿Cómo podemos vivir con 100 % de gracia y 100 % de verdad? Para entenderlo, veamos el significado de esas palabras para los escritores bíblicos.

LA VERDAD

El racionalismo occidental ha moldeado nuestro concepto de la verdad. Nos ha enseñado a verla como algo que captamos intelectualmente y que existe sin importar si la conocemos o creemos. Aunque la verdad objetiva existe, no es el concepto que tenían los escritores de la Biblia cuando

En el Antiguo Testamento, la palabra hebrea para «verdad» es *emeth*, que significa «fiel y verdadero». Es una palabra relacional, que implica ser fiel y verdadero hacia otra persona (algo imposible para una verdad objetiva).

De manera similar, cuando Jesús promete que conoceremos la verdad y que la verdad nos hará libres, él habla como la persona que dijo «yo *soy* la Verdad».

Jesús es la verdad al 100 % porque su vida refleja perfectamente quién es Dios. Cuando confiamos en él, descubrimos y experimentamos–no solo intelectualmente–que él es siempre «fiel y verdadero».

Al enfocarnos en la verdad como algo primordialmente intelectual, hemos llegado a creer que hay una «respuesta correcta» para todo (y que nosotros la tenemos) y que la unidad entre cristianos debe basarse en un acuerdo doctrinal En la práctica, esto ha causado división endémica.

Claro que necesitamos una buena teología, y la verdad de las Escrituras es la base del *Curso de la Gracia*. Pero la base de nuestra unidad es Cristo, la Verdad.

LA GRACIA

La gracia también es una palabra relacional. Significa dar algo gratuitamente a alguien que no lo merece.

¿Alguna vez enviaste un regalo y la persona nunca te lo agradeció? Te preguntas si el regalo no llegó o si simplemente no les gustó. En la cultura bíblica, si un regalo no generaba una respuesta, eso significaba que no se había recibido.

Pablo dice que la bondad de Dios nos lleva al arrepentimiento (Romanos 2:4). La gracia de Dios nos asegura que él nos ama sin importar lo que hagamos. Pero si esa gracia no nos lleva al arrepentimiento, a renovar nuestra lealtad con él y a cambiar nuestra forma de vivir, entonces no hemos recibido su gracia.

Por eso, tolerar el pecado, como lo hizo la iglesia de Tiatira, no es gracia. Tampoco lo es un amor sentimental que no requiere nada y no desafía el pecado.

Pablo lo explica mejor que nadie:

> **«Esfuércense por mantener la unidad del Espíritu mediante el vínculo de la paz. Hay un solo cuerpo y un solo Espíritu, así como también fueron llamados a una sola esperanza; un solo Señor, una sola fe, un solo bautismo; un solo Dios y Padre de todos, que está sobre todos y por medio de todos y en todos». (Efesios 4:3-6).**

HORARIO PARA GRUPOS PEQUEÑOS

Diseñamos este plan para quienes lideran un curso con grupos pequeños. A partir de una reunión de noventa minutos de duración, sugiere el tiempo que debe durar cada parte de la sesión, e indica el tiempo acumulado transcurrido. Encontrarás un horario en cada sesión. La segunda columna muestra el tiempo asignado a cada elemento individual en minutos. La tercera columna muestra el tiempo total transcurrido en horas y minutos.

SESIÓN 8	Minutos	Horas
Bienvenida, Clave, Conecta	10:00	00:10
Palabra Parte A	12:00	00:22
Pausa para la reflexión 1	15:00	00:37
Palabra Parte B	10:00	00:47
Pausa para la reflexión 2	13:00	01:00
Palabra Parte C	15:00	01:15
Pausa para la reflexión 3	15:00	01:30

El tiempo asignado para las secciones de Palabra se basa en la duración aproximada de la sección correspondiente de los vídeos.

VERSÍCULO CLAVE

De este modo todos sabrán que son mis discípulos, si se aman los unos a los otros

Juan 13:35

VERDAD CLAVE

La unidad es indispensable para ejercer la autoridad espiritual necesaria para discipular a las naciones, algo que Jesús nos delegó.

CONECTA

Si escribieras un libro sobre tu vida, ¿qué título le darías al siguiente capítulo?

Lee el Salmo 133:

> «¡Cuán bueno y cuán agradable es que los hermanos convivan en armonía! Es como el buen aceite que, desde la cabeza, va descendiendo por la barba, por la barba de Aarón, hasta el borde de sus vestiduras. Es como el rocío de Hermón que va descendiendo sobre los montes de Sion. Ciertamente, allí el Señor envía su bendición, vida para siempre».

¿Alguna vez has visto que la unidad trae bendición?

Si viste el vídeo corto de *La Maravilla de la Gracia* para esta sesión, ¿qué te llamó la atención?

¿Hubo algo en *Perlas diarias de gracia* de YouVersion que te hiciera pensar?

ORACIÓN Y DECLARACIÓN

En cada sesión, queremos animar a la gente a repetir juntos y en voz alta la oración y la declaración. La oración se dirige a Dios mientras que la declaración se dirige al mundo espiritual en general.

Anímales a que lean la declaración con denuedo.

Querido Padre celestial, gracias por la promesa del Salmo 133, que dice que cuando convivimos en armonía, tú otorgas bendición y vida para siempre. Como hijos de Dios que vivimos desde nuestra identidad en Cristo, deseamos ser pacificadores. Por favor, ayúdanos a perdonar implacablemente y enséñanos a mantener la unidad del Espíritu mediante el vínculo de la paz. (Efesios 4:3).

EN EL NOMBRE DE JESÚS, NOS HUMILLAMOS ANTE DIOS Y ANTE NUESTROS HERMANOS Y HERMANAS EN CRISTO. RECHAZAMOS A TODO ENEMIGO DEL SEÑOR JESUCRISTO QUE QUIERA CAUSAR DIVISIÓN O CONFUSIÓN Y LE ORDENAMOS QUE NOS DEJE EN PAZ.

PALABRA

PARTE A

JESÚS NOS DELEGA AUTORIDAD ESPIRITUAL

Bienvenidos a la Sesión 8, titulada «Pacificador»

Jesús no nos manda a que vayamos y hagamos discípulos *sin más*. Comienza afirmando un requisito previo indispensable: «—Se me ha dado toda autoridad en el cielo y en la tierra».

Únicamente sobre esa base, él continúa: «*Por tanto*, vayan y hagan discípulos...»

En la cruz, Jesús «Desarmó a los poderes y a las autoridades y, por medio de Cristo, los humilló en público al exhibirlos en su desfile triunfal» (Colosenses 2:15). Ahora está sentado a la diestra del Padre, muy por encima de todo poder y autoridad demoníaca. Y en esta declaración él nos delega esa autoridad espiritual a nosotros. ¿Para qué? Para discipular a las naciones.

¿Por qué, dirías tú, es que no hay más gente que se vuelva a Jesús? Pablo lo explica claramente en otro versículo que también solemos pasar por alto. Él dice que es porque «El dios de este mundo ha cegado la mente de estos incrédulos...» para que no sean capaces de ver la luz del evangelio (2 Corintios 4:4).

Si esa es la razón, solamente compartirles el Evangelio no va a dar resultado. No son capaces de entenderlo. Entonces ¿cómo podemos contrarrestar este problema espiritual? Con la autoridad espiritual sobre Satanás que Jesús nos ha delegado.

¿Y cómo activamos esa autoridad espiritual? A menudo pasamos por alto un hecho claro y sencillo, pero inesperado, que Jesús menciona:

«De este modo todos sabrán que son mis discípulos, si se aman los unos a los otros» (Juan 13:35).

Notarás que Jesús escogió un tema en especial al orar por nosotros, los que vendríamos después de sus discípulos. Oró que todos seamos uno, así como él y el Padre son uno. ¿Para qué? «...para que el mundo crea que tú me has enviado» (Juan 17:21).

El Salmo 133 nos dice que es en unidad que «...el Señor envía su bendición, vida para siempre...» Cuando nos amamos unos a otros, caminamos en esa bendición; es una autoridad delegada; un poder espiritual. Y Satanás no puede resistirlo.

Observa que en el libro de los Hechos la iglesia primitiva no tenía muchos recursos —ni templos propios, ni apps de la Biblia, ni sermones *online*— pero estaba completamente unida. Y vemos que a miles de personas se les abrieron los ojos a la luz del Evangelio y respondieron a él. ¿Por qué no sucede eso también en tu barrio o ciudad?

Juntos somos el instrumento escogido de Dios para discipular a las naciones. No hay plan B.

EL CUERPO DE CRISTO

Por eso el Nuevo Testamento nos insta continuamente a la unidad. Y habla de nosotros como «el cuerpo de Cristo». Es más que una metáfora. Si lo piensas, somos la carne y los huesos, los brazos y las piernas a través de los cuales Dios obra en el mundo.

Como cristianos sueltos, somos una pierna desmembrada o un ojo suelto que de nada sirven separados del cuerpo. No puedes dar fruto por tu cuenta, incluso si escuchas los mejores *podcasts* espirituales.

En Hechos, Lucas usó una palabra repetidamente para describir la unidad. Por lo general, se traduce como «un mismo pensar», pero su sentido literal es «una misma pasión».

La *unidad* es «una pasión» compartida. Pasión por Dios y sus propósitos. Pasión tan fuerte que supera nuestras diferencias, preferencias y opiniones.

Me pregunto, ¿estás empezando a apasionarte por la unidad ahora que conoces su importancia para alcanzar este mundo para Cristo?

[Pamela cuenta]

Cada verano sirvo en un campamento evangelístico para jóvenes y niños junto con gente de Estados Unidos y Latinoamérica. Venimos de todo tipo de denominaciones. Y pensarías que juntar a cristianos tan diversos es una receta segura para una pelea campal, cada uno argumentando su posición. Pero sucede todo lo contrario. Todos compartimos una pasión: fijar nuestros ojos en Jesús y darlo a conocer a las naciones. Y cada año vemos a cientos de jóvenes y niños que entregan su vida a Jesús.

Jesús dijo: «Dichosos los que trabajan por la paz, porque serán llamados hijos de Dios». (Mateo 5:9). Ser pacificadores e hijos de Dios son dos caras inseparables de una moneda. Si eres un hijo de Dios, que vive desde su identidad en Cristo, trabajarás por la paz.

ENCUENTRA TU LUGAR EN EL CUERPO

No nos quedemos en la teoría. Si aún no formas parte de una comunidad de fe, de una iglesia local, ¿podemos animarte a unirte a alguna?

Plantea la pregunta: «¿Dónde quieres que te sirva, Señor?» Él puede colocarte en un lugar inesperado, pero donde mejor encaja tu contribución.

Encuentra el lugar que Dios tiene para ti en ese cuerpo. Y si no eres el líder, sigue a quienes Dios ha escogido para liderar. Todos hemos pensado, en alguna ocasión, que haríamos las cosas mejor que nuestros líderes. Pero a menos que estén sobrepasando los límites de su autoridad o estén en pecado, es nuestro deber animarlos y apoyarlos.

Cuando sabes que Dios te ha llamado a desempeñar un papel único en una parte específica de su cuerpo, es más probable que perseveres cuando las cosas se pongan peliagudas. Y se pondrán.

[Nancy cuenta]

Como misionera y esposa de pastor, me ha tomado por sorpresa que los golpes más duros han venido de dentro de la iglesia en lugar del mundo. Una vez le dije a Jesús: «si esto es la Iglesia, no quiero tener nada que ver con ella». Jesús respondió: «Nancy, ¿me amas? Apacienta mis corderos». Él sabía que yo había empezado a verlos como vampiros chupa sangre, no como corderos. «Nancy, ¿me amas? Cuida de mis ovejas». Así es, porque amo a Jesús, elijo amar también a su Iglesia.

Ser parte de una iglesia no es fácil. Pero es esencial. Satanás entiende el poder de nuestra unidad. Y nos tentará implacablemente a la desunión y a la desconexión. Siempre habrá gente con otro punto de vista, que comete errores, que nos ataca, nos ofende o que simplemente nos cae mal.

[Pamela cuenta]

Recientemente me enteré de que una joven, a quien discipulé durante años, y su mamá estaban hablando mal de mí. Mi primera reacción fue de mucha angustia, porque no sabía lo que había hecho mal.

Hay un gran principio bíblico que dice: «Si es posible, y en cuanto dependa de ustedes, vivan en paz con todos» (Romanos 12:18).

Por eso me acerqué a esa joven para que me dijera con confianza lo que sucedía. Le pedí disculpas por haber hecho algo que la ofendiera, sin darme cuenta. Fue una conversación agridulce, pero supuestamente aclaramos el malentendido y todo bien. ¡Pero no fue así! Me enteré de que ambas seguían hablando mal de mí a mi espalda. Sentí una combinación de enojo y tristeza en mi corazón; estaba muy decepcionada.

Debemos hacer lo que esté en nuestro poder —la parte de «en cuanto dependa de ustedes»— y dejar el resto a la otra persona y a Dios.

En efecto, yo había hecho lo que estaba en mis manos, pero sus críticas aumentaron. El Señor me mostró que ya no dependía de mí; mi responsabilidad a partir de ese momento era amarlas y perdonarlas. Y si las críticas continúan, he decidido no tomarlas en cuenta, porque sé que mi valor no depende de otra gente, sino únicamente de Cristo.

Aprende a perdonar, implacablemente. Sí, es doloroso perdonar. Recuerda que, aunque con tu perdón liberes a la persona, ella tendrá que rendir cuentas a Dios. Puedes entregarle todo el dolor y las demandas de justicia y venganza, con la seguridad de que él hará justicia. Mientras tanto, puedes ser libre del rencor y del dolor, y así evitas que Satanás meta mano en la comunidad de la iglesia.

Para pelear se necesitan dos, y también se necesitan dos para causar división. Por lo tanto, rehúsa tomar parte en la división.

En cuanto dependa de nosotros, hagamos todo lo posible para desatar el poder espiritual que trae la unidad en el lugar donde Dios nos ha puesto.

PAUSA PARA LA REFLEXIÓN 1

OBJETIVO

Pensar por qué el concepto de ser "un solo cuerpo" es tan importante.

1. «Juntos somos el instrumento escogido por Dios para discipular a las naciones. No hay un plan B». ¿Esta afirmación te anima o te desanima? ¿Por qué?

2. ¿Por qué crees que Jesús escogió la unidad entre todos los temas a escoger, al orar por aquellos que vendríamos después de los primeros discípulos?

PARTE B

CÓMO ACERCARNOS A LOS QUE AÚN NO CONOCEN A JESÚS

Tal vez te hemos dado la impresión de que lo único que hace falta es amarnos unos a otros, y la gente del mundo acudirá en masa al Reino de Dios. Pero, por supuesto, también tenemos que salir y hablarle a la gente de Jesús y trabajar por la justicia en nuestras comunidades.

Nuestra unidad crea el ambiente espiritual necesario para que esas actividades den mucho más fruto.

Por lo tanto, en esta sección veremos cómo el Dios de amor quiere que nos acerquemos a la gente que aún no conoce a Jesús. También veremos cómo acercarnos *unos a otros* cuando surgen problemas de pecado.

Vimos en la Sesión 3 cómo la Iglesia se erigió en juez y se consideró responsable de velar por la moralidad de la sociedad. En lugar de sorprender a la gente con nuestro servicio y mostrar que estamos *a su favor*, nos damos a conocer por todo aquello a lo cual nos *oponemos*.

El problema es que no podemos predicar las buenas noticias, y ser las malas noticias.

Pero, ¿no nos corresponde como sal y luz decirle a la gente lo que hace mal?

Pablo escribió una carta a los corintios en la que les decía que no se asociaran con personas inmorales. Y le malinterpretaron por completo. Tuvo que escribirles de nuevo para explicárselo mejor, y les dijo:

> «Por carta ya les he dicho que no se relacionen con personas inmorales. Por supuesto, no me refería a la gente inmoral de este mundo, ni a los avaros, estafadores o idólatras. En tal caso, tendrían ustedes que salir de este mundo. Pero en esta carta quiero aclararles que no deben relacionarse con nadie que, llamándose hermano, sea inmoral o avaro, idólatra, calumniador, borracho o estafador» (1 Corintios 5:9-11a).

Habían asumido que Pablo quería decir que no debían asociarse con personas inmorales de fuera de la iglesia. Como si los cristianos fuéramos frágiles y el roce con el mundo nos fuera a contaminar.

Pero Pablo aclara, que cuando se trata del pecado, deberíamos preocuparnos más bien de aquellos de dentro de la iglesia que pecan persistentemente. Y notemos que no se enfoca exclusivamente en pecados sexuales, sino que pone al mismo nivel a aquellos que se aferran al dinero, no controlan su boca, o siguen emborrachándose.

En su carta a los Romanos, Pablo explica con detalle la terrible situación de quienes aún no conocen a Jesús: su pensamiento se ha vuelto inútil, sus corazones están «oscurecidos» y se entregan a la impureza, a las pasiones sexuales antinaturales, al asesinato, al engaño, al orgullo y a la crueldad. Afirma que «el juicio de Dios recae justamente sobre los que practican tales cosas».

Luego advierte con severidad:

> «¿Piensas entonces que vas a escapar del juicio de Dios, tú que juzgas a otros y sin embargo haces lo mismo que ellos? ¿No ves que desprecias las riquezas de la bondad de Dios, de su tolerancia y de su paciencia, al no reconocer que su bondad quiere llevarte al arrepentimiento?» (Romanos 2:3-4).

Sorprendentemente, Pablo no dirige esta advertencia a los inconversos atrapados en estas cosas. Más bien habla a los cristianos que, a pesar de haber experimentado la gracia de Dios, caen en lo mismo, y, sin embargo, condenan a los demás.

El objetivo de la bondad de Dios que habían experimentado era llevarlos al arrepentimiento, no darles libertad para seguir pecando. Y ahí tenemos otra característica inesperada de la gracia: es la *bondad*, y no la condenación, la que nos lleva al arrepentimiento.

Pero, si no señalamos el pecado del mundo, ¿no les comunicamos que lo que hacen está bien? Bien dicen «el que calla, otorga».

Pues Jesús no obró de esa manera. No lo vemos señalando el pecado del recaudador de impuestos. Sin embargo, Zaqueo prometió devolver todo lo que había robado.

[Ana María cuenta]

Yo aprendí de la bondad y la gracia de Dios a través de mi mamá. Mis hermanos y yo nos entregamos al mundo y le hicimos ver estrellas. Mamá nos mostró su amor incondicional y nos extendió gracia durante aquellos años que llegábamos tarde, borrachos y fuera de nuestros cabales. En lugar de señalar y condenar todo lo que hacíamos mal, ella nos decía: «Yo declaro lo que no es como si fuera. Ustedes le pertenecen al Señor y sus vidas son para Cristo. Ustedes son real sacerdocio, nación santa». Hoy los cuatro servimos al Señor.

Dios no quiere que *juzguemos* a la gente por su quebranto. Él quiere que les mostremos el camino de salida. Con bondad. Por lo tanto, toda persona debe saber que es bienvenida a nuestras iglesias, sin importar el tipo de oscuridad que esté viviendo. Cuando conocen a gente que experimenta la libertad del poder del pecado y del temor a la muerte, ¡seguramente querrán experimentarlo!

[David cuenta]

A la primera iglesia que pastoreé empezó a asistir un chico que se prostituía como travesti. El chico llegaba puntual domingo tras domingo. Aunque no puedo decir que entregó su vida a Cristo y que su vida cambió. Él decía que venía porque se llenaba de paz. La gente me preguntaba «¿por qué lo permites?» Yo respondía: «Porque él necesita de Dios. Qué hace con lo que escucha, responde él ante Dios. Pero sabe que la gente de esta iglesia lo recibe de corazón, que cada semana le estrechan la mano y le abrazan. Que le predican a Cristo con amor y respeto».

CÓMO ACERCARSE A LOS QUE SÍ CONOCEN A JESÚS

Ahora bien, una vez que alguien se entrega a Cristo, no lo animamos a continuar viviendo de la misma manera. Esperamos ver un cambio drástico. Jesús quiere que las acciones de su iglesia reflejen la pureza y santidad que él le ha dado.

Entonces, ¿ponemos a los recién convertidos en fila y les decimos: «¡Ahora tienes que dejar de hacer eso y eso y eso!». ¡No! No empezamos por decirles todo lo que *hacen mal*, más bien les enseñamos todo lo que ahora *son* en Cristo. ¡Porque lo que *hacemos* viene de lo que *somos*! Necesitan saber que ahora son santos, que son amados y que Jesús los llama a dar un fruto increíble.

También necesitan saber que cuando Dios dice que no hagamos algo, no es por ser un aguafiestas ni por complicarnos la vida. Es porque Jesús vino para liberarnos de la esclavitud del pecado.

Cuando Santiago vio que sus hermanos en la fe tenían un problema con su forma de hablar, les dijo:

> **«De una misma boca salen bendición y maldición. Hermanos míos, esto no debe ser así. ¿Puede acaso brotar de una misma fuente agua dulce y agua amarga? Hermanos míos, ¿acaso puede dar aceitunas una higuera o higos una vid? Pues tampoco una fuente de agua amarga puede dar agua dulce».** (Santiago 3:10-12).

No les habla con dureza. Simplemente señala que un manantial de agua dulce no produce agua amarga, no es posible. Así como una higuera no da aceitunas, por supuesto que no. Y que cuando ellos pierden los estribos y maldicen, se quejan, o dan pie a la lujuria, están actuando fuera de lugar.

En el núcleo de nuestro ser ahora somos santos. Y, si todo funciona como debería, haremos aquello que hacen los santos. Así de sencillo.

Si las personas se niegan a responder a la reprensión amable, de vez en cuando los líderes de la iglesia tendrán que ejercer disciplina con amor. No se trata de castigar a la gente. La disciplina consiste en ayudarles a no volver a cometer el mismo error. Se trata de restaurar.

¡Porque es la bondad, no la condenación, lo que nos lleva al arrepentimiento!

PAUSA PARA LA REFLEXIÓN 2

OBJETIVO

Reflexionar sobre la manera en la que Dios quiere que tratemos a las personas de fuera de la iglesia y a las dentro.

1. ¿Cómo crees que funciona eso de que la bondad nos lleva al arrepentimiento? ¿Alguna vez lo has visto?

2. ¿De qué manera crees que enseñarles a los nuevos cristianos todo lo que ya son en Cristo les ayuda a convertirse en discípulos que dan mucho fruto?

3. ¿Cómo resumirías las diferencias entre la manera de acercarnos a los que están fuera del cuerpo de Cristo y los que están dentro?

PARTE C

¿QUÉ ES LA VERDADERA UNIDAD?

[Lirio cuenta]

La experiencia más dolorosa que tuve dentro de la iglesia fue cuando de la noche a la mañana nos apartaron del liderazgo. Hasta entonces un equipo de líderes, mi esposo y yo habíamos colaborado con el pastor durante años en diferentes áreas. No había de por medio un problema moral ni doctrinal que justificara lo que hicieron. Era más bien un asunto de poder.

Yo me sentí humillada y traicionada en el lugar donde no imaginé que sucedieran esas cosas. Ese día salimos del templo sin saber qué hacer. Honestamente no quería regresar nunca más y, mientras pensaba a dónde iríamos, el Espíritu Santo me susurró: «Aquí te planté, aquí te quedas». No era lo que yo quería oír en ese momento. Mi esposo tuvo el mismo sentir y nos quedamos. No fue fácil obedecer a Dios en lugar de dejarnos llevar por nuestros impulsos.

Pablo nos dice: «Esfuércense por mantener la unidad del Espíritu mediante el vínculo de la paz». (Efesios 4:3). Y cuando pienso que es eso lo que nos permite ejercer la autoridad espiritual para hacer discípulos, ¡eso es lo que quiero hacer!

La palabra «mantener» nos dice que, a cierto nivel, ya estamos unidos. Pero, ¿con quién estamos unidos?

«...si confiesas con tu boca que Jesús es el Señor y crees en tu corazón que Dios lo levantó de entre los muertos, serás salvo» (Romanos 10:9). Confesar y creer, punto. Si lo hemos hecho, ya estamos unidos en Cristo. Te guste o no. ¿Estás tomando este curso en un grupo? Pues mira a tu alrededor: estás unido incluso con ellos.

¿Y qué es la unidad? ¿Es un acuerdo doctrinal? ¡No! Cuando las iglesias creyeron que era eso, ¿cuál fue el resultado? División tras división, tras dolorosa división.

No insinuamos que la buena doctrina no sea importante. Definitivamente lo es. Como hemos visto, la Biblia es la palabra de Dios, y entender lo que dice es crucial. La iglesia primitiva formuló declaraciones de verdad para asegurarse de que la gente entendiera los elementos fundamentales. Una de esas primeras declaraciones es 1 Corintios 15:3-5. Y es fascinante que enumera solo tres cosas clave:

- Cristo murió por nuestros pecados de acuerdo con las Escrituras;
- Fue sepultado;
- Resucitó al tercer día.

Si alguien no cree en estas doctrinas *esenciales*, es difícil imaginar que conozca a Jesús. Y son solamente tres puntos.

Ahora bien, definitivamente es bueno buscar la verdad de la palabra de Dios en otros asuntos menos esenciales. Eso es lo que hemos hecho en este curso. Pero, como hemos visto, aunque la verdad nunca cambia, nuestra *comprensión* de la verdad puede cambiar.

Sin embargo, en el momento en que insistimos que nuestra comprensión de una doctrina secundaria es mejor que la de otra persona, ya no caminamos en amor, sino en orgullo; porque delata que nuestra manera de pensar nos importa más que la relación con nuestros hermanos y hermanas en Cristo.

100% GRACIA Y 100% VERDAD

[Adrián bromea]

Cuando escucho a mis amigos cristianos discutir sobre cuál es la mejor postura teológica o doctrinal que debemos poner en práctica, yo suelo intervenir con el pecho erguido para decir; «señores, yo soy cristiano y eso me basta» luego me aparto con aires de grandeza y no me junto más con esa chusma...

[Lirio cuenta]

Hace años visitó nuestra congregación un predicador acompañado de varias mujeres para ayudarle en la ministración. Decían pertenecer a la iglesia de la doctrina verdadera que sobre todo buscaba la santidad. Pues su mensaje giró en torno a la apariencia exterior de las mujeres. Que ponernos pantalón era vestir como hombre; que maquillarnos era del diablo, que usar joyas era ostentoso. Las mujeres que le acompañaban bajaron para quitarles los aretes a las hermanas, imponerles las manos y reprender a Satanás. Fue un verdadero desastre porque muchas mujeres se sintieron ofendidas. Algunas de ellas no regresaron a raíz de ese predicador, a quien no le importó ofender y avergonzar públicamente a sus hermanas en Cristo.

Jesús vino a nosotros «lleno de gracia y de verdad» (Juan 1:14). Cada generación se enfrenta a grandes problemas doctrinales que desafían la unidad. Y cada vez parecen ser infranqueables. Veamos cómo Pablo abordó este tema de la unidad en la iglesia de su tiempo, lleno de gracia y lleno de verdad.

Les dice a los cristianos gentiles (en 1 Corintios 8) que no es un problema comer carne ofrecida a los ídolos —esa es la verdad. Pero continúa con gracia y les dice que, si lo hacen en presencia de alguien que cree que eso es malo, *entonces* se convierte en pecado.

El pecado no es comer la carne, es herir la conciencia de un hermano o hermana en Cristo que tiene una comprensión diferente de un asunto secundario. La responsabilidad recae en la persona que cree tener la doctrina correcta. Y, por supuesto, todos creemos tenerla. Es importante actuar con gracia hacia quienes creen algo diferente.

[Adrián cuenta]

En la iglesia donde me convertí se solía predicar mucho sobre la conducta externa. A las mujeres se les enseñaba que si usaban maquillaje, aretes, pantalones o ropa costosa estaban en pecado. A mi esposa la pusieron tres meses en disciplina porque la peluquera se equivocó y le dejó el cabello más corto de lo permitido.

Un día, los jóvenes asistimos al concierto de un cantante cristiano al otro lado de la ciudad, lo que implicaría encontrarnos con creyentes de diversas denominaciones. Mi sorpresa fue ver a muchas mujeres con cabello corto, maquillaje, pantalones, muchos aretes y accesorios que adoraban a Dios con una entrega tan hermosa que no había visto en mi iglesia. Entonces supe que «esa gente» no estaba en pecado, más bien éramos hermanos adorando al mismo Dios.

¿Te emociona la unidad verdadera y el poder espiritual que libera? ¿Estás preparado para ser un pacificador?

A menos que de verdad hayas asimilado la increíble gracia de Dios, es difícil dejar de lado el orgullo o el temor. El orgullo quiere que demostremos que tenemos razón. Y el temor nos lleva a evitar a la gente de otras partes del cuerpo de Cristo.

[Lirio cuenta]

Hace unos meses hicimos evangelismo en una zona de la costa, donde se convirtieron alrededor de 54 personas. Fuimos a hablar con el pastor de una pequeña comunidad cristiana del lugar, para animarle a hacer el seguimiento a los recién convertidos. Lastimosamente no quiso hacerlo. Dijo que su denominación no les permite trabajar con otros grupos que no sean filiales. Eso me hizo sentir muy triste y frustrada a la vez.

Tenemos dos invitaciones para ti al acercarnos al final de este curso.

En primer lugar, te invitamos a que te comprometas a mantener la unidad del Espíritu en el vínculo de la paz. Hay una oración en tus notas (Página 105 de la *Guía del Participante*). Si estás preparado para ello, oremos juntos:

Señor Jesús,

Nos unimos a tu oración al Padre para que tus hijos sean uno. Compartimos tu deseo de que el mundo crea que el Padre te envió. En tu palabra dices que donde hay unidad tú mandas bendición y queremos que esa bendición llegue con toda su fuerza. Queremos ser como tú, el gran Rey de reyes, que te humillaste, tomando la forma de siervo y sufriste una muerte humillante y agonizante en la cruz. Renunciamos a toda pretensión de ser justos o rectos en nuestra propia fuerza y nos humillamos ante ti.

Todo gira en torno a ti y a tu Reino, Señor, no alrededor nuestro. Elegimos humillarnos los unos ante los otros en Cristo y acercarnos no solo con la verdad sino con la gracia, tal como tú te acercas a nosotros. Elegimos considerar a los demás como superiores a nosotros mismos, y velar no solo por nuestros propios intereses, sino también por los intereses de los demás. Reconocemos que, sin amor verdadero, todo lo que hacemos no es sino un metal que resuena o un platillo que hace ruido.

Aunque nuestra doctrina y tradición cristiana sean cien por ciento correctas, sin amor no valen nada.

Señor, anhelamos mantener la unidad del Espíritu mediante el vínculo de la paz. Por lo tanto, llénanos nuevamente de tu Espíritu Santo y guíanos en amor.

Decidimos trabajar por la paz, no criticar.

Decidimos poner la relación por encima de las reglas.

Decidimos poner el amor por encima de la Ley.

Decidimos ser genuinos en lugar de aparentar ser perfectos.

Oramos en el nombre del humilde Jesús, quien ha sido exaltado al lugar más alto y cuyo nombre es sobre todo nombre. Amén.

Esta es la última de nuestras sesiones de enseñanza, pero esperamos verte de nuevo en *Los Pasos para experimentar la gracia de Dios*. Es un proceso tranquilo y respetuoso en el que le pides al Espíritu Santo que te muestre todo aquello que él quiere que trates.

Al terminar, te mostraremos cómo reemplazar cualquier mentira que hayas creído, con la verdad de las Escrituras usando el *Demoledor de bastiones*. Y eso marcará la diferencia para que esto no sea simplemente otro curso más que hiciste en 8 semanas, sino que tenga un efecto transformador en tu vida, a largo plazo. ¡No querrás perdértelo!

LA CELEBRACIÓN DE LA BODA

Mencionamos dos invitaciones, ¿verdad? La segunda es una invitación a una boda. Apocalipsis 7:9 nos dice que, al final de los tiempos, «...una multitud tomada de todas las naciones, tribus, pueblos y lenguas» se juntará para celebrar la boda del siglo, ¡Qué digo del siglo!... del milenio, ¡Qué digo del milenio!...¡de toda la historia!

Y porque conocemos a Jesús, ¡estamos invitados! Yo solía pensar: «Seguro que estaré en la lista de invitados, pero me sentarán al fondo del salón donde el novio manda a sus amigos revoltosos para evitar que le hagan quedar mal con su suegra».

Recientemente me di cuenta de que no somos los *invitados* a esa boda, ni mucho menos los arroceros (esos que se cuelan a la boda sin invitación). ¡Somos la *novia* del Cordero! Estaremos ahí, en la mesa principal junto al novio.

Y nosotros, la iglesia, nos casaremos con Jesús, el Cordero de Dios.

Como *individuos* cristianos, vestiremos nuestra túnica, nuestro anillo y nuestras sandalias. Pero juntos, como la novia de Cristo, nosotros, la iglesia, ¡resplandeceremos!

Y Dios confía tanto en nosotros que en Apocalipsis (19:7) pone que nosotros, su novia, nos habremos preparado.

Y eso es algo que me apasiona y me entusiasma muchísimo, y hacia lo cual puedo trabajar el resto de mi vida, en su poder y por su gracia.

PAUSA PARA LA REFLEXIÓN 3

Introducción

Cómo puedes colaborar para preparar a la novia de Cristo para su glorioso regreso.

Reflexión

Pide al Espíritu Santo que te revele cuándo has tenido una actitud arrogante hacia otros cristianos.

Lee Juan 3:17 y luego pídele al Espíritu Santo que te muestre cómo has condenado a quienes aún no conocen a Jesús.

¿Cómo puedes poner tu granito de arena para ayudar a la novia de Cristo a prepararse para su regreso?

Te invitamos a terminar este tiempo con la *Oración por la unidad* en la página siguiente.

> ## CIERRE

Recuerda a los participantes sobre las «Perlas diarias de gracia», el devocional que acompaña a este curso y los vídeos cortos de *La Maravilla de la Gracia*. Ambos se encuentran en la web (www.libertadencristo.org/curso-de-la-gracia). También recuérdales del libro que acompaña este curso, *Conéctate con la Gracia*, también disponible en la web (www.libertadencristo.org/tienda).

Si tienes una fecha para el retiro de día de *Los Pasos para experimentar la gracia de Dios*, asegúrate de que los participantes la apunten en sus agendas.

Cierra con una oración.

> ORACIÓN POR LA UNIDAD

Señor Jesús,

Nos unimos a tu oración al Padre para que tus hijos sean uno. Compartimos tu deseo de que el mundo crea que el Padre te envió. En tu palabra dices que donde hay unidad tú mandas bendición y queremos que esa bendición llegue con toda su fuerza. Queremos ser como tú, el gran Rey de reyes, que te humillaste, tomando la forma de siervo y sufriste una muerte humillante y agonizante en la cruz. Renunciamos a toda pretensión de ser justos o rectos en nuestra propia fuerza y nos humillamos ante ti.

Todo gira en torno a ti y a tu Reino, Señor, no alrededor nuestro. Elegimos humillarnos los unos ante los otros en Cristo y acercarnos no solo con la verdad sino con la gracia, tal como tú te acercas a nosotros. Elegimos considerar a los demás como superiores a nosotros mismos, y velar no solo por nuestros propios intereses, sino también por los intereses de los demás. Reconocemos que, sin amor verdadero, todo lo que hacemos no es sino un metal que resuena o un platillo que hace ruido.

Aunque nuestra doctrina y tradición cristiana sean cien por ciento correctas, sin amor no valen nada.

Señor, anhelamos mantener la unidad del Espíritu mediante el vínculo de la paz. Por lo tanto, llénanos nuevamente de tu Espíritu Santo y guíanos en amor.

Decidimos trabajar por la paz, no criticar.

Decidimos poner la relación por encima de las reglas.

Decidimos poner el amor por encima de la Ley.

Decidimos ser genuinos en lugar de aparentar ser perfectos.

Oramos en el nombre del humilde Jesús, quien ha sido exaltado al lugar más alto y cuyo nombre es sobre todo nombre. Amén.

(Basado en el Salmo 133; Juan 1:14-17; Juan 17:20-23; 1 Corintios 13; Efesios 4:1-7; Filipenses 2:1-11).

LIBERTAD EN CRISTO

LOS PASOS PARA EXPERIMENTAR LA GRACIA DE DIOS

OBJETIVO

Pedirle al Espíritu Santo que nos revele las áreas en las que debemos arrepentirnos para poder resolver nuestros conflictos personales y espirituales, eliminar las motivaciones falsas y seguir adelante con profunda gratitud por la gracia de Dios.

VERSÍCULO CLAVE

Así que sométanse a Dios. Resistan al diablo y él huirá de ustedes.

Santiago 4:7

VERDAD CLAVE

Cristo nos ha hecho libres (Gálatas 5:1), pero no experimentamos esa libertad sin un arrepentimiento genuino.

CONECTA

La confesión (admitir que fallamos) es el primer paso del arrepentimiento, pero no basta por sí sola. Debemos someternos a Dios y también resistir al diablo. Asimismo, debemos elegir lo que creemos y cómo vivimos, y decidir cambiar. Si queremos madurar en Cristo, debemos renunciar a las mentiras que hemos creído y a todo pecado en nuestra vida, y declarar nuestra decisión de creer que lo que Dios dice es la verdad y comenzar a vivir en consecuencia.

NOTAS PARA EL LÍDER

Las notas para esta sesión son diferentes a otras en el curso porque, en su mayoría, están dirigidas al líder de la sesión. **Recomendamos que leas cuidadosamente** las notas e instrucciones **antes de dirigir *Los Pasos*** y, si es posible, veas el vídeo de *Los Pasos para experimentar la gracia de Dios*.

Hay dos maneras de dirigir esta sesión. Puedes usar el vídeo de *Los Pasos para experimentar la gracia de Dios* o guiarlo tú mismo usando las notas que siguen. Cada participante necesitará su propia copia de *Los Pasos para experimentar la gracia de Dios* que se encuentra en su *Guía del Participante* o en las notas en línea.

Tú también necesitarás una copia, ya que el proceso en sí no está impreso en esta *Guía del Líder*.

Recomendamos que todos los que hagan el *Curso de la Gracia* pasen por *Los Pasos hacia la libertad en Cristo* antes de realizar *Los Pasos para experimentar la gracia de Dios*, en la medida de lo posible.

El proceso es sencillo: los participantes piden al Espíritu Santo que les muestre las áreas de su vida donde necesitan arrepentirse y luego eligen hacerlo. Te animamos a que **tú pases por el proceso antes de dirigirlo**. Ser capaz de compartir de tu propia experiencia al dirigir a tu grupo les dará la seguridad que no les estás pidiendo algo que tú no hayas hecho primero.

> INTRODUCCIÓN

Es emocionante llevar a las personas por *Los Pasos para experimentar la gracia de Dios*. Es un proceso tranquilo y respetuoso que puede marcar una enorme diferencia en su vida. No hay razón para sentirse nervioso. Tu papel es simplemente facilitar un encuentro entre las personas de tu grupo y Jesús, el Admirable Consejero.

Los beneficios de *Los Pasos para experimentar la gracia de Dios* son los siguientes:

- El método es transferible porque no requiere de expertos; puede facilitarlos cualquier cristiano razonablemente maduro que esté caminando en libertad.
- Produce resultados duraderos porque es la persona quien toma las decisiones y asume la responsabilidad personal, en lugar de que un pastor o consejero lo haga por ellos.
- Toma en cuenta la mente de la persona.
- El enfoque está en Cristo y el arrepentimiento. El problema real no es Satanás, sino nuestra relación con Dios.
- Los siete pasos cubren siete temas críticos entre nosotros y Dios.

Los Pasos para experimentar la gracia de Dios no liberan a nadie. Es Cristo quien libera. Lo que libera es la respuesta a él en arrepentimiento y fe.

> LOS FORMATOS PARA LLEVAR A LA GENTE POR *LOS PASOS*

Los participantes deben tener la oportunidad de pasar por *Los Pasos para experimentar la gracia de Dios* al final del *Curso de la Gracia*, lo antes posible después de la Sesión 8. La sesión del *Demoledor de Bastiones* debe llevarse a cabo después de *Los Pasos*, ya sea combinándola con la sesión de *Los Pasos* o en una sesión separada poco después.

Hay dos maneras de abordar *Los Pasos*, y debes decidir de antemano cuál se adapta mejor a tu contexto: una cita individual o un retiro grupal.

1. LA CITA INDIVIDUAL

Esta es ideal. En una cita individual participan un «facilitador» y un «intercesor» para acompañar a la persona, en una sesión que dura entre tres y cuatro horas. Es sumamente edificante que las personas de una iglesia o comunidad estén dispuestas a confesar sus pecados unos a otros y a orar unos por otros (ver Santiago 5:16).

Los facilitadores e intercesores no necesitan una habilidad especial, aparte de una madurez razonable en Cristo y una comprensión de los principios bíblicos de la libertad. Sin embargo, se beneficiarán de haber tomado el taller AOL (Ayudar a otros a encontrar la Libertad en Cristo) o de haber leído *Discipulado en Consejería* de Neil Anderson (Regal Books, 2003).

2. COMO GRUPO DURANTE UN RETIRO

Llevar al grupo de retiro para guiarlos por *Los Pasos* funciona bien porque permite que todos pasen por *Los Pasos* a la vez. Por otro lado, permite que tengan tiempo suficiente para tratar cualquier asunto que el Espíritu Santo traiga a su mente. Lo mejor es reservar un lugar alejado de la iglesia y dedicar tiempos a la adoración. Necesitarás líderes disponibles para ayudar a los participantes que puedan necesitar apoyo en algún momento.

Ya sea que tu grupo ya haya pasado por El *Curso de Discipulado* o no, puedes incluir la Sesión 7: *Perdonar de corazón* durante el retiro, justo antes del *Paso Cuatro: Perdonar a otros*.

Incluso con el formato de retiro grupal, será necesario ofrecer citas personales. Las personas con necesidades más profundas a menudo requieren más tiempo y necesitarán apoyo adicional. Observa cómo les va durante el retiro y, si es necesario, organiza una cita individual después.

Aunque utilices el formato de retiro de un día, es importante prepararse para citas individuales. Por ejemplo, recomendamos que los líderes del curso tengan citas individuales.

Algunas iglesias han implementado con éxito *Los Pasos* en formato virtual, tanto en citas individuales como en retiros de un día.

> CÓMO LLEVAR A UNA PERSONA POR UNA CITA INDIVIDUAL

1. PREPARACIÓN

La persona que va a pasar por el proceso debe completar un **Inventario Personal Confidencial** antes de la cita. Este archivo se puede descargar en la web (www.libertadencristo.org/curso-de-la-gracia). Ten en cuenta que muchas personas no revelarán cierta información confidencial por escrito, y es probable que otros asuntos salgan a la luz en el encuentro. El **Inventario Personal Confidencial** proporciona información importante sobre el estado físico, mental, emocional y espiritual de la persona. No obstante, su función principal es ayudarle a prepararse para la cita. Al final del encuentro, deberás devolvérselo.

Escoge una sala cómoda y aparta varias horas. Ten a la mano una caja de pañuelos y agua. Es recomendable tomar pausas de vez en cuando.

Recomendamos que la persona firme una **Declaración de Entendimiento**, la cual confirma, por razones legales, que comprende que quien le guía no está actuando como consejero profesional. Esta declaración no contiene información personal más allá del nombre de la persona y la fecha de la cita, y debes archivarla en tus registros. Hay una muestra de la Declaración de Entendimiento que puedes descargar y adaptar según tus necesidades en la misma página web.

2. FACILITA *LOS PASOS* EN UNA CITA INDIVIDUAL

El enfoque del proceso de *Los Pasos para experimentar la gracia de Dios* es la relación personal del participante con Dios. Difiere de la mayoría de los enfoques de consejería porque es la persona quien ora y ora al único que puede ayudarle.

En una cita individual participan un «facilitador» y un «intercesor» para acompañar a la persona. Explícale a la persona la función de cada uno. Quieres cubrir los siete pasos en una sola sesión. Puede que no necesiten cada paso, pero quieres ser minucioso por su bien. Pídeles que lean en voz alta cada oración y afirmación. Pídeles que te avisen si experimentan alguna oposición mental o incomodidad física. Cuando lo hagan, agradéceles por compartirlo contigo y sigue adelante. El interceder sabrá por lo que orar. En la mayoría de los casos, hay poca oposición.

El Paso Cuatro: Perdonar a los demás, suele ser el paso más crítico. Siempre hay al menos una persona, y generalmente más, a quienes debe perdonar. La falta de perdón abre una puerta enorme a Satanás en la iglesia. Si no podemos ayudar a alguien a perdonar de corazón, no podremos ayudarlo a ser libre de su pasado. Cuando oren y pidan a Dios que les revele a quién necesitan perdonar, pueden estar seguros de que él traerá nombres a su mente. Si dicen: «Bueno, no hay nadie», respóndeles diciendo: «¿Puedes compartir los nombres que vienen a tu mente ahora mismo?». Normalmente surgirán varios nombres, y deberían apuntarlos. No es raro que les vengan a la mente nombres que les sorprenden. Tampoco es raro que durante el proceso de perdonar evoquen recuerdos dolorosos que habían olvidado.

Explícales lo que es el perdón y cómo perdonar. Hay un resumen breve en la *Guía del Participante*. Una vez que hayan completado su lista de nombres, pregúntales si están dispuestos a perdonar a esas personas por su propio bien. Perdonar a otros es, principalmente, un asunto entre ellos y su Padre celestial. Posteriormente, puede que la reconciliación se dé como puede que no.

3. SIGUE APUNTANDO HACIA LA VERDAD

El obtener la libertad en Cristo es una cosa; permanecer en libertad es otra. Pablo dice en Gálatas 5:1: «Cristo nos libertó para que vivamos en libertad. Por lo tanto, manténganse firmes y no se sometan nuevamente al yugo de esclavitud».

Habla con ellos sobre las cosas clave que surgieron durante la sesión para ayudarles a descubrir mentiras. La mayoría de las personas atrapadas en un conflicto espiritual tienen una visión distorsionada de Dios y de sí mismas, y te ayudará si puedes determinar cuáles son esas creencias falsas. Los cristianos derrotados a menudo tienen una idea equivocada de los dos reinos. Piensan que están atrapados entre dos poderes iguales pero opuestos. Creen que Satanás está en un lado, Dios en el otro, y ellos en el medio. Eso no es verdad, y serán derrotados si lo creen. La verdad es que Dios es omnipresente, omnipotente y omnisciente. Satanás es un enemigo derrotado, y nosotros estamos vivos en Cristo y sentados con él a la derecha del Padre, el lugar de máxima autoridad y poder en el universo.

La sesión para *Demoler Bastiones* les mostrará cómo reemplazar las mentiras que han identificado con la verdad para que puedan renovar su mente, y eso será lo que traerá una transformación genuina. (ver Romanos 12:2).

Los que buscan la libertad obtendrán un enorme beneficio si puedes seguir animándolos a identificar mentiras, hacer una lista de versículos bíblicos que afirmen lo que es la verdad, desarrollar declaraciones para *Demoler Bastiones* y perseverar en ellas (una a la vez) durante cuarenta días.

> LLEVAR A UN GRUPO POR *LOS PASOS PARA EXPERIMENTAR LA GRACIA DE DIOS*

Puedes revisar el horario sugerido para un retiro de un día en la página 163, que te servirá como guía para planificar. También te recomendamos ver el vídeo sobre *Los Pasos* antes, te ayudará a tener todo más claro y estar mejor preparado.

Si llevas a un grupo a través de *Los Pasos para experimentar la gracia de Dios* en un día de retiro, asegúrate de que el lugar sea agradable, retirado de la iglesia si es posible, y que haya suficiente espacio para que cada persona tenga privacidad. Ayuda poner música tranquila de fondo para que las personas puedan orar en voz alta sin sentirse escuchadas por otros. La música instrumental es lo mejor, ya que no distrae tanto.

Cada participante necesitará su *Guía del Participante*, que contiene *Los Pasos para experimentar la gracia de Dios*. También es útil que lleven papel o una libreta para tomar notas.

Es recomendable usar el vídeo de la sesión de *Los Pasos* para guiar a las personas a través del proceso, ya que realiza la mayor parte del trabajo por ti. Necesitarás tecnología adecuada para mostrarlo.

A veces, las personas necesitarán atención individual en partes de *Los Pasos* donde se bloquean o que les resultan difíciles. Planea tener un número adecuado de líderes cuyo papel será estar disponible para ayudar a aquellos que tienen alguna dificultad. Una proporción de uno por cada diez participantes es ideal. Estos líderes deben ser cristianos maduros que hayan realizado *Los Pasos* ellos mismos.

Comienza con una oración y luego explica cómo funcionará la sesión. El grupo hará varias oraciones juntos en voz alta. Después, pasarán tiempo a solas con Dios. A nadie se la avergonzará o se le pedirá que comparta nada con el grupo o con otra persona. Esto es un encuentro entre la persona con Dios.

Explica al grupo que algunos entrarán en contacto con un dolor real, y las lágrimas son comprensibles y aceptables. Algunas personas tendrán muy poco que tratar en algunos pasos, mientras que otras tendrán mucho. Puedes sugerir que aquellos que no tienen mucho en un Paso oren por los demás, para que el Espíritu Santo revele todo lo que necesita ser revelado y que los intentos de Satanás por interferir en el proceso sean ineficaces. Si las personas tienen demasiadas cosas para tratar en el tiempo disponible, tranquilízalas diciendo que esta no es la única oportunidad y que podrán ponerse al día más adelante, preferiblemente con una cita personal.

Comienza cada paso con una breve explicación de lo que trata, haz que todos digan juntos las oraciones iniciales en voz alta y luego permite que pasen tiempo a solas con Dios para tratar con los asuntos que el Espíritu Santo les muestra. Espera hasta que todos hayan terminado ese Paso, o esa parte del Paso, y que estén listos para continuar antes de pasar al siguiente vídeo o instrucción.

Si estás dirigiendo la sesión sin el vídeo, usa las notas de grupo que están escritas desde la perspectiva de un líder hablando a su grupo. Estas notas te indicarán cómo introducir cada parte del proceso.

Explica *Los Pasos* al grupo de manera clara y sencilla para que todos entiendan qué van a hacer y por qué es importante. Luego, guíalos a orar juntos en voz alta la oración al inicio de cada paso. Esto les ayudará a sentirse conectados y enfocados como grupo. Después de orar juntos, dales un tiempo a solas con Dios.

Al inicio de cada Paso encontrarás **notas para el líder del grupo** seguida de una lista de viñetas con las cosas que se deben hacer.

> INTRODUCCIÓN

¡Bienvenido a *Los Pasos* para experimentar la gracia de Dios! Este es un proceso tranquilo, respetuoso y práctico para ayudarte a vivir los principios bíblicos del *Curso de la Gracia* y hacerlos reales en tu día a día.

¿Te sientes lejos de Dios últimamente? ¿Tu vida cristiana se siente pesada o como una carga? ¿Estás luchando por romper cadenas de pecado, temor o ansiedad? Hoy tendrás la oportunidad de dejar que Dios, con amor y paciencia, te muestre el camino hacia adelante y te dé un nuevo comienzo.

Recuerda, Dios es amor, y te ama. No hay condenación alguna de parte de él. Romanos 8:1 dice: «Por lo tanto, ya no hay ninguna condenación para los que están en Cristo Jesús». Todo lo que él quiere hacer es abrir tus ojos con la mayor suavidad posible a las áreas en las que estás luchando. No quiere que sientas culpa, vergüenza o temor. De hecho, él quiere liberarte de estas cosas para que puedas experimentar su amor a un nivel más profundo.

Dios anhela la posibilidad de que, al final de esta sesión, experimentes una intimidad y cercanía con él que quizá no has sentido en mucho tiempo, o tal vez nunca antes. No hay nada que temer, solo cosas buenas a las que mirar hacia adelante.

Para cada Paso, primero te daremos información básica sobre su propósito. Luego, te guiaremos a través del proceso, incluyendo una oración al inicio que diremos juntos en voz alta. Las oraciones y declaraciones están numeradas para ayudarte a localizarlas con facilidad.

Después, tendrás libertad para trabajar a solas con Dios y ver lo que el Espíritu Santo trae a tu mente en ese *Paso*. Durante esos tiempos personales de oración privada con Dios, te sugerimos que ores en voz alta, aunque sea en un susurro. Esto tiene tres beneficios:

1. Te ayuda a concentrarte mejor, ya que es más fácil distraerse al orar en silencio.

2. Refuerza lo que estás haciendo, porque recordamos más lo que decimos y escuchamos que lo que solo pensamos.

3. Envía un aviso al enemigo de que hablas en serio. Él puede escuchar lo que dices en voz alta, pero no lo que piensas.

Cambiar de un lugar de vergüenza, culpa, temor, ansiedad u orgullo puede encontrar resistencia por parte de nuestro enemigo. Usualmente, esto se manifiesta como pensamientos de que esto es una pérdida de tiempo, que es muy difícil o que necesitas irte a hacer algo más. Simplemente mantente firme y pídele a Dios que te dé la fuerza para perseverar. Estarás feliz de haberlo hecho.

Si te llegan pensamientos molestos, dile al enemigo que «se vaya en el nombre de Jesús» y continúa. También puedes pedirle a uno de los líderes que ore contigo. Pero recuerda, Jesús ya desarmó todos los poderes de las tinieblas, y comparte su autoridad contigo para echar fuera al enemigo. Santiago 4:7 nos asegura que cuando te sometes a Dios y resistes al diablo, él no tiene otra opción que huir de ti.

Durante este proceso, dos cosas principales sucederán. Primero, el Espíritu Santo te ayudará a ver áreas de pecado que le han dado al enemigo alguna influencia en tu vida. Al someterte a Dios y reconocer los problemas y alejarte de ellos, cerrarás las puertas que abriste. Al final del proceso, al resistir al diablo, él no tendrá otra opción que huir de ti.

La segunda cosa que sucederá es que el Espíritu Santo te permitirá ver áreas donde tus creencias no están alineadas con lo que es realmente la verdad según la Palabra de Dios. Reemplazar esas mentiras con la verdad, lo que la Biblia llama «renovar tu mente», es lo que traerá una transformación duradera. Después de completar estos *Pasos*, te equiparemos con una herramienta llamada *Demoledor de Bastiones* que puedes usar durante el resto de tu vida cada vez que te des cuenta de que tus creencias están fuera de línea con la Biblia.

Apunta las creencias falsas que vengan a tu mente durante *Los Pasos* en la **Lista de mentiras** en la página 162 de tu *Guía del Participante* o en un papel aparte. Mas adelante podrás tratar con ellas con la herramienta para demoler bastiones.

ORACIÓN DECLARACIÓN DE INICIO

Antes de empezar con *Los Pasos*, oremos juntos en voz alta. Primero, haremos la **Oración de inicio**, y luego la **Declaración de inicio**.

Hay varias **oraciones y declaraciones** que te invitaremos a decir en voz alta junto con todos. Todas están identificadas con un número y una letra al final, para que puedas ubicarlas con facilidad.

¿En qué se diferencian una **oración** y una **declaración**?

- Una **oración** se habla directamente a Dios.
- Una **declaración** se habla al mundo espiritual: a Dios, a los ángeles y a los demonios.

Comenzaremos con la **Oración de apertura**, que es la oración **1.A**, y seguiremos de inmediato con la **Declaración de apertura**, que es la **1.B**.

PASO 1: ELIGE CREER LA VERDAD

En este primer paso, afirmaremos algunas verdades clave de la Biblia.

Jesús nos dijo que conocer la verdad nos hace libres (Juan 8:32). Por lo tanto, creer en mentiras nos mantiene esclavizados. Es importante rechazar todas las mentiras que identificaste durante El *Curso de la Gracia* y, en su lugar, declarar y creer lo que es realmente cierto según las Escrituras. Además, Dios puede usar estas afirmaciones para mostrarte otros patrones de pensamiento equivocados.

Por ejemplo, si un verdadero seguidor de Cristo sabe que está completamente perdonado, plenamente aceptado, amado incondicionalmente y absolutamente seguro en Cristo, ¿no impactarían esas verdades positivamente en su vida? ¡Por supuesto! De la misma manera, si esa misma persona estuviera atormentada por culpa y vergüenza, dudando del amor de Dios, plagada de temores malsanos o llena de orgullo, ¿no impactarían esas mentiras negativamente en su vida? ¡Claro que sí!

Por eso, para ser un discípulo sano, en crecimiento y fructífero de Jesús, necesitamos conocer, creer y vivir de acuerdo con la verdad y rechazar cualquier mentira que hayamos estado creyendo sobre quiénes somos en Cristo y sobre la naturaleza y actitud de Dios hacia nosotros.

Oración 1.C — Ora en voz alta con todos la **Oración 1.C**.

Tener una visión equivocada del carácter de Dios y de sus expectativas hacia nosotros puede ser un gran obstáculo para desarrollar una relación cercana e íntima con él. Así que vamos a empezar reflexionando sobre la verdad acerca de nuestro **Padre Dios**, como lo vimos en la **Sesión 6 del** *Curso de la Gracia*.

Rechazaremos **en voz alta** las mentiras comunes que los cristianos a menudo creen sobre Dios y afirmaremos lo que es realmente la verdad según la Biblia.

Declaración 1.D–Di en voz alta con todos la **Declaración 1.D** (La verdad sobre nuestro Dios Padre).

Tiempo a solas con Dios

Ahora, toma un momento **a solas con Dios** para revisar la lista y marca aquellas verdades que te cuesta aceptar en tu corazón. Si lo deseas, busca las citas bíblicas de esas verdades. Luego, cuando estés listo, por cada verdad que marcaste, usa la **Oración 1.E** para afirmar lo que es cierto acerca de Dios.

Donde encuentres un espacio en blanco, puedes usar tus propias palabras o tomar lo que aparece en la segunda parte de las declaraciones.

Escribe cualquier mentira sobre Dios que hayas creído en tu **Lista de mentiras**.

Pausa

Es importante aprender a vernos como Dios nos ve, lo cual, por supuesto, es como realmente somos. Haz la **Declaración 1.F** en voz alta juntos.

Toma un momento para **revisar la lista** y **marca las verdades** que te cuestan creer. Luego, haz la **Oración 1.G**.

Pausa

Ahora revisa la sección titulada «Mi nuevo nombre», que incluye la lista de nombres nuevos que vimos en la Sesión 2 del *Curso de la Gracia*.

Haz la **Oración 1.H** y permite que el Espíritu Santo hable y revele el nombre nuevo (o nombres) que quiere que tomes hoy.

Recuerda que **Dios puede mostrarte un nombre que no está en la lista**.

Después, usa la **Oración 1.I** para declarar y **agradecer al Padre** por cada nuevo nombre que él te da.

Pausa

PASO 2: CAMINA EN EL ESPÍRITU Y NO EN LA CARNE

Hay un gran contraste entre los dos hermanos en la historia de Jesús sobre el **hijo pródigo** (Lucas 15:11-32). El hijo menor vivía bajo la ilusión de que la «buena vida» estaba en algún lugar fuera de cualquier estructura, restricciones, reglas o expectativas que su padre o cualquier otra persona pudiera tener. Sin embargo, descubrió que la verdadera libertad no estaba «allá afuera» viviendo de manera desenfrenada.

Aunque ahora somos **nueva creación en Cristo** (2 Corintios 5:17), en lo más profundo de nuestro ser, todavía tenemos una inclinación hacia el pecado, lo que la Biblia llama «la carne». Cada día podemos decidir si «caminar por el Espíritu» o «caminar por la carne».

En este paso, invitaremos a nuestro Padre a mostrarnos en qué áreas hemos creído las **mentiras de la carne** y nos hemos permitido volver a la esclavitud del pecado.

Confesión: Estar de acuerdo con Dios

El término «confesión» literalmente significa «decir lo mismo» o «ponernos de acuerdo» con alguien. Cuando confesamos nuestros pecados a Dios, estamos diciendo que él tiene razón en su juicio: lo que hemos hecho está mal. Admitimos que «él está en lo correcto» y que nosotros estábamos equivocados.

Además, debemos recordar lo que Dios nos dice en 1 Juan 1:9:

«Si confesamos nuestros pecados, Dios, que es fiel y justo, nos los perdonará y nos limpiará de toda maldad».

- **El perdón** elimina la culpa de nuestros pecados.
- **La limpieza** elimina la vergüenza asociada con ellos.

Podemos acercarnos a Dios con humildad y libertad, reconociendo nuestras faltas, porque Dios está lleno de **gracia y misericordia**, lento para la ira y lleno de compasión (Éxodo 34:6). Él conoce cada detalle de nuestro pecado, pero eso no cambia su amor por nosotros ni en lo más mínimo.

Recuerda lo que nos dice en **Romanos 8:1**:

«Por lo tanto, ya no hay ninguna condenación para los que están unidos a Cristo Jesús».

Oración 2.A — Ora en voz alta junto con el grupo la **Oración 2.A**.

Examinar las obras de la carne

Mira la lista de **pecados de la carne** en tu guía. Esta lista está basada en **Gálatas 5:19-21a**, aunque por supuesto hay otros. Este texto dice:

«Las obras de la carne se conocen bien: inmoralidad sexual, impureza y libertinaje; idolatría y hechicería; odio, discordia, celos, arrebatos de ira, rivalidades, desacuerdos, sectarismos y envidia; borracheras, orgías y otras cosas parecidas».

Toma tu tiempo y permite que el Espíritu Santo te muestre cuáles de estas cosas necesitas tratar hoy. Marca esas áreas o escríbelas en tus notas.

Confesión personal

Finalmente, en tu tiempo a solas con Dios, usa la **Oración 2.B** para confesar esos pecados y decidir apartarte de ellos. No te apresures; hazlo con calma y de manera profunda.

Pausa

PASO 3: EL ORGULLO, EL DESEMPEÑO Y EL PERFECCIONISMO

En este paso, reflexionaremos sobre los errores en los que cayó el hermano mayor en la historia del hijo pródigo (Lucas 15:11-32). Él creía equivocadamente que tenía que ganarse todo lo que su padre pudiera darle. Vivió como un esclavo en un trabajo sin alegría, sofocado por la estructura, las restricciones y las reglas que dejó que lo controlaran. Sin embargo, todo el tiempo pudo haber estado disfrutando de todo lo que su padre ya tenía para él.

Vamos a comenzar el paso tres pidiéndole a Dios que nos revele las **falsas expectativas, estándares y demandas** de otros que hemos sentido que debemos cumplir para sentirnos bien con nosotros mismos, para ser aceptados o para «estar a la altura».

Ora en voz alta la **Oración 3.A** juntos.

Identifica las falsas expectativas

Dedica tiempo a reflexionar sobre las áreas donde has vivido bajo expectativas falsas. Escribe en una hoja de papel o en tu teléfono las **falsas expectativas, estándares y demandas** bajo las que has vivido.

Luego usa la **Oración 3.B** para rechazarlas. Si quieres, puedes romper el papel donde escribiste estas expectativas falsas o borrarlas de tu teléfono de forma simbólica de que ya no tienen poder sobre ti.

Pausa

Reflexión adicional

Tal vez has luchado por complacer a las personas y te cuesta decir que no. Quizás has vivido bajo el yugo del perfeccionismo, tratando de cumplir con tus propias expectativas.

Quizás incluso has imaginado a Dios como un capataz duro y cruel, que rara vez está satisfecho, que sonríe poco o que nunca está contento con lo que haces. O tal vez te das cuenta de que has actuado con orgullo. Recuerda que:

- «...Dios se opone a los orgullosos, pero da gracia a los humildes». (1 Pedro 5:5).
- La **humildad** es la clave para la unidad y para responder a la oración de Jesús en Juan 17: que seamos uno.

Ora en voz alta la **Oración 3.C** juntos.

Evalúa áreas de debilidad

Dedica tiempo a considerar áreas potenciales de debilidad como:

- **Rendimiento** (vivir para complacer o impresionar a otros).
- **Perfeccionismo** (exigir siempre más de ti mismo).
- **Orgullo y juicio** (actitudes de superioridad hacia otros).
- **Poder y control** (intentar dominar a los demás).
- **Vivir sin alegría** (una vida sin disfrute o propósito).

Deja que el Espíritu Santo te señale **acciones y actitudes** que necesitas tratar. Marca estas áreas y luego usa la **Oración 3.D** para confesarlas y apartarte de ellas.

Recuerda agregar las **mentiras** que has creído sobre estas áreas a tu **Lista de mentiras**.

Pausa

PASO 4: PERDONAR A LOS DEMÁS

Este paso se enfoca en la importancia de perdonar a los demás, como lo muestra la historia de Jesús sobre el hijo pródigo (Lucas 15:11-32). Una de las diferencias más evidentes entre el padre y el hermano mayor es que el padre perdonó a su hijo menor, mientras que el hermano mayor no lo hizo. El padre estaba lleno de gozo, pero el hermano mayor estaba lleno de ira y resentimiento.

Aferrarnos a la falta de perdón no hiere a la persona que nos lastimó, sino que nos hiere a nosotros mismos. Dios nos invita a entregar a esas personas y lo que hicieron en sus manos, confiando en que él es el juez justo y hará las cosas bien en el tiempo adecuado (Romanos 12:19).

Este paso puede ser el más liberador para ti, ya que le permitirás a Dios mostrarte quiénes te han lastimado, presionado para conformarte, abusado física, verbal, emocional o sexualmente, o intentado controlarte de otras maneras.

Ora en voz alta la **Oración 4.A** juntos.

Identifica a quién necesitas perdonar

Toma un tiempo para escribir los nombres de las personas que el Espíritu Santo traiga a tu mente.

Pausa

¿Has considerado perdonarte a ti mismo?

Quizás has creído la mentira de que mereces ser castigado por lo que hiciste y, por eso, te castigas a ti mismo. Pero piensa en esto: Jesús fue golpeado, sufrió y murió para que tú no tuvieras que pasar por eso. Su muerte es el pago completo por tus pecados— los tuyos y los míos. En la cruz, Él declaró: «...¡Todo se ha cumplido!...» (Juan 19:30), y lo dijo en serio.

Experimentar el perdón de Dios en tu propia vida te libera para perdonar a los demás. Si necesitas hacerlo, agrégate a la lista de nombres.

¿Has pensado en perdonar a Dios?

Por supuesto, **Dios no ha hecho nada malo**. Sin embargo, para perdonar desde el corazón, debemos ser honestos acerca de cómo nos sentimos. Quizás hayas sentido que Dios te abandonó o te dejó solo. Expresar que lo perdonas significa que estás decidiendo reconocer y liberar esos pensamientos negativos que has tenido hacia él. Dios es lo suficientemente grande para manejar tus emociones. No se sentirá ofendido. De hecho, se alegrará por la libertad que esto traerá a tu vida.

El significado del perdón

Cuando perdonamos, somos más como Cristo. Dios nos pide que pongamos nuestra relación con quienes nos han lastimado en la misma base que él puso su relación con nosotros: perdón inmerecido.

El perdón es un regalo que damos a alguien que no lo merece. Cancelamos su deuda y elegimos no seguir reteniendo su pecado contra ellos.

Jesús dejó claro que nuestro perdón debe ser **sincero**. Debemos ser reales y honestos con Dios acerca de cómo nos han herido y el costo que eso tuvo para nosotros. Luego, hacemos la elección consciente de cancelar esa deuda. Por ejemplo:

«Elijo perdonar a mi padre por pegarme una y otra vez cuando era pequeño, aunque solo estaba tratando de hacer lo mejor que podía. Lo odié por eso y, a veces, deseaba que nos dejara. Aún siento enojo hacia él, pero elijo darle el regalo del perdón. Lo entrego en tus manos, Dios, y renuncio a cualquier derecho a guardar resentimiento o vengarme de él».

¿Es fácil? No. Cuando hemos sido profundamente heridos, perdonar puede ser muy difícil. Pero ¿cómo detienes el dolor? Ciertamente no es aferrándote a la herida ni alimentando el resentimiento. La única manera de detener el dolor y avanzar hacia una vida fructífera es tomar la decisión de **perdonar**. Aunque no podemos cambiar el pasado, al perdonar de corazón podemos ser libres de él.

Fortaleza para perdonar

Con la fuerza de Dios, **perdonar es posible**. Él te dará la gracia necesaria para perdonar cuando tomes la decisión de hacerlo. Es una elección que puedes hacer porque Cristo vive en ti.

Oraciones para perdonar

1. Usa la **Oración 4.B** para cada persona en tu lista. Perdona del corazón. Sé totalmente honesto con Dios.

- Si te sientes cómodo, escribe lo que dices después de la parte «lo cual me hizo sentir» en la **Oración 4.B**.
- Si encuentras que repites las mismas palabras expresiones varias veces, puede ser una señal de una **creencia falsa** que podrás tratar más adelante.

2. Cuando termines, usa la **Oración 4.C** para bendecir a las personas que has perdonado.

3. Finalmente, si necesitas liberar a Dios de pensamientos negativos que has tenido hacia él, usa la **Oración 4.D**.

Pausa

PASO 5: LIBRE DEL TEMOR

En este paso, tendrás la oportunidad de identificar y renunciar a cualquier **temor controlador y malsano**. Como vimos en *el Curso de la Gracia* (Sesión 5: Valientes), no todo temor es malo. Hay temores que tienen todo el sentido del mundo: por ejemplo, no saltas la cerca del zoológico para acariciar al «lindo gatito grande». Sin embargo, los temores malsanos nos frenan de ser los seguidores de Cristo libres, maduros y fructíferos que Dios quiere que seamos. Debes renunciar a esos temores, y elegir caminar con fe en Dios.

Primera parte: El identificar temores, mentiras y la verdad

En la primera parte de este Paso, identificaremos tres cosas:

1. **Temores malsanos** que te están controlando.
2. Las **mentiras** que alimentan esos temores.
3. El **antídoto**, que es la verdad de las Escrituras.

Cada temor controlador y malsano está basado en una mentira. Normalmente, estas mentiras tienen que ver con una comprensión inadecuada de quién es Dios o de quiénes somos en Cristo. O bien, se trata de creer que el objeto de tu temor es poderoso y al mismo tiempo está presente, cuando solo una de esas cosas es cierta. Sea cual sea la mentira, identificarla y expresarla claramente expone el temor por lo que es: ¡un fraude!

Ora en voz alta la **Oración 5.A** junto con el grupo.

Reconocer tus temores

Revisa la lista que se encuentra debajo de la **Oración 5.A**. Esto puede ayudarte a identificar algunos de los temores malsanos que están afectando tu caminar en la fe. Marca aquellos que se aplican a ti y anótalos junto con cualquier otro que el Espíritu Santo te revele.

Escribe estos temores en la primera columna de la tabla en tu guía o usa una hoja aparte en formato horizontal. Divide la hoja en tres columnas con los títulos siguientes: «Temor», «Mentira» y «Verdad».

Por cada temor, pídele a Dios que te ayude a identificar la mentira detrás de él y luego encuentra la verdad correspondiente en la Biblia. Hay un ejemplo en tu guía. Si necesitas, pide sabiduría a un amigo o líder espiritual.

No te preocupes si no puedes completar todo durante el tiempo disponible. Puedes regresar más tarde, pero asegúrate de terminar este ejercicio.

Usa la **Oración 5.B** para renunciar a cada temor, rechazar la mentira detrás de él y aferrarte a la verdad de la Palabra de Dios.

Pausa

Segunda parte: El temor a la gente

La segunda parte de este paso se enfoca en el **temor a la gente.** En Proverbios 29:25 leemos:

«Temer a los hombres resulta una trampa, pero el que confía en el Señor sale bien librado».

Temer a las personas nos lleva a complacerlas. Aquellos que buscan complacer a los demás terminan preocupándose cada vez más por lo que otros piensan, creyendo erróneamente que su valor personal y felicidad dependen de la aceptación y aprobación de otros.

Muchas veces permitimos que la presión social o el deseo de encajar nos impidan vivir una vida valiente, confiada y libre en Cristo. Sin embargo, renunciar a esos temores en este Paso puede marcar el comienzo de un cambio en tu vida que incrementará enormemente tu impacto para Cristo en este mundo.

Ora en voz alta la **Oración 5.C** junto con el grupo.

Enfrentando el temor a las personas

Revisa la lista de sugerencias y marca cualquier área que el Espíritu Santo te revele. Luego, usa la **Oración 5.D** para tratar con esos temores y entregarlos a Dios.

Pausa

PASO 6: INTERCAMBIAR LA ANSIEDAD POR LA PAZ DE DIOS

Pablo nos dijo: «No se preocupen por nada; más bien, en toda ocasión, con oración y ruego, presenten sus peticiones a Dios y denle gracias». (Filipenses 4:6).

Pedro también nos enseñó a llevar nuestras ansiedades a Cristo porque Él cuida de nosotros: «Depositen en él toda ansiedad, porque él cuida de ustedes» (1 Pedro 5:7).

En este Paso, pondremos en práctica los principios que aprendimos sobre cómo entregar nuestra ansiedad a Cristo en la Sesión 6 del *Curso de la Gracia*.

El primer paso: oración

La oración es el primer paso para llevar toda tu ansiedad a Cristo. Comencemos con esto. Ora en voz alta la **Oración 6.A** juntos con todos.

Identificar y gestionar la ansiedad

En tu guía encontrarás una tabla con **cuatro columnas** basadas en los principios que se enseñaron en la Sesión 6.

1. **Primera columna: Identifica el problema**

Escribe los problemas o situaciones que te están causando ansiedad. Cuando lo hagas, intenta tomar distancia del problema y describirlo de manera calmada y objetiva.

2. **Segunda columna: ¿Cuáles son los hechos?**

Anota los hechos de la situación, separándolos de cualquier emoción o suposición.

3. **Tercera columna: ¿Qué estoy suponiendo?**

Enumera cualquier suposición que tienes. Esto te ayudará a distinguir las suposiciones de los hechos. Nuestra mente a menudo salta al peor escenario posible, y antes de que lo sepamos, nos hemos convencido de que eso es lo que sucederá. Es clave apegarse a los hechos reales.

4. **Cuarta columna: ¿Qué puedo controlar y cuál es mi responsabilidad?**

Reflexiona en oración sobre la situación que te causa ansiedad y pregúntate:

- ¿Cuál es **mi responsabilidad**?
- ¿Cuál es **la responsabilidad de Dios**?
- ¿Cuál es **la responsabilidad de otra persona**?

Escribe tus propias responsabilidades en esta columna. Puede que necesites perdonar a alguien o corregir algo que hayas hecho.

El principio clave

Eres responsable únicamente de las cosas sobre las que tienes **derecho y capacidad de controlar**. Si no tienes ni el derecho ni la capacidad, entonces no es tu responsabilidad.

Todo lo demás es **responsabilidad de Dios**.

Tu única responsabilidad restante es seguir orando y enfocándote en la verdad según Filipenses 4:6-8. Si aún sientes ansiedad, verifica si estás asumiendo responsabilidades que Dios nunca quiso que tuvieras.

Usa la **Oración 6.B** para asumir tus responsabilidades después de completar las cuatro columnas.

Poner en práctica tus responsabilidades

Es probable que algunas responsabilidades impliquen cosas que necesitas hacer. No te limites a orar sobre ellas. Puedes entregar tu ansiedad y afanes a Cristo, pero si intentas entregar tus responsabilidades, ¡Dios te las devolverá!

Una vez que cumplas con tus responsabilidades, podrás decir con confianza:

«Te lo dejo a ti, Dios», y entregar todo lo demás en sus manos.

Dios es real, es fuerte y cuida de ti.

Ejercicio práctico

En tu guía encontrarás un ejercicio adicional que puedes realizar en los próximos días para combatir la ansiedad. También hay sugerencias prácticas en tu guía de la Sesión 6 del *Curso de la Gracia*.

Toma tu tiempo para completar este ejercicio y recuerda que puedes confiar en la paz de Dios, que sobrepasa todo entendimiento.

Pausa

PASO 7: RENDIRTE COMO UN SACRIFICIO VIVO

El apóstol Pablo escribió en Romanos 12:1: «Por lo tanto, hermanos, tomando en cuenta la misericordia de Dios, les ruego que cada uno de ustedes, en adoración espiritual, ofrezca su cuerpo como sacrificio vivo, santo y agradable a Dios».

Dios quiere que lleguemos al punto de rendición completa, donde no haya ninguna parte de nuestra vida que conscientemente estemos reteniendo de él. Pablo señala que esta es la forma espiritual y razonable de adorar a Dios, considerando cuán amable y misericordioso ha sido con nosotros.

¿Quién querría rendirse a un dios cruel y mezquino? ¡Nadie! Pero a un Dios tan bueno, amoroso, poderoso y protector, ¿cómo no darle todo lo que somos, todo lo que tenemos y todo lo que esperamos ser, para que lo guarde en sus manos?

Rendición consciente y por decisión propia

En este Paso final, reflexionaremos sobre muchos aspectos de nuestra vida que quizá nunca antes consideramos entregar a Dios. Hazlo con calma, ya que esto requiere tomar decisiones importantes y rendir el control de cada área de tu vida, una por una.

Esto debe ser tu elección, tomada libremente y sin presión. Creemos que experimentarás afirmación y paz al entregar estas cosas a Dios, pero es posible que tengas que luchar contigo mismo antes de llegar a ese punto.

Piensa en todas las maneras en que Dios ha sido misericordioso contigo. ¿Estás listo para comprometerte con Dios y amarlo con un corazón indiviso? No porque estés obligado, sino simplemente por amor. Puede parecer aterrador, pero cuando te entregas por completo en las manos de tu Padre amoroso, estás poniendo tu vida en el único lugar donde puedes estar completamente **seguro y protegido**.

Pidamos a Dios que nos muestre las áreas que necesitamos rendirle.

Ora en voz alta la **Oración 7.A** junto con todos.

Identifica las áreas a rendir

Revisa la lista de sugerencias en guía y marca cualquier área que necesites rendir a Dios. Luego usa la **Oración 7.B** para entregarte a él sin reservas.

Pausa

La oración final de rendición

En esta última oración de rendición, te invitamos a hacer tres cosas:

1. **Entregar tu ser completo:** todo lo que eres, todo lo que tienes y todo lo que esperas ser, como un sacrificio vivo y santo a Dios.

2. **Terminar el proceso de sometimiento a Dios** y resistir al diablo, ordenando que todo espíritu maligno salga de tu presencia.

3. **Pedirle a Dios que te llene nuevamente con su Espíritu Santo**, ahora que te has vaciado de creencias falsas y formas de vida independientes, para que vivas según la ley del Espíritu de vida y libertad.

Ora en voz alta la **Oración 7.C** junto con todos.

Afirmaciones finales

Terminemos estos pasos afirmando algunas de las grandes verdades que hemos considerado en el *Curso de la Gracia*.

Di en voz alta las **Afirmaciones finales 7.D** junto con todos.

Un momento de quietud

Cierra tus ojos por un minuto y quédate en silencio. ¿En tu mente, está todo tranquilo? ¿Hay un sentido de paz?

Tal vez sientas que estás en las nubes en este momento, o quizá simplemente te sientas cansado. Recuerda que el propósito de este proceso no era buscar una buena sensación emocional, sino enfrentar las áreas que te estaban frenando de ser un discípulo fructífero de Jesús.

Si has tratado honestamente todo lo que el Espíritu Santo te ha mostrado hoy, puedes avanzar con confianza, sabiendo que el Dios de gracia tiene planes asombrosos para ti.

Una herramienta final: *Demoledor de Bastiones*

Aunque hemos terminado *Los Pasos*, hemos guardado una de nuestras herramientas más emocionantes y efectivas para el discipulado.

Identificar las mentiras que has creído es un gran paso (y esperamos que tengas tu **Lista de mentiras** preparada). Pero es aún más importante derribar esos bastiones y reemplazarlas con la verdad.

El proceso del *Demoledor de Bastiones* es una herramienta sumamente efectiva para hacer esto, y la exploraremos en una última sesión del *Curso de la Gracia*.

PARA FINALIZAR LA SESIÓN

Recuerda a los participantes el libro **«La Maravilla de la Gracia: Un viaje devocional 40 Días»** de Rich Miller, escrito específicamente para ayudar a quienes han tomado *el Curso de la Gracia* a profundizar en los principios enseñados. Este libro contiene **lecturas diarias durante cuarenta días** que exploran lo que significa vivir una vida llena de gracia.

Enfatiza la importancia del proceso del *Demoledor de Bastiones* para lograr una transformación duradera.

Termina la sesión con una oración.

> HORARIO SUGERIDO PARA UN RETIRO DE UN DÍA

Este es un horario sugerido para guiar a un grupo a través de **Los Pasos para Experimentar la Gracia de Dios** durante un retiro de un día:

Mañana
- **10:30:** Bienvenida y adoración (45 minutos).
- **11:15:** Introducción/oración/declaración (15 minutos).
- **11:30: Paso 1:** Elige creer la verdad (30 minutos).
- **12:00: Paso 2:** Caminemos en el Espíritu y no en la carne (20 minutos).
- **12:20:** Pausa (30 minutos).
- **12:50: Paso 3:** El orgullo, el desempeño y el perfeccionismo (40 minutos).

Almuerzo

13:30: Almuerzo (60 minutos).

Tarde
- **14:30:** Enseñanza en vídeo sobre el perdón del Curso *Libertad en Cristo* (*Sesión 7*, 40 minutos).
- **15:10: Paso 4**: Perdonar a los demás (50 minutos).
- **16:00: Pausa** (30 minutos).
- **16:30: Paso 5**: Libre del temor (30 minutos).
- **17:00: Paso 6**: Cambiar la ansiedad por la paz de Dios (30 minutos).
- **17:30:** Pausa si es necesario (15 minutos).
- **17:45: Paso 7**: Rindámonos como un sacrificio vivo (15 minutos).
- **18:00:** Adoración y cierre.

Opciones y recomendaciones

Este horario incluye la enseñanza en vídeo sobre el perdón del **Curso de Libertad en Cristo** (40 minutos). Puedes decidir no incluirla si el tiempo es limitado.

Este horario **no incluye la sesión de *Demoler Bastiones*.** Se recomienda que esta sesión sobre demoler bastiones, debido a su importancia para la libertad continua y el crecimiento, se programe como una sesión aparte en los días siguientes.

Si decides incluirla al final del **Paso 7**, necesitarás:

- **20 minutos** para la enseñanza en vídeo (sin contar la Pausa para la reflexión).
- **20 a 30 minutos** para que las personas trabajen en su primera herramienta para romper fortalezas.

LIBERTAD
EN CRISTO

DEMOLEDOR DE BASTIONES

OBJETIVO

Ser equipados con un método práctico para reemplazar las creencias erróneas con la verdad de las Escrituras para que la transformación se convierta en un estilo de vida.

NOTAS PARA EL LÍDER

La primera pregunta en la sección **«Pausa para la reflexión»** contiene una lista de **mentiras comunes** que las personas creen y pide a los participantes que encuentren **versículos bíblicos** que muestran lo que es realmente **verdadero**. Aquí hay algunos ejemplos:

- **No soy amado:** «...Con amor eterno te he amado...». (Jeremías 31:3); «Porque tanto amó Dios al mundo, que dio a su Hijo único...». (Juan 3:16); «En esto consiste el amor: no en que nosotros hayamos amado a Dios, sino en que él nos amó...». (1 Juan 4:10).

- **Soy rechazado:** "Mas a cuantos lo recibieron, a los que creen en su nombre, les dio el derecho de ser hechos hijos de Dios». (Juan 1:12); «Por lo tanto, ya no hay ninguna condenación para los que están en Cristo Jesús,». (Romanos 8:1); «En Cristo... fuimos predestinados...». (Efesios 1:11); «...Dios... los ha escogido». (1 Tesalonicenses 1:4).

- **No sirvo para nada:** «Yo respondí: «¡Ah, mi Señor y Dios! ¡Soy muy joven y no sé hablar!». Pero el Señor me dijo: «No digas: "Soy muy joven",...». (Jeremías 1:6-7); «No me escogieron ustedes a mí, sino que yo los escogí a ustedes...». (Juan 15:16); «"Te basta con mi gracia, pues mi poder se perfecciona en la debilidad"». (2 Corintios 12:9); «Todo lo puedo en Cristo que me fortalece» (Filipenses 4:13).

- **No tengo remedio:** «Dios nos incluyó en Cristo para llevar todo a la plenitud» (Efesios 1:10-13); «Den gracias a Dios en toda situación,...». (1 Tesalonicenses 5:18); «...hemos puesto nuestra esperanza en el Dios viviente,...» (1 Timoteo 4:10).

- **Soy tonto:** «...sean transformados mediante la renovación de su mente...». (Romanos 12:2); «...Dios escogió lo tonto del mundo para avergonzar a los sabios...». (1 Corintios 1:26-29); «...Nosotros... tenemos la mente de Cristo». (1 Corintios 2:16); «Si a alguno de ustedes le falta sabiduría, pídasela a Dios...» (Santiago 1:5).

HORARIO PARA GRUPOS PEQUEÑOS

Diseñamos este plan para quienes lideran un curso con grupos pequeños. A partir de una reunión de noventa minutos de duración, sugiere el tiempo que debe durar cada parte de la sesión, e indica el tiempo acumulado transcurrido. Encontrarás un horario en cada sesión. La segunda columna muestra el tiempo asignado a cada elemento individual en minutos. La tercera columna muestra el tiempo total transcurrido en horas y minutos.

DEMOLEDOR DE BASTIONES	Minutos	Horas
Bienvenida, Clave, Conecta	15:00	00:15
Palabra Parte A	11:00	00:26
Pausa para la reflexión 1	20:00	00:46
Palabra Parte B	11:00	00:57
Pausa para la reflexión 2	33:00	01:30

El tiempo asignado para las secciones de Palabra se basa en la duración aproximada de la sección correspondiente de los vídeos.

VERSÍCULO CLAVE

No se amolden al mundo actual, sino sean transformados mediante la renovación de su mente. Así podrán comprobar cómo es la voluntad de Dios: buena, agradable y perfecta

Romanos 12:2

VERDAD CLAVE

Todos tenemos formas de pensar arraigadas que no coinciden con la verdad de Dios. El éxito para avanzar en libertad y crecer en madurez depende de que renovemos nuestra mente al sacar a la luz las mentiras y reemplazarlas con la verdad de las Escrituras.

CONECTA

Cuéntanos de alguna oportunidad en que te jugaron una mala pasada.

Jesús promete que conoceremos la verdad y que la verdad nos hará libres; y lo dice el mismo que también afirma *ser* la Verdad. ¿Qué crees que significa que Jesús *es* la Verdad?

ORACIÓN Y DECLARACIÓN

En cada sesión, queremos animar a la gente a repetir juntos y en voz alta la oración y la declaración. La oración se dirige a Dios mientras que la declaración se dirige al mundo espiritual en general.

Anímales a que lean la declaración con denuedo.

Padre celestial, te agradezco porque la gracia mostrada por Jesús en la cruz, está disponible para nosotros diariamente. Por favor, guíanos a toda verdad, revélanos los bastiones en nuestra mente y ayúdanos a renovar nuestra mente para que seamos transformados. Queremos ser discípulos que dan mucho fruto. Decidimos poner nuestra esperanza en la gracia que se nos dará cuando Jesucristo sea revelado. En su nombre. Amén.

DECLARAMOS QUE, AUNQUE VIVAMOS EN EL MUNDO, NO LIBRAMOS BATALLAS COMO LO HACE EL MUNDO —LAS ARMAS CON QUE LUCHAMOS TIENEN PODER DIVINO. POR CADA CREENCIA ERRADA QUE NOS TIENE ATRAPADOS, ELEGIMOS CREER EN LA PROMESA DE DIOS QUE PODEMOS DEMOLERLA, NO SOLAMENTE SOBRELLEVARLA O MANEJARLA. ¡LA VAMOS A DEMOLER! Y AL HACERLO, SEREMOS TRANSFORMADOS POR LA RENOVACIÓN DE NUESTRA MENTE.

PALABRA

PARTE A

¿QUÉ SON LOS BASTIONES?

En el Ecuador fréjol, en Venezuela caraotas, en México frijoles, en España judías —en todos nuestros países son una comida popular. El problema es que a veces se cuelan pequeñas piedras entre las caraotas. Estás celebrando, disfrutando de tu comida, muerdes… y ¡uf!. Duele. Como una sola piedra en un guiso de caraotas, una sola mentira en una mente llena de buenos pensamientos trae dolor y frustración.

Romanos 12 comienza con: «…hermanos, tomando en cuenta la misericordia de Dios…» y luego nos da dos maneras de responder a la misericordia de Dios.

La primera es «…ruego que cada uno de ustedes… ofrezca su cuerpo como sacrificio vivo, santo y agradable a Dios». Esperamos que hayas dado ese paso y estés permaneciendo en el altar.

La segunda es: «No se amolden al mundo actual, sino sean transformados mediante la renovación de su mente».

En esta sesión te enseñaremos el «Demoledor de bastiones» —una manera práctica de renovar tu mente para que experimentes la transformación de vida que Dios quiere para ti.

¿Qué es un «bastión»?

Aunque la palabra que aparece en 2 Corintios para referirse a un recinto militar fortificado es «fortalezas», hemos escogido el sinónimo «bastiones» para no confundirlo con el significado de fortaleza como virtud.

El significado literal de la palabra es una fortaleza, una construcción defensiva sólida. Pero en una ocasión en el Nuevo Testamento, Pablo la usa como metáfora. Dice esto:

«pues aunque vivimos en el mundo, no libramos batallas como lo hace el mundo. Las armas con que luchamos no son del mundo, sino que tienen el poder divino para derribar fortalezas [bastiones]. Destruimos argumentos y toda altivez que se levanta contra el conocimiento de Dios, y llevamos cautivo todo pensamiento para que obedezca a Cristo» (2 Corintios 10:3-5).

Entonces, ¿quién derriba los bastiones? ¿Dios? No, ¡lo hacemos nosotros! ¿Quién lleva cautivo todo pensamiento? Nosotros.

Pablo menciona argumentos y toda altivez que se levanta contra el conocimiento de Dios. Habla de llevar cautivo todo pensamiento para que obedezca a Cristo.

El contexto es nuestra mente, nuestros pensamientos. Y la palabra «bastión» se refiere a una creencia errónea que está profundamente arraigada. Se ha ido reforzando a lo largo de tu vida y está plasmada en tu mente, fuerte e impenetrable, como la gruesa pared de un castillo.

¿Qué hace que esa creencia sea errónea? Que no coincide con la verdad revelada por Dios en la Biblia.

¿De dónde vienen esas creencias erróneas?

Efesios 2:1-3 dice que todos «Se conducían según el que gobierna los aires, según el espíritu que ahora ejerce su poder en los que viven en la desobediencia.... ...todos nosotros vivíamos como ellos,... siguiendo... nuestros propósitos». Colosenses 2:8 añade «...que nadie los cautive con la vana y engañosa filosofía que sigue tradiciones humanas, la que está de acuerdo con los principios de este mundo y no conforme a Cristo».

El mundo y el diablo forman equipo para confundir nuestra mente y hacernos creer cosas que en realidad no son ciertas.

Tal vez haya empezado en la infancia. Algo sucedió que plantó una pequeña idea en tu mente. Tal vez te hicieron «bullying» o alguien te criticó: «No sirves para nada», «Eres un fracaso», «Qué feo eres», «Lo haces todo mal».

Luego, el enemigo reforzó el mensaje con otra persona que dijo o hizo lo mismo. Ya que conoce tus áreas de vulnerabilidad, las explota despiadadamente. Trae personas o circunstancias una tras otra para darte el mismo mensaje erróneo.

El mundo remata el mensaje con su bombardeo constante de mentiras sobre lo que significa tener éxito, ser feliz o ser amado.

Y a medida que la mentira se refuerza, se vuelve automáticamente parte de tu programación mental y se manifiesta en tu comportamiento. Entonces, cada vez que alguien sugiere que solicites un trabajo en particular o que lideres un grupo pequeño en tu iglesia, escuchas una voz que dice: «Yo no puedo. No sirvo para eso». Lo has creído por tanto tiempo que se ha convertido en parte de tu vida.

Los sentimientos de inferioridad, inseguridad e incompetencia son bastiones. Porque ningún hijo de Dios es inferior, inseguro o incompetente.

¿Acaso hay algún hijo de Dios inútil o feo? Ninguno. Son mentiras. Lo que pasa es que lo sientes como si fuera verdad. Esa mentira se ha reforzado tantas veces que te hace pensar y actuar de maneras que contradicen las Escrituras.

Es como una camioneta Land Rover que conduce todos los días por el mismo camino enlodado. A su paso crea surcos profundos que luego se endurecen con el sol. Eventualmente, podrías soltar el volante y el Land Rover seguiría por los surcos. Igualmente, las mentiras arraigadas se convierten en surcos como esos que fijan el trayecto de nuestro pensar y actuar.

Salir de estos surcos es posible, pero requiere un esfuerzo intencionado.

Nuestras acciones siempre fluyen de nuestras creencias. Creencias y pensamientos nefastos conducen a acciones nefastas, palabras hirientes, malas decisiones... e impiden que experimentemos la vida abundante que Dios nos ofrece. Un bastión siempre conduce a malas decisiones porque se basa en información falsa.

En Lucas 6:45, Jesús dijo: «...de lo que abunda en el corazón... habla la boca». Si desapruebas las palabras que salen de tu boca, si te disgustan tus actitudes, si te criticas constantemente, no intentes cambiar tu comportamiento externo. Comienza con lo que hay en tu interior, con la creencia que produce el fruto externo. Si cambias la creencia, tus acciones cambiarán. ¿Empiezas a ver cómo se da la transformación verdadera?

[Lirio cuenta]

De niños, cuando mis hermanos y yo le pedíamos a papá que nos comprara la lista de útiles escolares, zapatos y uniformes para la escuela, él se enojaba muchísimo y nos hablaba fuertemente. Así era cada vez que le pedíamos lo que necesitábamos. Hasta que llegué a creer: «No debo pedirle nada a mi papá, él no está para mí, no desea suplir mis necesidades». Pasaron muchos años y aunque mi papá ya había fallecido, me di cuenta que esa creencia afectaba también mi relación con mi Padre celestial.

Entonces hice un demoledor de bastiones: «Padre celestial, renuncio a la mentira que dice que no puedo pedirte nada, que tú no estás para mí, que no estás interesado en suplir mis necesidades. Declaro la verdad de que tú me invitas a pedirte y que tú quieres darme lo que te pido para que yo me goce. (Juan 16:24). Declaro la verdad de que tú conoces cada una de mis necesidades aún antes que yo te pida (Mateo 6:8), y que estás deseoso de suplirlas».

Identificar las mentiras con las que has vivido por años puede ser más difícil de lo que te imaginas, justamente porque son tan cómodas... como un viejo par de zapatillas. Te daremos tres consejos para agarrar esas mentiras por los cuernos.

Si al leer listas como «Quién soy en Cristo» quieres argumentar con una de las verdades, pensando que quizá sea cierto con respecto a otros pero no sobre ti;

o si anhelas que sea cierto algún día, pero crees que aún no lo es: has descubierto un bastión en tu mente.

He encontrado en la lista de «Quién soy en Cristo» las verdades que hoy me sostienen de pie. Esas declaraciones de mi identidad y relación con Cristo han servido como filtro para «colar» las mentiras que me estoy tragando y que están controlando mi ser. Algunas de ellas no las siento como si fueran verdaderas en ese momento, pero he allí la cuestión: no tengo que sentirlas para creerlas. Dios lo dice y por eso lo creo. El sentimiento de fe y seguridad viene después de haber incorporado la verdad a mi sistema de creencias.

Cuando tengo una reacción emocional desmesurada, eso también revela un bastión —una mentira que creo sobre mí misma. Algún asunto pequeño, insignificante provoca una emoción intensa o una reacción defensiva de mi parte. Más tarde pienso «¿por qué me molestó tanto?»

En ocasiones, para sacar mentiras a la luz necesitas amigos cristianos maduros y llenos de gracia. Invita a tus amigos a ayudarte a descubrir bastiones que se manifiesten en tu comportamiento o en tu hablar. A menudo es más fácil identificar la mentira en otros que identificarla en uno mismo. Después de todo, la mentira que tú crees la sientes como si fuera verdad.

Esperamos que durante estas enseñanzas ya te hayas percatado de algunas mentiras arraigadas en tu mente. Pero pídele a Dios que te muestre más. ¡Le encanta poder hacerlo! Imagínate los cambios en tu vida si reemplazaras esas mentiras con la verdad. La buena noticia es que el Espíritu Santo está listo para ayudarte a hacer precisamente eso.

PAUSA PARA LA REFLEXIÓN 1

OBJETIVO

Ayudar a las personas a comprender claramente qué es una «mentira» y comenzar el proceso de descubrir lo que realmente es verdadero según las Escrituras.

1. Cuando hablamos de una «mentira» en el *Curso de la Gracia*, nos referimos a una creencia que contradice lo que Dios dice en la Biblia. Aunque tú sientas que es cierto, Dios dice que no es verdad. Aquí hay una lista de mentiras que la gente comúnmente llega a creer sobre sí misma:

- No soy amado.
- Soy rechazado.
- No sirvo para nada.
- No tengo remedio.
- Soy tonto.

Si te sientes cómodo, comparte con el grupo una de las mentiras que has descubierto. (No tiene que estar en la lista, por supuesto).

2. Por cada mentira que se haya mencionado en el grupo, o por las mentiras de la lista, busca un versículo bíblico que demuestre que no es verdad.

PARTE B

DEMOLER BASTIONES

Puede que nuestros bastiones mentales sean grandes y fuertes, pero Dios promete que podemos demolerlos. No hablamos de rodearlos, de aprender a vivir con ellos o de debilitarlos. ¡No! Queremos derribarlos por completo.

Vamos a presentarte el *Demoledor de Bastiones*, pero comencemos con unas advertencias.

Vemos un cambio tremendo en las personas cuando responden a Dios durante las enseñanzas del curso. ¡Y es estupendo! Pero vemos que otras parecen disfrutar del curso, aprenden cosas geniales, pero el impacto se desvanece gradualmente porque no invierten el esfuerzo necesario a largo plazo para cambiar su forma de pensar.

Hay tres factores para tener en cuenta:

Primero, renovar tu mente es tu responsabilidad. Nadie más puede hacerlo por ti. Y Dios tampoco lo hará. En su sabiduría y gracia él te ha dado la responsabilidad y la capacidad de hacerlo. Si tú no lo haces, no sucederá. Y no habrá transformación duradera.

En segundo lugar, cerrar las puertas que abrimos a la influencia del enemigo a través del pecado se puede hacer en un día —al pasar por *Los Pasos hacia la Libertad en Cristo* o *Los Pasos para experimentar la Gracia de Dios*. Pero demoler un bastión lleva tiempo, varias semanas de hecho. Tendrás que perseverar, pero valdrá la pena.

En tercer lugar, por definición, las mentiras que crees, tú las sientes como si fueran absolutamente ciertas. No es fácil reconocerlas. Se requiere humildad e intencionalidad para someter tus pensamientos a la luz de la verdad de Dios.

Como han sido parte de nuestro pensar durante mucho tiempo, solemos sentir que los bastiones son impenetrables, imposibles de derribar. Y si reconoces que así te sientes, has identificado un bastión que se puede derribar. ¡Felicidades!

Es muy difícil demoler un bastión a menos que antes hayas cerrado toda puerta abierta al enemigo por el pecado no resuelto.

Una vez que resuelves el pecado, un bastión mental es un hábito que se puede romper. Para romper ese hábito, puedes crear y usar un *Demoledor de Bastiones*.

DEMOLEDOR DE BASTIONES

¿Cómo podemos demoler los bastiones en nuestra mente?

Primero, identifica la creencia defectuosa que deseas cambiar; esa mentira que te das cuenta que no concuerda con las Escrituras. Eso es lo que significa «... llevar cautivo todo pensamiento para que obedezca a Cristo» (2 Corintios 10:5). Quiere decir, darnos cuenta de lo que pensamos, de lo que decimos y evaluar si coincide con lo que Dios dice que es verdad.

Segundo, considera el efecto de creer esa mentira sobre tu vida. Darnos cuenta de las consecuencias negativas nos impulsa a derribar el bastión.

Tercero, encuentra la verdad en las Escrituras que contrarresta la mentira. Puedes usar una concordancia, una app de Biblia o un amigo conocedor de la Biblia para ayudarte a encontrar versículos. Evita la tentación de buscar muchos versículos. Es más eficaz simplificar y enfocarte en dos o tres que presentan claramente la verdad de Dios.

Vamos a darte un ejemplo de cómo funciona. Digamos que tus experiencias pasadas te han dejado con la sensación de que eres indefenso y que no hay esperanza de cambio. Eso es lo que crees en tu corazón. Y si alguien intenta decirte que eso es mentira, piensas: «No, es la verdad».

Ahora, veamos lo que afirma la Biblia:

- Hebreos 13:5 —Dios nunca te dejará ni te abandonará.

- Filipenses 4:13 —todo lo puedes en Cristo que te fortalece.

- Romanos 8:37 —eres más que vencedor por Jesús, que te ama.

- 2 Pedro 1:3 —Dios, por su divino poder, te ha concedido todo lo que necesitas para vivir con devoción.

Todas son verdades bíblicas que contradicen esa mentira.

Cuarto, a continuación, escribe una declaración como esta:

- **Renuncio a la mentira** que dice que soy indefenso y no tengo esperanza de cambio.
- **Esta mentira ha hecho sentir** derrotado y ha impedido que yo venza el pecado en mi vida.
- **Declaro la verdad** de que el poder divino de Dios me ha dado todo lo que necesito para la piedad y que todo lo puedo en Cristo que me fortalece. En Cristo que me ama, soy más que vencedor».

Quinto, lee la declaración en voz alta diariamente durante 40 días. Recuerda cada día que, si Dios lo dice, es verdad. Cuanto más lo repitas, mejor. Por la mañana y por la noche es óptimo, pero también cuando te encuentras pensando o actuando sobre esa mentira.

No es tan fácil como parece, porque la mentira detrás del bastión, la sientes como si fuera verdad.

Repetir el demoledor durante 40 días es como demoler un muro de hormigón. Aguanta 10, 20, 30 golpes sin dar señal de que va a caer. Así se siente cuando lo repites día tras día. Pero en realidad, se está debilitando la estructura interna del muro.

Después de 37 golpes, aún no hay señal de daños en el muro.

En el golpe 38, finalmente las grietas se hacen visibles.

En el golpe 39, las grietas se hacen más grandes y finalmente el muro se derrumba por completo. Has destrozado tu bastión. Tu mente, en esa área en particular, se ha renovado.

Aunque solo los últimos golpes parecen producir un cambio, sin los 37 golpes anteriores el muro no se habría derrumbado.

Persevera hasta completar al menos 40 días, y quizá necesites más. Recuerda que las primeras tres semanas sentirás que pierdes el tiempo. Te aseguro que si perseveras derribarás el bastión. Y serás transformado.

Hemos mencionado que demoler bastiones requiere perseverancia, que debes mantenerte firme durante 40 días y que nadie puede renovar tu mente por ti.

Todo eso es cierto, pero no creas que es en tus fuerzas que podrás servir a Dios más fielmente. En realidad, se trata de descansar en su gracia, de aceptar que lo que Él dice es verdad. Y si fallas algunos días, ¡Dios no se enoja! Regresa al demoledor y sigue adelante.

Un consejo: solo trabaja sobre una mentira a la vez. Demoler bastiones es una maratón, no un sprint. Una vez que derribes uno, avanza con el siguiente bastión.

Es increíble cuando la mentira se derrumba.

[Adrián cuenta]

Cuando cerré la iglesia local que fundé y pastoreé durante cinco años, tuve que lidiar con sentimientos de fracaso y desesperanza. Sabía que era un hijo amado y aceptado por Dios, pero me seguía sintiendo como un fracasado. Sabía que había cuidado y amado bien a las personas, pero mi rol como líder que impulsa una visión estaba quebrantado. Me encontré de cara con la mentira de que mi fracaso me definía como un pésimo líder, un ministro incompetente. Y me puse a trabajar en un demoledor. Cada vez que repetía mi declaración, el sentimiento de fracaso e impotencia me invadía. ¿Tendrá esto algún resultado? ¿Recuperaré mi amor y pasión por el ministerio?... Al avanzar las semanas, fui derribando mentira tras mentira, mientras que Dios Padre me conducía a través del duelo. Fue así como él renovó mi esperanza y sanó la imagen que tenía de mí mismo. De no haber sido por esta herramienta, hubiera caído más profundo en mi depresión.

Para concluir, queremos dejarte con 1 Pedro 1:13. «...dispónganse para actuar con inteligencia...» Al renovar tu mente, alineándola con la verdad de Dios, lo que él dice de sí mismo y lo que él dice de ti, estarás mejor preparado para servir a Dios en este mundo y dar abundante fruto para su reino.

Pero, de nuevo, no por nuestras fuerzas. El versículo continúa: «...pongan su esperanza completamente en la gracia que se les dará cuando se revele Jesucristo». La gracia que Dios nos mostró cuando Jesús fue a la cruz, y la gracia que él nos mostrará cuando Jesús regrese, es la misma gracia que él nos muestra día a día para ayudarnos a renovar nuestra mente y caminar con él en este mundo.

PAUSA PARA LA REFLEXIÓN 2

Comienza a elaborar tu propio Demoledor de bastiones para derribar la mentira. Utiliza las pautas de esta *Guía del participante* y mira los ejemplos dados.

RESUMEN DEL DEMOLEDOR DE BASTIONES

«Las armas con que luchamos no son del mundo, sino que tienen el poder divino para derribar fortalezas. Destruimos argumentos y toda altivez que se levanta contra el conocimiento de Dios, y llevamos cautivo todo pensamiento para que obedezca a Cristo». (2 Corintios 10:4-5).

Nuestras creencias arraigadas son como muros de piedra en nuestra mente. La Biblia los llama «fortalezas» (bastiones). La promesa de Dios es que podemos demolerlas y ser libres para creer la verdad. Durante *Los Pasos para experimentar la Gracia de Dios*, resolviste los problemas espirituales que el Espíritu Santo te reveló, y, por tanto, será mucho más fácil que antes cambiar estas creencias arraigadas.

La transformación continua se da solamente cuando eliges renovar tu mente a diario (Romanos 12:2), es decir, cuando reemplazas las creencias erróneas arraigadas con lo que Dios te dice que es verdad.

Pídele a Dios que te muestre una creencia importante que ahora te das cuenta de que es falsa. Utiliza el método del *Demoledor de bastiones* para derribarla durante las próximas semanas. Una vez que hayas reemplazado esa mentira con la verdad, haz lo mismo con otra creencia falsa, y luego otra según el Espíritu Santo te guíe.

1. IDENTIFICA LA CREENCIA ERRÓNEA QUE QUIERES CAMBIAR

Esto es lo que la Biblia llama llevar cautivo todo pensamiento para que obedezca a Cristo. Implica tomar consciencia de lo que pensamos y decimos, y considerar si coincide con lo que Dios nos dice que es verdad en la Biblia.

2. CONSIDERA EL EFECTO QUE CREER ESA MENTIRA TIENE SOBRE TU VIDA

Darte cuenta de los efectos negativos debe impulsarte a derribar el bastión porque comprendes los cambios positivos que traerá.

3. APUNTA VERSÍCULOS CLAVE DE LA BIBLIA QUE CONTRARRESTAN LA MENTIRA

Por ejemplo, quizá tus experiencias pasadas te hicieron creer que eres indefenso y que no tienes remedio. Pero la Biblia lo contradice: Dios te fortalecerá, ayudará y sostendrá, nunca te dejará ni te abandonará (Isaías 41:10-13; Hebreos 13:5-6); todo lo puedes en Cristo que te fortalece (Filipenses 4:13).

4. ESCRIBE UNA DECLARACIÓN BASADA EN LOS VERSÍCULOS

Utiliza el siguiente patrón:

Rechazo la mentira que dice que... [por ejemplo, soy sucio].

Creer esta mentira... [por ejemplo, me hace sentir profunda vergüenza, hace que me aísle, etcétera].

Declaro la verdad que... [por ejemplo, he sido lavado por la sangre de Jesús, soy puro y santo, puedo acercarme a Dios confiadamente, etcétera].

5. REPITE LA DECLARACIÓN EN VOZ ALTA DURANTE 40 DÍAS

¡La Biblia dice que «En la lengua hay poder de vida y muerte; ...»! (Proverbios 18:21) Declarar en voz alta ayuda a nuestra mente a asimilar la verdad más eficazmente que si lo leemos en silencio.

¡Atención! El *Demoledor de bastiones* no es tan fácil como parece porque tus sentimientos te dicen que la mentira detrás del bastión es cierta. Así que sentirás que es una pérdida de tiempo.

Cumplir con los 40 días será como demoler un muro de hormigón. El muro resiste 10, 20, 30 golpes del mazo sin dar señal visible de resquebrajamiento. De igual manera, a medida que avanzas con el Demoledor sentirás que nada cambia. Pero eventualmente aparecen unas pequeñas grietas que pronto se hacen más grandes y finalmente el muro se derrumba. Parecería que solo los últimos golpes tuvieron éxito. Pero sin los golpes anteriores, el muro no hubiera caído. ¡Persevera hasta demoler el bastión y hasta que conozcas la verdad que te hará libre!

> EJEMPLO DE DEMOLEDOR DE BASTIONES 1

TEMOR A AL RECHAZO

La mentira: «No doy la talla», «No soy capaz de agradar a los demás».

Efecto en mi vida: me siento inseguro frente a los demás, la gente me intimida fácilmente, me desvivo por agradar, me obsesiono por mi apariencia, intento decir y hacer «lo correcto»

La verdad:

> Tú no me escogiste a mí, sino que yo te escogí a ti. (Juan 15:16).

> «nos selló como propiedad suya y puso su Espíritu en nuestro corazón como garantía de sus promesas». (2 Corintios 1:22).

> «Se deleitará en ti con gozo, te renovará con su amor, se alegrará por ti con cantos"». (Sofonías 3:17b).

> El hombre se fija en la apariencia externa, pero el Señor se fija en el corazón. (1 Samuel 16:7).

> «El Señor está a mi favor; no temeré. ¿Qué puede hacerme el hombre?». (Salmo 118:6 LBLA).

Hemos sido aprobados por Dios para que se nos confíe el Evangelio, por eso hablamos, no para agradar al hombre, sino para agradar a Dios que examina nuestros corazones. (1 Tesalonicenses 2:4).

Querido Dios Padre,

Rechazo la mentira que dice que no doy la talla, que soy incapaz de agradar a los demás.

Creer esta mentira me ha hecho sentir inseguro, intimidado, agotado por intentar agradar y ansioso por decir y hacer «lo correcto».

Declaro la verdad que tú me has escogido y que he recibido un corazón nuevo. Por lo tanto, soy tuyo y tengo tu aprobación. Incluso cuando no agrado a los demás, tú te deleitas en mí y tu opinión es la que importa.

Ahora elijo agradarte a ti en lugar de a los demás; confío en que puedo compartir las buenas nuevas con otros porque tú prometes estar conmigo dondequiera que yo vaya.

Amén.

1	2	3	4	5	6	7	8	9	10	11	12	13	14
15	16	17	18	19	20	21	22	23	24	25	26	27	28
29	30	31	32	33	34	35	36	37	38	39	40		

> EJEMPLO DE DEMOLEDOR DE BASTIONES 2

TEMOR AL FRACASO

La mentira: «Cuando fallo, mi valor disminuye».

Efecto en mi vida: No me enfrento a desafíos más allá de mi zona de confort, me enfoco en las tareas en lugar de enfocarme en las personas, enojo, competitividad, perfeccionismo.

La verdad:

Eres precioso a mis ojos, y te amo. (Isaías 43:4).

En él [Cristo] eres completo. (Colosenses 2:10 NBLA).

«Porque somos hechura de Dios, creados en Cristo Jesús para buenas obras, las cuales Dios dispuso de antemano a fin de que las pongamos en práctica». (Efesios 2:10).

[Dios] puede hacer muchísimo más que todo lo que podamos imaginarnos o pedir, por el poder que obra eficazmente en nosotros. (Efesios 3:20).

Es Dios es quien produce en ustedes tanto el querer como el hacer para que se cumpla su buena voluntad. (Filipenses 2:13).

Querido Padre celestial,

Rechazo la mentira que dice que cuando fallo mi valor disminuye.

Creer esta mentira me ha hecho sentir cobarde frente a los desafíos, insensible hacia las personas, agotado por buscar la perfección y enfadado cuando fallo.

Declaro la verdad que soy tu preciosa obra de arte y que tú me honras y me amas, independientemente de mi éxitos o fracasos. Declaro que soy completo en Cristo y que estás obrando en mí para cumplir tu buena voluntad y para hacer muchísimo más de lo que yo pueda imaginar o pedir.

En el nombre de Jesús. Amén.

1	2	3	4	5	6	7	8	9	10	11	12	13	14
15	16	17	18	19	20	21	22	23	24	25	26	27	28
29	30	31	32	33	34	35	36	37	38	39	40		

> EJEMPLO DE DEMOLEDOR DE BASTIONES 3

ATRACCIÓN IRREMEDIABLE A LA PORNOGRAFÍA

La mentira: «No puedo resistir la tentación a ver pornografía».

Efectos en mi vida: Profunda vergüenza, sentimientos sexuales distorsionados, mis relaciones con las personas no son lo que Dios quiere, hace daño a mi matrimonio.

La verdad:

«De la misma manera, también ustedes considérense muertos al pecado, pero vivos para Dios en Cristo Jesús. Por lo tanto, no permitan ustedes que el pecado reine en su cuerpo mortal ni obedezcan a sus malos deseos. No ofrezcan los miembros de su cuerpo al pecado como instrumentos de injusticia; al contrario, ofrézcanse más bien a Dios como quienes han vuelto de la muerte a la vida, presentando los miembros de su cuerpo como instrumentos de justicia. Así el pecado no tendrá dominio sobre ustedes, porque ya no están bajo la Ley, sino bajo la gracia». (Romanos 6:11-14).

«¿Acaso no saben que su cuerpo es templo del Espíritu Santo... ?». (1 Corintios 6:19).

«No les ha sobrevenido ninguna tentación que no sea común a los hombres. Fiel es Dios, que no permitirá que ustedes sean tentados más allá de lo que pueden *soportar*, sino que con la tentación proveerá también la vía de escape, a fin de que puedan resistirla». (1 Corintios 10:13 NBLA).

«Digo, pues: anden por el Espíritu, y no cumplirán el deseo de la carne». (Gálatas 5:16 NBLA).

«Pero el fruto del Espíritu es amor, gozo, paz, paciencia, benignidad, bondad, fidelidad, mansedumbre, dominio propio». (Gálatas 5:22-23 NBLA).

Querido Padre celestial,

Rechazo la mentira que dice que no puedo resistir la tentación de ver pornografía.

Creer esta mentira me ha hecho sentir profundamente avergonzado, ha distorsionado mis deseos sexuales, ha afectado mis relaciones con los demás y con mi cónyuge.

Declaro la verdad que Dios siempre me dará una salida cuando sea tentado, y elegiré tomarla. Declaro la verdad que, si vivo por el Espíritu —y eso decido hacer— no cumpliré los deseos de la carne, sino que creceré en ejercer el dominio propio. Me considero muerto al pecado y no permitiré que el pecado reine en mi cuerpo ni me domine. De hoy en adelante entrego mi cuerpo a Dios como templo del Espíritu Santo y para su honra. Declaro que soy libre del poder del pecado. Decido someterme completamente a Dios y resistir al diablo, que ahora debe huir de mí.

En el nombre de Jesús. Amén.

1	2	3	4	5	6	7	8	9	10	11	12	13	1 4
15	16	17	18	19	20	21	22	23	24	25	26	27	2 8
29	30	31	32	33	34	35	36	37	38	39	40		

HAGAMOS DISCÍPULOS FRUCTÍFEROS

¿PODEMOS AYUDAR A TU IGLESIA?

Todos los líderes cristianos quieren construir comunidades saludables, llenas de vida, que crecen. Por tanto, puede ser frustrante y desalentador cuando —a pesar de sus esfuerzos— la realidad no llega a la altura del sueño. Con razón terminan sintiendo que el discipulado es un proceso cuesta arriba.

Muy a menudo el problema es una cultura de inmadurez. Si los cristianos de una comunidad no tienen el deseo de asumir la responsabilidad de su crecimiento espiritual, es difícil lograr el impulso necesario.

Mediante sus recursos de discipulado, *Libertad en Cristo* ofrece a pastores, líderes y sus iglesias una hoja de ruta hacia la madurez espiritual que renueva el gozo del discipulado y que empodera a los creyentes para discipular a otros.

Como resultado, los líderes renuevan la energía de su llamado, desarrollan comunidades vibrantes de discípulos comprometidos, cumplen los propósitos de Dios y marcan una diferencia en el mundo.

NUESTRO ACERCAMIENTO AL DISCIPULADO

Desechamos los mensajes tipo «esfuérzate más» o «pórtate mejor» y los reemplazamos con principios bíblicos sencillos y poderosos para la vida que toda persona, en todo lugar y en todo momento, puede usar y transmitir a otros.

VERDAD: Conoce el increíble amor de Dios en tu corazón, no solo en tu cabeza; conoce quién eres ahora en Cristo; comprende la naturaleza de la batalla espiritual y los recursos que tienes en Cristo para mantenerte firme.

ARREPENTIMIENTO: Comprende y practica el arrepentimiento para cerrar definitivamente toda puerta que abriste al enemigo mediante el pecado del pasado y no abrir ninguna más.

TRANSFORMACIÓN: Aprende a renovar tu mente reemplazando las creencias erróneas que tienes con la verdad de las Escrituras.

UNA ESTRATEGIA A LARGO PLAZO PARA TODA LA IGLESIA

Nuestros recursos de discipulado proporcionan una hoja de ruta comprobada hacia la madurez espiritual que empodera a los discípulos para hacer discípulos.

Tenemos testimonios de miles de líderes cristianos que han logrado resultados transformativos con *Libertad en Cristo*.

No ofrecemos una «talla única», más bien ayudamos a cada iglesia a elaborar un plan «a la medida» que tome en cuenta su visión y sus dones. Podrá así seleccionar las herramientas más adecuadas para su situación.

Ofrecemos un proceso fácil de seguir, con instrucciones claras y, en muchos países, una red de personas que pueden ofrecer capacitación localmente y apoyarte en cada paso del trayecto.

Nuestro acercamiento al discipulado es infinitamente transferible. Cualquier persona puede aprender estos principios y usarlos para discipular a otros. Esto significa que, de forma rápida y sencilla, puedes levantar un equipo para transformar el discipulado en tu iglesia.

Ponemos a tu disposición nuestro compromiso por capacitar a pastores y líderes y nuestros recursos eficaces.

EL CENTRO DE DISCIPULADO —TODOS NUESTROS RECURSOS EN UN SITIO

Esta plataforma fue diseñada específicamente para pastores y líderes de iglesias y recoge todo el material de *Libertad en Cristo* para ofrecer una experiencia fluida y de fácil acceso.

Además de los vídeos, incluye también acceso a los bosquejos correspondientes, todo en un formato fácil de usar.

Lo puedes usar para dirigir grupos pequeños —hay herramientas para la interacción, el seguimiento de la actividad y la comunicación— o para permitir que las personas accedan a los cursos.

¿QUIERES MÁS?

Si *Libertad en Cristo* es algo nuevo para ti, prueba el *Curso de Discipulado* o únete a la *Transformación en el Viñedo*, nuestro programa de 10 meses para pastores y líderes.

¿Quieres más? Echa un vistazo a nuestra oferta de cursos para ti, para tu equipo o para tu iglesia.

Únete a nuestra comunidad de líderes en las redes sociales.

Para más información acude a:

www.libertadencristo.org

RECURSOS

LOS CURSOS DE DISCIPULADO DE LIBERTAD EN CRISTO PARA TODOS

EL CURSO DE DISCIPULADO

«Hombres, mujeres y estudiantes de secundaria han sido transformados radicalmente».

Pastor Bob Huisman, Immanuel Christian Reformed Church, Hudsonville, MI, EE.UU.

«Lo recomiendo a todo el que tome en serio el discipulado».

Pastor Chuah Seong Peng, Holy Light Presbiterian Church, Johor Baru, Malasia

«Hoy nuestra iglesia usa el Curso de Discipulado como punto de partida de todo el proceso de formación. Quienes lo experimentan son transformados, no es solo un cambio emocional pasajero. Gracias a Libertad en Cristo por todo lo que traen a la iglesia del Señor».

Pastor Francisco Quinde-Iglesia ComXris-Ministerio Emanuel Int., Daule, Ecuador

«Nuestra iglesia ha cambiado como resultado de este curso. Aquellos que se entregan a Cristo y hacen el curso comienzan su caminar de fe con paso firme».

Pastor Sam Scott, Eltham Baptist Church, Australia

Ahora, en su tercera edición y traducido a más de 40 idiomas, el *Curso de Discipulado* puede transformar la forma en que discipulas, para que cada cristiano dé más fruto. Es nuestro principal r*ecurso de Discipulado* y hay versiones disponibles para diferentes edades. Así puedes dar la misma enseñanza a todas las generaciones simultáneamente.

Primeramente, se enfoca en establecer el fundamento sólido de la identidad del cristiano en Jesús. De seguido provee herramientas para obtener la libertad de todo lo que lo detiene y para mantenerla. Finalmente ofrece una estrategia para la transformación continua.

Cuenta con diez sesiones de enseñanza presentadas por Steve Goss, Nancy Maldonado y Daryl Fitzgerald, además del componente ministerial *Los Pasos hacia la Libertad en Cristo* presentado por Steve Goss y Neil Anderson.

Un elemento exclusivo de *Libertad en Cristo*, *Los Pasos hacia la Libertad en Cristo* es un poderoso proceso de arrepentimiento que te permite resolver conflictos personales y espirituales al someterte a Dios y resistir al diablo, para experimentar así la libertad en Cristo (Santiago 4:7). Es un proceso tranquilo y respetuoso entre el participante y Dios, durante el cual descubres creencias erróneas muy arraigadas que puedes corregir mediante la renovación de tu mente.

Con una aplicación propia, vídeos didácticos adicionales, un álbum de canciones exclusivas, una *Guía del líder*, una *Guía del participante* y mucho material extra, el *Curso de Discipulado* te ofrece todo lo que necesitas para hacer discípulos que den fruto que permanece.

CLAVES PARA UNA VIDA SALUDABLE, PLENA Y FRUCTÍFERA

«Darme cuenta de que mi identidad no está ligada a ninguna enfermedad, ha sido liberador para mí. Mi enfermedad no me tiene que definir».

«Me he sentido inútil por cosas que la gente ha dicho de mí en el pasado. Pero en las Escrituras descubrí quién soy realmente en Cristo. ¡Eso me ha transformado!».

«Con este curso me he dado cuenta de que Dios no solo sana sobrenaturalmente, sino también a través de mi médico».

«Estamos rodeados de "buenos consejos" sobre la salud, y nunca sabes con certeza a quién creer. Logré una comprensión integral a través del conocimiento médico como del espiritual».

Claves para una vida sana, plena y fructífera es un *Curso de Discipulado* en vídeo para todo cristiano. Lo han escrito y presentado Steve Goss, la Dra. Mary Wren y la Dra. Ifeoma Monye. Reúne la verdad de la Biblia y la sabiduría del mundo médico para equiparte para ser un discípulo de Jesús sano y pleno cuya vida marca una diferencia.

El objetivo del curso es entender que la buena salud física no es un fin en sí mismo, sino un medio para ayudarnos a ser discípulos de Jesús que dan fruto. Un acercamiento completo solo se obtiene al considerar a la persona en su totalidad: espíritu, mente y cuerpo.

La Dra. Mary Wren, coautora de este curso, es médico. Como estudiante, padeció enfermedades graves que le enseñaron cómo buscar la ayuda y la sabiduría de Dios, así como a buscar ayuda médica. Su llamado es construir puentes entre la medicina y la Iglesia.

- Comprende cómo cuidar todo tu ser —espíritu, mente, y cuerpo.
- Descubre las raíces de tus problemas de salud y aprende a resolverlas.
- Lleva una vida plena a pesar de tus limitaciones físicas.
- Deshazte del estrés, la ansiedad y el temor.
- Aprende a tomar decisiones saludables de modo sistemático.
- Enfréntate a los hábitos negativos que intentan controlarte.
- Comprende lo que la Biblia enseña sobre la curación.
- Descubre por qué no debes temer a la muerte.

El curso incluye un plan de 8 puntos para asegurarte de que has cumplido con todo aquello que es tu responsabilidad para ser sano, y Los Pasos hacia una vida saludable y plena.

EL CURSO DE LA GRACIA

CURSOS DEDICADOS A LAS NUEVAS GENERACIONES

Entendemos que discipular a la siguiente generación requiere un enfoque diferente. En *Libertad en Cristo*, hemos desarrollado cursos especializados dirigidos a diferentes grupos de edad que tratan sus necesidades específicas.

Nuestros cursos ofrecen una amplia gama que cubre un nuevo curso para jóvenes adolescentes y jóvenes adultos, y un curso escrito específicamente para quienes ministran a niños de 5 a 11 años.

Puedes encontrar el Curso de Discipulado iGEN para jóvenes y LUCEROS para niños en STREAMLIBERTAD en www.libertadencristo.org.

LUCEROS

UN RECURSO DINÁMICO DE DIEZ SESIONES PARA NIÑOS DE 5 A 11 AÑOS EN DOS GRUPOS DE EDAD (5-7 Y 8-11).

Luceros es un recurso fantástico para que los niños puedan comprender su identidad en Cristo y aprendan a mirar al mundo a través de esa lente. Su objetivo es que los niños entiendan quiénes son en Jesús y capacitarlos para que se conviertan en jóvenes sanos.

En este curso interactivo e inmersivo, los vídeos con historias llenas de acción dan vida a las verdades bíblicas a través de «Las aventuras de Lucía Manzanita» para las edades de 5 a 7 y «Luceros» para niños de 8 a 11 años.

El curso incorpora los tres principios del enfoque de *Libertad en Cristo* (Verdad, Arrepentimiento, y Transformación), e incluye una versión interactiva para niños de *Los Pasos hacia la Libertad en Cristo* llamada el *Sendero de los Luceros*.

Escrito por Mark Griffiths y Joanne Foster, ambos especialistas en el ministerio de niños, está diseñado para capacitar a los niños para que se conviertan en discípulos que dan fruto y permanezcan conectados con Jesús toda su vida.

Este recurso está en proceso de traducción y producción con planes de lanzarlo para principios del 2025.

iGEN

LIBERTAD EN CRISTO PARA JÓVENES ADOLESCENTES Y JÓVENES ADULTOS

Alcanzar a los jóvenes de hoy con el Evangelio de Jesucristo y el mensaje de Libertad en Cristo es vital, y el Evangelio no se transmite solamente de generación mayor a generación más joven.

El objetivo del iGEN es liberar a los jóvenes creyentes para que alcancen a su generación con las buenas nuevas de Jesús y el mensaje de discipulado basado en la identidad.

Está diseñado para promover la conversación entre los jóvenes en un espacio seguro, libre de presión y prejuicio. Los participantes tendrán la oportunidad de hacer preguntas, expresar fe o dudas, y compartir sus luchas y victorias personales. La combinación de la interacción en vivo con la presentación clara de la verdad producirá un impacto espiritual positivo.

iGEN se ofrece exclusivamente en nuestra plataforma *Centro de Discipulado*, y consta de:

- Diez sesiones basadas en el *Curso de Discipulado*.
- Una versión juvenil de *Los Pasos hacia la Libertad en Cristo*.
- Acceso en línea mediante dispositivos.
- Un elenco internacional de excelentes presentadores.
- Cada sesión tiene pausas programadas para la interacción grupal.

iGEN trabaja en una variedad de contextos juveniles. *La Guía del Líder* te ayudará a adaptarla a tus necesidades específicas.

CURSOS DISEÑADOS POR LÍDERES PARA LÍDERES

LA TRANSFORMACIÓN EN EL VIÑEDO

UN VIAJE PERSONAL PARA CRECER EN LIBERTAD, DAR MÁS FRUTO Y DISCIPULAR MEJOR.

«La *Transformación en el Viñedo* reparó las brechas en mi vida espiritual y me reposicionó para las diversas tareas que tenía por delante. Lo recomiendo a todo líder».

«Altamente recomendado para todo cristiano en liderazgo, ya sea en la iglesia, el ministerio, el servicio público o el lugar de trabajo. Es una oportunidad maravillosa para el crecimiento personal e intimidad con Dios en un entorno seguro, con excelente compañerismo —algo difícil de encontrar como líder».

«Dios usa diferentes herramientas para afilarnos. La *Transformación en el Viñedo* es una de esas herramientas. Es un viaje que te sumerge en la verdad y te desafía profundamente a parecerte más a Jesús».

La Transformación en el Viñedo está diseñado específicamente para líderes de iglesias y líderes de organizaciones cristianas que anhelan liderar una iglesia o ministerio de discípulos fructíferos para hacer grandes avances en el Reino de Dios.

Te ayudará a fundamentar tu liderazgo en los principios bíblicos de identidad, libertad y transformación, y te capacitará para profundizar en tu relación con Dios. Confiamos en que eso te llevará a mayor influencia y mayor fruto en tu vida y ministerio. Entonces estarás bien posicionado para iniciar o acelerar el proceso de discipulado personal y corporativo en tu iglesia.

La Transformación en el Viñedo es un programa semanal de estudio, reflexión y compañerismo que dura 9 meses. Se ofrece virtualmente mediante conferencias a través de la plataforma *Zoom* y dos retiros. Guiado por un líder dedicado a la transformación, pasarás por tres etapas: echar raíces, podar y dar fruto, con una comunidad de líderes afines que juntos emprenden el viaje de transformación. Disfrutarás de abundante diálogo, compañerismo y oración durante todo el proceso.

LIBRES PARA LIDERAR

«Ha afirmado la convicción de que mi identidad está ante todo en Cristo, independientemente del rol de liderazgo que yo tenga».

«El curso *Libre para Liderar* es la mejor experiencia de desarrollo de liderazgo de mi carrera. Y he liderado tanto en el ámbito de trabajo como en la iglesia durante más de 20 años. Disipa los mitos y prácticas mundanas de liderazgo y proporciona fundamentos bíblicos para el liderazgo. Recomiendo este curso de todo corazón a cualquiera que aspire a desempeñar o desempeñe un liderazgo bíblico de servicio en cualquier ámbito».

«Un curso excepcional —inspira y motiva, afirma y anima».

En un momento de complejos desafíos de liderazgo en las iglesias, donde los pastores y líderes enfrentan enormes obstáculos e intentan balancear los estilos de liderazgo corporativo y cristiano, *Libres para liderar* te ayudará a liderar desde tu identidad en Cristo.

Es un poderoso *Curso de Discipulado* de 10 semanas para cristianos llamados al liderazgo, ya sea en el lugar de trabajo, en el servicio público, en la iglesia o en otro contexto. *Libres para liderar* enseña que estar arraigado en Cristo es el verdadero fundamento para todo cristiano con la responsabilidad de liderar o gestionar a otros.

Escrito por líderes cristianos para líderes cristianos, transformará tu acercamiento al liderazgo, te liberará de la adicción al desempeño y del agotamiento, te permitirá sobrevivir a los ataques personales, usar el conflicto de manera positiva y superar otras barreras para un liderazgo eficaz.

Con *Libres para Liderar* descubrirás cómo desarrollar un acercamiento saludable al liderazgo y cómo mantener el rumbo para alcanzar la visión que Dios te ha dado.

Recomendamos que el equipo principal de liderazgo de una iglesia tome el curso como grupo antes de extenderlo a los demás líderes en los diferentes ámbitos de su iglesia.

- Un curso de 10 sesiones más *Los Pasos hacia la libertad para líderes*.
- El libro *Libres para Liderar* de Rod Woods.
- Complementa bien al *Curso de Discipulado* y al *Curso de la Gracia*.
- Testimonios en vídeo y momentos de discusión en grupos pequeños.

ÚNETE A LA COMUNIDAD DE LIBERTAD EN CRISTO

El Dr. Neil T. Anderson fundó *Libertad en Cristo* hace más de 30 años. Ofrecemos un acercamiento único al discipulado basado en nuestros tres principios fundamentales —Verdad, Arrepentimiento y Transformación.

Ahora con representación en 40 países y traducciones a más de 30 idiomas, *Libertad en Cristo* ha capacitado a millones de cristianos en todo el mundo para cultivar un estilo de vida de crecimiento espiritual imparable.

¿TE UNES?

¿Has visto a personas transformadas a lo largo de este curso? ¿Te gustaría involucrarte para aumentar el impacto? Si te entusiasma el efecto que estas enseñanzas pueden tener en las personas, las iglesias y las comunidades, ¡nos encantaría que formaras parte del equipo!

ÚNETE A NUESTRO EQUIPO DE PATROCINADORES INTERNACIONALES

Libertad en Cristo existe para capacitar a la Iglesia en todo el mundo para hacer discípulos fructíferos. Dependemos en gran medida del apoyo financiero de las personas que entienden la importancia de dar a los líderes las herramientas para ayudar a las personas a convertirse en discípulos fructíferos, no solo conversos, especialmente cuando abrimos una oficina en un país nuevo.

Por lo general, tu donación se utilizará para:
- ayudarnos a capacitar a pastores y líderes a nivel mundial.
- abrir oficinas de *Libertad en Cristo* en nuevos países.
- traducir nuestros recursos de discipulado a otros idiomas.
- desarrollar nuevos recursos de discipulado.

ÚNETE AL EQUIPO DE PATROCINADORES DE TU PAÍS

Nos apasiona trabajar con quienes han sido tocados por el mensaje de libertad. Tu apoyo financiero nos permite desarrollar nuevos recursos y ponerlos en manos de más pastores y líderes. Como resultado, muchas, muchas personas se están conectando con este mensaje transformativo. Siempre hay nuevos proyectos, pequeños y grandes, que solo se llevan a cabo si hay los fondos necesarios.

> Para obtener más información sobre cómo colaborar con nosotros, escríbenos a:
>
> info@libertadencristo.org
>
> y comunica que quieres **formar parte de nuestro grupo de amigos** de Libertad en Cristo por WhatsApp.

LISTA DE MENTIRAS

Usa este recuadro para apuntar cada área donde descubres que tu sistema de creencias no coincide con lo que Dios dice que es verdad según las Escrituras. Apunta la mentira en la columna izquierda y, si puedes, en la columna derecha escribe lo que es verdad en la Biblia. Podrás tratar con las mentiras usando el *Demoledor de bastiones*.

Recuerda, eres transformado mediante la renovación de tu mente (Romanos 12:2). Identificar la creencia errónea y reemplazarla con la verdad es una parte crucial del *Curso de la Gracia*. Requiere esfuerzo, ¡pero vale la pena!

MENTIRA	VERDAD
Ejemplo: Soy sucio.	He sido lavado por la sangre del Cordero. (Apocalipsis 7:14).